Disfrute gratuitamente **DURANTE UN AÑO** del eBook de esta obra

Recursos contencioso-administrativos. Paso a paso

⊛ Acceda a la página web de la editorial **www.colex.es**

⊛ Identifíquese con su usuario y contraseña. En caso de no disponer de una cuenta regístrese.

⊛ Acceda en el menú de usuario a la pestaña «Mis códigos» e introduzca el que aparece a continuación:

RASCAR PARA VISUALIZAR EL CÓDIGO

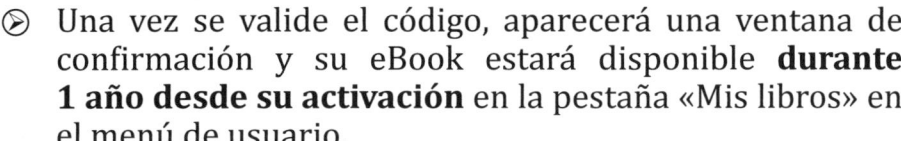

⊛ Una vez se valide el código, aparecerá una ventana de confirmación y su eBook estará disponible **durante 1 año desde su activación** en la pestaña «Mis libros» en el menú de usuario.

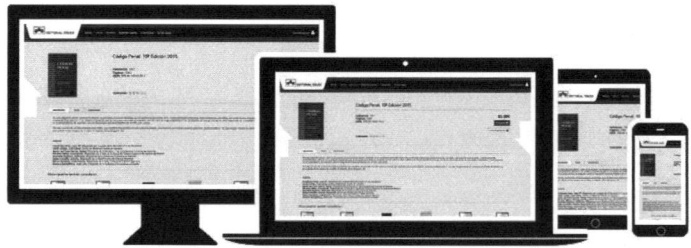

¡Gracias por confiar en Colex!

La obra que acaba de adquirir incluye de forma gratuita la versión electrónica. Acceda a nuestra página web para aprovechar todas las funcionalidades de las que dispone en nuestro lector.

Funcionalidades eBook

Acceso desde cualquier dispositivo

Idéntica visualización a la edición de papel

Navegación intuitiva

Tamaño del texto adaptable

Puede descargar la APP «Editorial Colex» para acceder a sus libros y a todos los códigos básicos actualizados.

Síguenos en: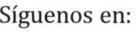

RECURSOS CONTENCIOSO-ADMINISTRATIVOS

RECURSOS CONTENCIOSO-ADMINISTRATIVOS

Análisis detallado de los recursos contenidos
en la Ley 29/1998, de 13 de julio, reguladora de
la Jurisdicción Contencioso-administrativa

3.ª EDICIÓN 2024

**Obra realizada por el Departamento
de Documentación de Iberley**

COLEX 2024

SUMARIO

ANEXO.
FORMULARIOS

1.
EL RECURSO
CONTENCIOSO-ADMINISTRATIVO

La regulación del objeto del recurso contencioso-administrativo en la LJCA

Los artículos 25 a 42 de la LJCA constituyen el título III «Objeto del recurso contencioso-administrativo», que se divide en los siguientes capítulos:

- Capítulo I. Actividad administrativa impugnable (arts. 25-30 de la LJCA).
- Capítulo II. Pretensiones de las partes (arts. 31-33 de la LJCA).
- Capítulo III. Acumulación (arts. 34-39 de la LJCA).
- Capítulo IV. Cuantía del recurso (arts. 40-42 de la LJCA).

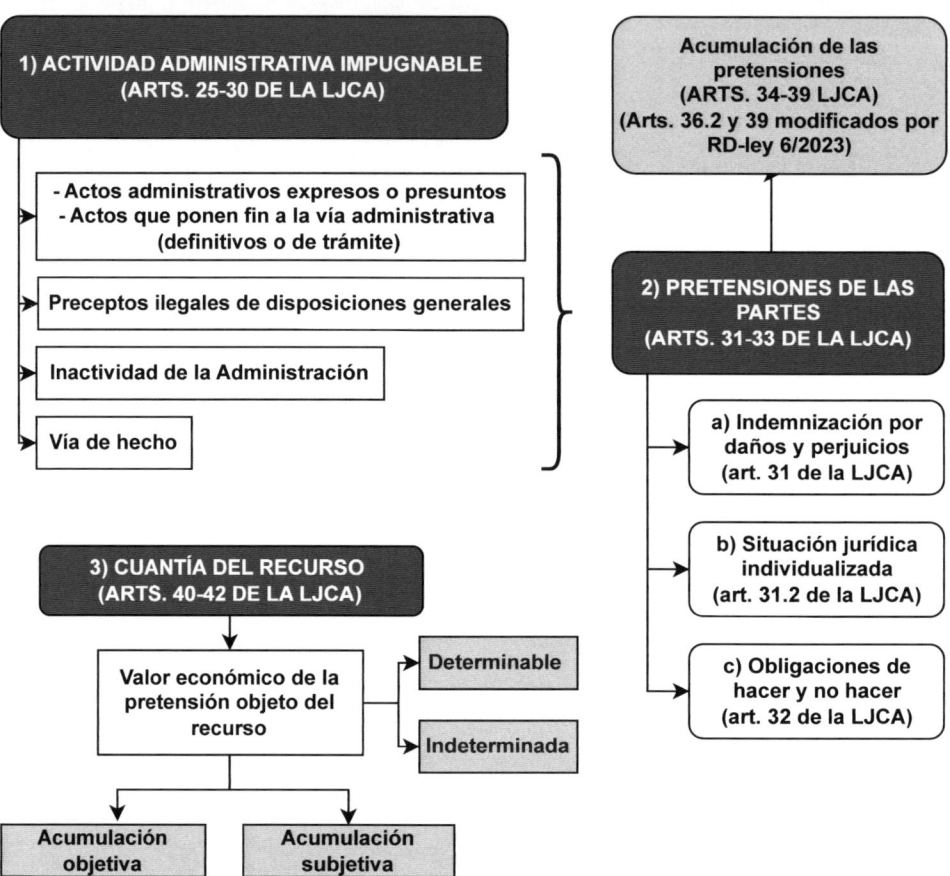

OBJETO DEL RECURSO CONTENCIOSO-ADMINISTRATIVO (ARTS. 25-42 DE LA LJCA)

1) ACTIVIDAD ADMINISTRATIVA IMPUGNABLE (ARTS. 25-30 DE LA LJCA)

- Actos administrativos expresos o presuntos
- Actos que ponen fin a la vía administrativa (definitivos o de trámite)

Preceptos ilegales de disposiciones generales

Inactividad de la Administración

Vía de hecho

Acumulación de las pretensiones (ARTS. 34-39 LJCA) (Arts. 36.2 y 39 modificados por RD-ley 6/2023)

2) PRETENSIONES DE LAS PARTES (ARTS. 31-33 DE LA LJCA)

a) Indemnización por daños y perjuicios (art. 31 de la LJCA)

b) Situación jurídica individualizada (art. 31.2 de la LJCA)

c) Obligaciones de hacer y no hacer (art. 32 de la LJCA)

3) CUANTÍA DEL RECURSO (ARTS. 40-42 DE LA LJCA)

Valor económico de la pretensión objeto del recurso

Determinable

Indeterminada

Acumulación objetiva

Acumulación subjetiva

1.1. Actividad administrativa impugnable

Actividades administrativas impugnables

El artículo 25 de la LJCA, así como el propio preámbulo de la ley, establecen cuatro modalidades de recurso por razón de su objeto:

– Contra **actos administrativos expresos o presuntos** y contra actos que pongan fin a la vía administrativa, ya sean definitivos o de trámite, si estos últimos deciden directa o indirectamente el fondo del asunto, determinan la imposibilidad de continuar el procedimiento, producen indefensión o perjuicio irreparable a derechos o intereses legítimos.

- Contra **preceptos ilegales de disposiciones generales**, que precisa de algunas reglas especiales.
- Contra la **inactividad de la Administración**.
- Contra **actuaciones materiales constitutivas de vía de hecho**, en los términos establecidos en la LJCA.

|| Disposiciones de carácter general

El artículo 26 de la LJCA indica que, además de la impugnación **directa** contra las disposiciones de carácter general, se puede realizar una impugnación **indirecta** contra los actos que se deriven de la aplicación de las disposiciones de carácter general, fundada en aquellas disposiciones que no son conformes a derecho.

La falta de impugnación directa contra la disposición general o, en caso de haberla impugnado, el recurso hubiera sido desestimado, no impide la impugnación de los actos resultantes de la aplicación de dicha disposición general (art. 26.2 de la LJCA).

Siguiendo la doctrina más extendida (véase la resolución de Tribunal Económico Administrativo Central de 22 de mayo de 2019 o la resolución de Tribunal Económico Administrativo Central de 3 de junio de 2020) se destaca lo siguiente:

- La **impugnación directa o recurso directo** se encuentra sometido a un plazo de 2 meses, transcurrido el cual ya no será posible la impugnación por esa vía. Con el recurso directo se consigue, atacando directamente el reglamento, la anulación general del mismo.

- La **impugnación indirecta o recurso indirecto** no está sometida a ningún plazo y es la única forma de atacar el reglamento, aunque sea de forma indirecta, en el caso de que no sea ya posible interponer el recurso directo por haber transcurrido el plazo de interposición del mismo, o bien en el caso de que el recurso directo hubiese sido —en algún momento anterior— desestimado. Aun cuando su objeto sean los actos en aplicación del reglamento, a través del este también se puede conseguir la total anulación de aquel.

Así, la **sentencia del Tribunal Supremo n.° 38/2021, de 21 de enero, ECLI:ES:TS:2021:105**, entiende sobre la impugnación indirecta lo siguiente:

> «(...) es completamente razonable, al interpretar que **no se trata sólo de aprovechar la impugnación de un acto administrativo para, simultáneamente, combatir la disposición de que dimana o en la que encuentra justificación, sino que es preciso un nexo lógico o relación causal entre ambas manifestaciones de la potestad administrativa**, en el sentido de que el examen jurisdiccional debe sujetarse al esquema dialéctico de que el acto de aplicación —una liquidación, una providencia de apremio, un requerimiento o una sanción, por limitarnos a la esfera tributaria— es nulo por serlo la norma en que se ampara, juicio que sólo es atendible por comparación o relación entre el acto —como aplicación—, y la norma —como soporte normativo—.

En otras palabras, **lo que importa en esta clase de impugnación no es tanto evaluar cómo se hizo en su día la norma** —lo que se puede hacer valer, sin restricciones, con ocasión de su impugnación directa, a partir de su publicación— (art. 25 LJCA) **sino, una vez vigente, incorporada al ordenamiento jurídico, si su regulación infringe principios o normas de rango superior**».

En aquellos casos en los que el juez o tribunal del orden contencioso-administrativo hubiere dictado **sentencia firme estimatoria** contra el contenido de la disposición general, planteará la cuestión de ilegalidad ante el tribunal que sea competente para conocer del recurso directo contra la disposición (art. 27.1 de la LJCA).

Si el juez o tribunal competente para conocer del recurso contra un acto fundado en la invalidez de una disposición general fuere competente también para conocer del recurso contra la disposición general, la sentencia que emita dicho juez o tribunal declarará la **validez** o **nulidad** de la disposición general (art. 27.2 de la LJCA).

No obstante, el **Tribunal Supremo es competente para anular cualquier disposición general** cuando conozca de un recurso contra un acto fundado en preceptos ilegales contenidos en aquella, independientemente del grado de la disposición y sin necesidad de plantear una cuestión de ilegalidad (art. 27.3 de la LJCA).

Asimismo, la **legalidad del reglamento** puede controlarse también por el Tribunal Constitucional a través del artículo 161.2 de la CE que indica que «el Gobierno podrá impugnar ante el Tribunal Constitucional las disposiciones y resoluciones adoptadas por los órganos de las Comunidades Autónomas».

La problemática surge a la hora de **distinguir entre acto y disposición**, ya que su impugnación sigue cauces diferentes. En este sentido se manifiesta el auto del Tribunal Supremo, rec. 542/2015, de 19 de noviembre de 2015, ECLI:ES:TS:2015:9677A:

> «Es criterio asentado en la doctrina y en la jurisprudencia, para la distinción entre el acto y la norma, el que se centra en la consideración de si el acto de que se trate innova o no el ordenamiento jurídico, integrándose en él, con carácter general y abstracto, y siendo susceptible de ulteriores y sucesivas aplicaciones; o si se trata de un acto ordenado que no innova el ordenamiento, sino que es un acto aplicativo del mismo, en cuya aplicación se agota la eficacia del acto».

RESOLUCIONES RELEVANTES

Auto del Tribunal Supremo, rec. 542/2015, de 19 de noviembre de 2015, ECLI:ES:TS:2015:9677A

Las «Relaciones de Puestos de Trabajo», también conocidas como RRPPT, que estructuran los puestos, grupos y cuerpos o escalas de las Administraciones públicas, se consideran actos administrativos y no disposiciones generales como se venía dictaminando en anterior jurisprudencia:

«En efecto, en la jurisprudencia precedente (...) se asentaba en la atribución a las RRPPT de la naturaleza de disposiciones generales: normas a efectos del acceso a la

casación, sobre la base de considerar que la impugnación de las mismas merecía la calificación de cuestiones de personal, como tales en principio excluidas del acceso a la casación, ex art. 86.2.a) LJCA; pero que, al ser consideradas, a efectos de la casación como disposiciones generales, operaba respecto de ellas la previsión del art. 86.3 LJCA. Negada la caracterización como disposiciones generales, y afirmada la de actos administrativos, falta la base sobre la que la jurisprudencia precedente asentó la apertura a la casación, debiéndose considerar en tal sentido rectificada nuestra jurisprudencia precedente».

Tribunal Supremo en STS, rec. 5190/2011, de 11 de julio de 2013, ECLI:ES:TS:2013:3823

El Tribunal supremo determina que «la sala de instancia altera la naturaleza jurídica de la **Ponencia de Valores**, considerándola disposición de carácter general», y concluye que no cabe la aplicación de lo dispuesto en el artículo 27.2 de la LJCA, conforme lo cual cuando el juez o tribunal competente para conocer de un recurso contra un acto fundado en la invalidez de una disposición general lo fuere también para conocer del recurso directo contra esta, la sentencia declarará la validez o nulidad de la disposición general.

‖ Actos administrativos

En relación con los actos de la Administración pública, existen varias clases. De entre ellos, el recurso contencioso-administrativo se puede interponer contra **actos expresos y presuntos que pongan fin a la vía administrativa**, ya sean **definitivos** o de **trámite**, siempre que estos últimos decidan directa o indirectamente el fondo del asunto, determinen la imposibilidad de continuar el procedimiento, produzcan indefensión o perjuicio irreparable a derechos o intereses legítimos (art. 25.1 de la LJCA).

Por un lado, hablar de **acto expreso** significa hablar de la manifestación de voluntad de la Administración. Por el contrario, un **acto presunto** es aquel que se presume, es decir, no se dicta resolución y se produce el **silencio administrativo** por parte de la Administración, que puede ser positivo o negativo según el caso.

Por lo tanto, tal y como indica la ley, **los actos expresos y presuntos que tengan carácter definitivo son recurribles.**

CUESTIÓN

¿Qué caracteriza a un acto definitivo?

Es importante tener clara la diferencia entre un acto firme y un acto definitivo, ya que no son lo mismo. El hecho de que un acto sea definitivo no implica que este adquiera firmeza. En ese sentido el **auto del Tribunal Supremo, rec. 2287/2018, de 20 de junio de 2018, ECLI:ES:TS:2018:7004A,** dispone lo siguiente: «una cosa es un acto administrativo definitivo, que pone fin a la vía administrativa y que permite su ejecución, y otra que este sea firme. Un acto definitivo que causa estado en vía administrativa, le pone fin y es ejecutivo, pero mientras pueda ser objeto de recurso judicial no es firme (artículo 25 Ley de Jurisdicción Contencioso Administrativa 29/1998, de 13 de julio). Poner fin a la vía administrativa supone abrir la puerta al recurso, mientras que firmeza conlleva que frente a él que no cabe recurso ordinario (artículo 28 de la citada ley procesal). La firmeza solo se alcanza cuando frente al acto o sentencia no cabe recurso judicial ordinario».

La conclusión es, por tanto, que los **actos definitivos son recurribles** y los **actos firmes no lo son**.

Una vez tenemos claro lo anterior, es importante saber frente a qué actos de trámite podremos interponer un recurso contencioso-administrativo y frente a cuáles no. Para ello, acudimos al artículo 25.1 de la LJCA, que establece que los actos de trámite serán recurribles cuando:

– **Decidan** directa o indirectamente el **fondo del asunto**.

– Determinen la **imposibilidad de continuar el procedimiento**.

– **Produzcan indefensión o perjuicio irreparable** a derechos o intereses legítimos.

En este sentido, la jurisprudencia ofrece otra clasificación de los **actos de trámite distinguiendo entre los simples y los cualificados**.

ACTOS DE TRÁMITE SIMPLES	ACTOS DE TRÁMITE CUALIFICADOS
Mero impulso de un procedimiento.	Deciden directa o indirectamente el fondo del asunto.

Podemos mencionar al respecto de lo anterior la **sentencia del Tribunal Supremo n.º 1336/2020, de 15 de octubre, ECLI:ES:TS:2020:3214**, cuyo tenor literal es el siguiente:

> «Los primeros son actos o proveídos interlocutorios o de mero impulso de un procedimiento, que no pueden ser objeto de una impugnación autónoma e independiente del acto definitivo o final, que actúa como una especie de acto resumen, frente al que se deben dirigir todas las impugnaciones. Sí son impugnables, no obstante, los actos de trámite cualificados (art. 25.1 de la LJCA), entendiendo por tales los que deciden directa o indirectamente el fondo del asunto determinan la imposibilidad de continuar el procedimiento, producen indefensión o perjuicio irreparable a derechos o intereses legítimos. [vid., por todas, sentencia de 14 de marzo de 2011 (RC 3323/2010)]».

‖ Inactividad de la Administración

Cuando la Administración, en virtud de una disposición general que no precise de actos de aplicación o en virtud de un acto, contrato o convenio administrativo, esté obligada a realizar una prestación concreta en favor de una o varias personas determinadas, quienes tuvieran derecho a ella pueden reclamar de la Administración el cumplimiento de dicha obligación. Si en el plazo de **tres meses** desde la fecha de la reclamación, la Administración no hubiera dado cumplimiento a lo solicitado o **no hubiera llegado a un acuerdo con los interesados**, estos podrán interponer recurso contencioso-administrativo contra la inactividad de la Administración (art. 29.1 de la LJCA).

En los casos en los que la Administración **no ejecute sus actos** firmes, los afectados por dicha inactividad podrán solicitar su ejecución y, si no se produce en el **plazo de un mes** desde tal petición, los solicitantes podrán formular recurso contencioso-administrativo que se tramitará por el procedimiento abreviado regulado en el artículo 78 de la LJCA (art. 29.2 de la LJCA).

JURISPRUDENCIA

Sentencia del Tribunal Supremo n.º 477/2019, de 8 de abril, ECLI:ES:TS:2019:1127

«(...) ante una situación en que la Administración ha dejado pasar, no ya meses, sino años, en una situación de inactividad, resulta secundario si la demanda ha orientado la pretensión como impugnación de un acto presunto, o como una inactividad de la Administración en el cumplimento de la actuación a que venía obligada, o finalmente como la inejecución de un acto firme cuyo cumplimiento se reclame. Todas estas formas de actuación administrativa son impugnables, a tenor del art. 25 de la LJCA».

Sentencia del Tribunal Supremo n.º 877/2020, de 25 de junio, ECLI:ES:TS:2020:2202

*«(...) Si bien la inactividad, como reconoce el recurrente, es un concepto distinto del silencio negativo, en cuanto en aquella se parte de la existencia de una **obligación de la Administración** "en virtud de una disposición general que no precise de actos de aplicación o en virtud de un acto, contrato o convenio administrativo" de realizar "una prestación concreta en favor de una o varias personas determinadas, quienes tuvieran derecho a ella pueden reclamar de la Administración el cumplimiento de dicha obligación", mientras que el silencio administrativo negativo es una ficción legal encaminada a posibilitar la impugnación en sede jurisdiccional (o administrativa) por la falta de resolución de los procedimientos iniciados a instancia de parte o de oficio, en los términos establecidos en los arts. 24 y 25 de la vigente Ley 39/15 (arts. 43 y 44 de la actualmente derogada Ley 30/92), o de los recursos administrativos, o no se contesta a lo solicitado, falta de resolución o respuesta a la que viene obligada la Administración».*

|| Vía de hecho

En el caso en el que **se produzca una actividad por parte de la Administración que dé lugar a vía de hecho**, el interesado podrá formular requerimiento a la Administración actuante, intimando su cesación. Si dicha intimación no hubiere sido formulada o no fuere atendida dentro de los diez días siguientes a la presentación del requerimiento, podrá deducir directamente recurso contencioso-administrativo (art. 30 de la LJCA).

JURISPRUDENCIA

Sentencia del Tribunal Supremo n.º 1165/2017, de 3 de julio, ECLI:ES:TS:2017:2754

«(...) la vía de hecho comprende tanto las actuaciones materiales de las Administraciones Públicas producidas sin la adopción previa de una decisión declarativa que sirva de fundamento jurídico, a lo que es asimilable el caso en el que existiendo tal acto, este adolece de una irregularidad sustancial que lo convierte en nulo o inexistente, y también la actividad material de ejecución que excede del ámbito al que da cobertura el acto administrativo previo. La Sala estima que en el presente caso no concurre ninguno de los elementos precisos para que pueda considerarse la existencia de una vía de hecho».

Sentencia del Tribunal Supremo, rec. 116/2013, de 4 de marzo de 2016, ECLI:ES:TS:2016:939

«La jurisprudencia de esta Sala, (...) viene sosteniendo que la "vía de hecho" o actuación administrativa no respaldada en forma legal por el procedimiento administrativo legitimador de la concreta actuación, se produce no solo cuando no existe

acto administrativo de cobertura o este es radicalmente nulo, sino también cuando el acto no alcanza a cubrir la actuación desproporcionada, de forma que no existe ninguna dificultad en incluir en el primer supuesto, de inexistencia de acto previo de cobertura o de nulidad radical del acto, aquellos casos en los que, existiendo acto, este se ve afectado de una irregularidad sustancial, que permite hablar de acto nulo de pleno derecho o, incluso, inexistente, viéndose privado de la presunción de validez que predica de todo acto administrativo el art. 57.1 de la Ley 30/1992».

Límite al recurso contencioso-administrativo

El artículo 28 de la LJCA establece que no se admitirá el recurso contencioso-administrativo cuando los actos sean una reproducción de otros actos anteriores definitivos y firmes, y aquellos que sean confirmatorios de actos consentidos por no haber sido recurridos en tiempo y forma.

Este límite nace en virtud de una de las máximas de los procedimientos: la «cosa juzgada», lo que conlleva la vinculación jurídica para los órganos competentes de resolver. Así, la **sentencia del Tribunal Supremo n.º 1126/2020, de 27 de julio, ECLI:ES:TS:2020:2652**, citando al jurista de la Oliva Santos, indica que «la vinculación jurídica que, sobre todo para el órgano jurisdiccional y también para las partes, produce lo dispuesto en cualquier resolución firme, dentro del mismo proceso o instancia en que se haya dictado dicha resolución».

1.2. Las pretensiones de las partes

¿Cuáles son las pretensiones de las partes en el orden contencioso?

Se regulan las pretensiones de las partes en el orden jurisdiccional contencioso-administrativo en el título III, capítulo II, artículos 31 a 33 de la LJCA.

La ley regula una serie de instrumentos a través de los cuales el demandante puede ver reparada su situación, que ha sido provocada por un mal funcionamiento de la actuación administrativa.

Se establecen diferentes medidas que pueden ser solicitadas dependiendo de si el objeto se refiere a la impugnación de un acto o disposición, si es relativo a la inactividad de la Administración o si, por el contrario, la actuación administrativa ha causado daños mediante la vía de hecho.

Indemnización por daños y perjuicios en el orden contencioso

Se regula en el artículo 31 de la LJCA que cuando el demandante considere que los actos y disposiciones emitidos en el procedimiento en el que es parte no son conformes a derecho y, además, estos actos o disposiciones son recurribles atendiendo a lo establecido en los artículos 25 a 30 del capítulo I del título III de la LJCA, podrá solicitar su anulación.

Asimismo, podrá solicitar el reconocimiento de una **situación jurídica individualizada** con las consiguientes medidas adecuadas para el pleno restablecimiento de aquella, entre ellas, la indemnización de los daños y perjuicios, cuando proceda (art. 31.2 de la LJCA).

En este sentido, se entiende que se excluye la necesidad de presentar una reclamación administrativa previa, cuando la pretensión indemnizatoria se efectúa como medida para hacer efectiva la situación jurídica individualizada cuyo reconocimiento se pretende. Así se recoge en la **sentencia del Tribunal Supremo n.º 616/2018, de 16 de abril, ECLI:ES:TS:2018:1399**, cuando dice:

> «Esta pretensión de indemnización se ha de formular como un complemento a una acción de anulación y, por tanto, puede plantearse por primera vez en el recurso contencioso-administrativo al formularla pretensión. Esta es la diferencia principal de la pretensión de nulidad, con la acción de responsabilidad patrimonial, pues esta acción de responsabilidad necesita que haya sido planteada previamente en vía administrativa y el fundamento de la misma radica en que el administrado no tiene el deber de soportar el daño que ha ocasionado una actuación administrativa que puede ser conforme a Derecho.
>
> En el sentido indicado se pronuncia esta Sala cuando declara, en sentencia de 16 de marzo de 2009 —recurso de casación núm. 7679/2005—, que
>
> "(...) la pretensión de indemnización de daños y perjuicios puede hacerse directamente ante el tribunal de lo contencioso-administrativo en aquellos casos en que sea el único medio de restablecer plenamente la situación jurídica que el acto administrativo o la vía de hecho perturbaron, pero **cuando se articula como cuestión principal, sin ningún vínculo directo con la actuación impugnada, resulta necesaria la previa formulación de la petición en vía administrativa)**"».

Como venimos indicando, por tanto, esta indemnización por daños y perjuicios tiene como fin último el resarcimiento de unos efectos desfavorables que la actuación de la Administración ha tenido sobre el demandante. No obstante, esta pretensión encuentra un límite, y es que, para poder solicitar la mencionada indemnización por esta vía, tiene que existir un vínculo entre el acto o la disposición impugnada y los daños ocasionados. En este sentido, se manifiesta en la sentencia arriba mencionada:

> «No puede admitirse dicha pretensión porque no se trata de una pretensión resarcitoria subordinada a la anulación de la norma impugnada, al servicio del pleno reconocimiento de una situación jurídica individualizada. No. Al contrario, **tal indemnización se solicitaba para el caso de que no se estimara la nulidad de la norma impugnada**. En otras palabras, es una pretensión autónoma, al esgrimirse de forma desvinculada, y no ligada, a la nulidad del plan recurrido. De manera que no se trataba de una pretensión del artículo 31.2 de la LJCA que pretende, precisamente, el restablecimiento de la situación jurídica individualizada».

Por lo tanto, como conclusión, se deduce que esta medida indemnizatoria que regula el apartado 2.º del artículo 31 de la LJCA se convierte en un complemento de la solicitud de anulación del acto o disposición objeto del recurso y, no puede constituir, por tanto, una mera reclamación que actúe en segundo plano en caso de que la petición de anulación fuere desestimada. Se exige un vínculo directo con la actuación impugnada.

Obligaciones de hacer y de no hacer de la Administración

El artículo 32.1 de la LJCA hace referencia a los recursos que se plantean contra la inactividad por parte de la Administración. Para ello, se establece que el demandante, podrá solicitar al órgano jurisdiccional competente que exija a la Administración que cumpla con las obligaciones que han sido desatendidas y que han causado daños o perjuicios en el demandante. Se ha asentado doctrina acerca de este precepto en la **sentencia del Tribunal Supremo n.º 111/2018, de 29 de enero, ECLI:ES:TS:2018:302**:

> «(...) esta Sala, dando respuesta a las cuestiones planteadas en este recurso de casación que presentan interés casacional objetivo, **declara como doctrina jurisprudencial** que:
>
> 1.-El procedimiento judicial previsto en el artículo 29.2 de la Ley 29/1998, de 13 de julio, reguladora de la Jurisdicción Contencioso-Administrativa, es adecuado para que **los afectados por la inejecución de un acto firme** adoptado en materia de concesión de subvenciones puedan formular **la pretensión de que se condene a la Administración Pública al cumplimiento de sus obligaciones** en los concretos términos en que están establecidas. No procede exceptuar de la aplicación de esta regla aquellos supuestos, como el analizado en este proceso, en que la Administración reconoce a un particular el derecho a percibir una subvención cuyo abono será realizado mediante pagos diferidos condicionados al cumplimiento o mantenimiento por el beneficiario de los requisitos exigidos por la normativa aplicable.
>
> 2.-La prosecución del procedimiento judicial previsto en el artículo 29.2 de la Ley 29/1998, de 13 de julio, reguladora de la Jurisdicción Contencioso-Administrativa, no autoriza al juez o tribunal contencioso-administrativo a restringir las facultades de la Administración demandada de oponerse a la pretensión formulada por la parte demandante, relativa a que se condene a la Administración para que ejecute un acto firme en materia de concesión de subvenciones aduciendo motivos que justificaran el impago. Estas causas pueden ser alegadas en el procedimiento judicial aunque no hubieren sido expuestas previamente al resolver la reclamación en vía administrativa».

Por el contrario, el apartado 2.º del artículo 32 de la LJCA hace referencia a aquellos casos en los que la actuación administrativa se ha materializado mediante la vía de hecho. En estos casos, el demandante podrá solicitar:

– Que la vía de hecho se declare contraria a derecho.

– Que se ordene el cese de dicha situación.

– Que se adopten, en su caso, las medidas reguladas en el artículo 31.2 de la LJCA.

Principio de congruencia

Los órganos del orden jurisdiccional contencioso-administrativo juzgarán dentro del límite de las pretensiones formuladas por las partes y de los motivos que fundamenten el recurso y la oposición (art. 33.1 de la LJCA). Esto responde al **principio de congruencia**, en relación con el cual también cabe citar el artículo 67 de la LJCA cuando dice que «La sentencia se dictará en el plazo de diez días desde que el pleito haya sido declarado concluso y decidirá todas las cuestiones controvertidas en el proceso».

El precepto anterior guarda un claro paralelismo con el artículo 218 de la LEC a cuyos efectos no puede obviarse el carácter supletorio de esta norma, el cual establece:

> «Las sentencias deben ser claras, precisas y congruentes con las demandas y con las demás pretensiones de las partes, deducidas oportunamente en el pleito. Harán las declaraciones que aquellas exijan, condenando o absolviendo al demandado y decidiendo todos los puntos litigiosos que hayan sido objeto del debate».

Si bien, en relación con estos dos preceptos mencionados, señala la sentencia del Tribunal Supremo n.º 1182/2018, de 10 de julio, ECLI:ES:TS:2018:2718, que:

> «Por otra parte el artículo 67 de la misma LRJCA establece que la sentencia decidirá todas las cuestiones controvertidas en el proceso; precepto que tiene un claro paralelismo con el precepto citado como infringido (artículo 218 LEC), aunque los artículos 33.2 y 65.2 de la LRJCA —que tienden a conceder una cierta libertad al juzgador para motivar su decisión— siempre exigen que someta previamente a la consideración de las partes los nuevos motivos o cuestiones para salvaguardar los principios de contradicción y congruencia».

A TENER EN CUENTA. A diferencia de lo que ocurre en el orden jurisdiccional contencioso-administrativo, los órganos económico-administrativos son competentes para resolver cuantas cuestiones de hecho o de derecho se ofrezcan en el expediente, hayan sido o no planteadas por los interesados, con la única prohibición de no empeorar la situación inicial del recurrente (art. 237.1 de la LGT).

Asimismo, si cuando el juez o tribunal que dicte sentencia considere conveniente que la cuestión sometida a su conocimiento pueda no haber sido apreciada debidamente por las partes, por existir en apariencia otros motivos susceptibles de fundar el recurso o la oposición, lo someterá a aquellas mediante providencia en que, advirtiendo que no se prejuzga el fallo definitivo, los expondrá y concederá a los interesados un plazo común de diez días para que formulen las alegaciones que estimen oportunas, con suspensión del plazo para pronunciar el fallo. Contra la expresada providencia no cabrá recurso alguno (art. 33.2 de la LJCA). Esto mismo ocurrirá con los preceptos de una disposición general que hayan sido impugnados y que el tribunal entienda necesario extender el enjuiciamiento a otros por razones de conexión o consecuencia con los preceptos recurridos (art. 33.3 de la LJCA).

Lo anterior se traduce en lo que se conoce en derecho procesal como el principio iura *novit curia*.

En relación con los dos principios mencionados establece la **sentencia del Tribunal Supremo n.º 841/2020, de 22 de junio, ECLI:ES:TS:2020:2204,** que:

> «(...) **la congruencia procesal es compatible con el principio iura** *novit curia* en la formulación por los Tribunales de sus razonamientos jurídicos, y que la incongruencia es relevante desde la perspectiva del derecho a la tutela efectiva y del derecho de defensa constitucionalmente reconocidos (artículo 24.1 y 2 CE), cuando como consecuencia de ella se produce una modificación de los términos del debate procesal, con quiebra del principio de contradicción y menoscabo del fundamental derecho de defensa; pero ello no ha acontecido en el supuesto de autos por cuanto el debate procesal se centró en los mismos hechos y la decisión adoptada no supuso la resolución de una cuestión nueva no pretendida por la recurrente.
>
> Como ha señalado el Tribunal Constitucional (STC 227/2000, de 2 de octubre, ECLI:ES:TC:2000:227) "la que hemos **llamado incongruencia** *extra petitum* **se produce cuando el órgano judicial concede algo no pedido o se pronuncia sobre una pretensión o una causa de pedir que no fue oportunamente deducida por los litigantes, e implica un desajuste o inadecuación entre el fallo o la parte dispositiva de la resolución judicial y la causa del pedir o el** *petitum* (SSTC 98/1996, de 10 de junio, FJ 2; 220/1997, de 4 de diciembre, FJ 2; 9/1998, de 13 de enero, FJ 2; 215/1999, de 29 de noviembre, FJ 3; 85/2000, de 27 de marzo, FJ 3; 86/2000, de 27 de marzo, FJ 4). Ahora bien, la incongruencia extra petitum sólo tiene relevancia constitucional y lesiona el art. 24.1 CE en la medida en que provoque indefensión al defraudar el principio de contradicción. Solo si la Sentencia modifica la causa petendi o el petitum alterando la acción ejercitada, se habría dictado sin oportunidad de debate, ni defensa, sobre las nuevas posiciones en que el órgano judicial sitúa el thema decidendi (STC 98/1996, FJ 2).
>
> En este punto, debe recordarse que el órgano judicial únicamente está vinculado por la esencia de lo pedido y discutido en el pleito, y no por la literalidad de las concretas pretensiones ejercitadas, tal y como hayan sido formalmente solicitadas por los litigantes, de forma que no existirá la incongruencia extra petitum cuando el Juez o Tribunal decida o se pronuncie sobre una pretensión que, aunque no fue formal o expresamente ejercitada, estaba implícita o era consecuencia inescindible o necesaria de los pedimentos articulados o de la cuestión principal debatida en el proceso (STC 9/1998, FJ 2). En otras palabras, lo constitucionalmente decisivo desde las coordenadas procesales esenciales que exige el art. 24 CE, es si el sujeto ha podido alegar y probar lo que estimase por conveniente en relación con todos los aspectos esenciales del conflicto en el que se halla inmerso y que van a ser objeto de pronunciamiento judicial. Y ello sucederá claramente en relación con los aspectos expresa y formalmente suscitados por las partes y con los que lógica o legalmente se hallan anudados a ellos, pero también podrá suceder con pretensiones implícitas de tal naturaleza que

hagan 'razonablemente previsible' su inclusión en el contenido del fallo (STC 144/1996, de 16 de octubre, FJ 4)"».

Son muchos los casos en los que nuestro Alto Tribunal se ha pronunciado sobre la relevancia constitucional del vicio de incongruencia de las resoluciones judiciales, en este sentido cabe citar la **STS n.º 202/2018, de 12 de febrero, ECLI:ES:TS:2018:360**, que estipula:

> «Son muy numerosas las decisiones en las que este Tribunal ha abordado la relevancia constitucional del vicio de incongruencia de las resoluciones judiciales, precisando **cómo y en qué casos una resolución incongruente puede lesionar un derecho fundamental** amparado en el art. 24.1 CE. Se ha elaborado así un cuerpo de doctrina consolidado que aparece sistematizado con cierto detalle, entre otras, en la reciente STC 114/2003, de 16 junio (FJ 3), con las siguientes palabras:
>
> "El vicio de incongruencia ... puede entrañar una vulneración del principio de contradicción constitutiva de una efectiva denegación del derecho a la tutela judicial efectiva, siempre y cuando la **desviación sea de tal naturaleza que suponga una sustancial modificación de los términos en los que discurra la controversia procesal** (SSTC 215/1999, de 29 de noviembre, FJ 3; 5/2001, de 15 de enero, FJ 4; 237/2001, de 18 de diciembre, FJ 6; 135/2002, de 3 de junio, FJ 3). El juicio sobre la congruencia de la resolución judicial precisa de la confrontación entre su parte dispositiva y el objeto del proceso delimitado por sus elementos subjetivos —partes— y objetivos —causa de pedir y petitum— de tal modo que la adecuación debe extenderse tanto a la petición como a los hechos que la fundamentan (SSTC 219/1999, de 29 de noviembre, FJ 3; 5/2001, de 15 de enero, FJ 4)".
>
> En consecuencia, el Tribunal Constitucional viene, pues, examinando el expresado vicio de la ausencia de congruencia de las resoluciones judiciales desde la **triple perspectiva** señalada:
>
> a) **Incongruencia positiva**, o ultra petita ("ne eat iudex ultra petita partium"), cuando el fallo de la sentencia contenga más de lo pedido por las partes; esto es, cuando la sentencia concede o niega lo que nadie ha pedido, dando o rechazando más, cuantitativa o cualitativamente, de lo que se reclama.
>
> b) **Incongruencia negativa**, omisiva, citra petita, o "ex silentio" ("ne eat iudex citra petita partium"), cuando el fallo contenga menos de lo pedido por las partes; esto es, cuando la sentencia omite decidir sobre alguna de las pretensiones procesales, teniendo normalmente sólo un contenido cualitativo —al ser difícil el perfil cuantitativo, de dar más o menos de lo pedido por las partes—, tratándose de un vicio que se identifica con la vulneración del principio de exhaustividad y que implica la falta de pronunciamiento sobre alguna petición oportunamente deducida por las partes.
>
> c) **Incongruencia mixta**, extra petita o por error ("ne eat iudex extra petita partium"), cuando el fallo de la sentencia contenga algo distinto de lo pedido por las partes, cuando las sentencias se pronuncian sobre pretensión distinta u objeto diferente al pretendido, lo cual no significa que el tribunal no pueda modificar el punto de vista jurídico de la cuestión planteada, de conformidad con el artículo 218.1, párrafo 2.º, Ley 1/2000, de 7 de enero, de Enjuiciamiento Civil (LEC)».

1.3. Acumulación de pretensiones

La acumulación en la jurisdicción contencioso-administrativa

La LJCA regula la acumulación en el orden contencioso-administrativo en los artículos 34 a 39, capítulo III, título III de la misma.

La acumulación se entiende como la tramitación de diversas pretensiones en un mismo procedimiento cuando estas guarden una relación entre ellas. El objetivo de tramitarlas conjuntamente es lograr una mayor economía procesal y cumplir así con el principio de eficacia que ha de imperar en la actuación de las Administraciones públicas, tal y como indica el artículo 103.1 de la CE:

> «La Administración Pública sirve con objetividad los intereses generales y actúa de acuerdo con los principios de eficacia, jerarquía, descentralización, desconcentración y coordinación, con sometimiento pleno a la ley y al Derecho».

En este sentido, señala el **auto del Tribunal Supremo, rec. 426/2015, de 21 de enero de 2016, ECLI:ES:TS:2016:336A**, que:

> «La acumulación es una institución procesal basada en razones notorias de economía y de justicia. Cuando varias pretensiones se pueden examinar y ser resueltas en un único proceso y se pueden resolver en una sola sentencia (artículo 74 de la LEC) se produce tanto un ahorro de tiempo y dinero como la posibilidad de alcanzar un mejor resultado, al disminuir el riesgo de que se pronuncien resoluciones contradictorias».

En este sentido, se infiere del artículo 34 de la LJCA que serán acumulables en un proceso:

- Las pretensiones que se deduzcan en relación con un mismo acto, disposición o actuación.
- Las que se refieran a varios actos, disposiciones o actuaciones cuando unos sean reproducción, confirmación o ejecución de otros o exista entre ellos cualquier otra conexión directa.

Así pues, podrá el actor acumular en su demanda las pretensiones que se hallen en los casos anteriores (art. 35.1 de la LJCA). **Si el letrado de la Administración de Justicia no estima pertinente la acumulación**, este dará cuenta al tribunal, el cual ordenará a la parte que interponga separadamente los recursos en el plazo de 30 días, si bien en caso de que no lo haga, el juez tendrá por caducado el recurso respecto del cual no se hubiera cumplido lo ordenado (art. 35.2 de la LJCA).

Por tanto, la acumulación de las pretensiones es un instrumento con el que cuenta el demandante. Sin embargo, no resulta obligatorio para el órgano jurisdiccional atender esa petición, ya que este asume la potestad para decidir si procede o no dicha acumulación; así lo recoge el **auto del Tribunal Supremo, rec. 5064/2016, de 27 de septiembre de 2017, ECLI:ES:TS:2017:8652A**, con cita, a su vez, al **auto del Tribunal Supremo, rec. 513/2013, de 28 de abril de 2014, ECLI:ES:TS:2014:3299A**, de los que se infiere:

> «(...) debe recordarse que la acumulación no es preceptiva, sino que es facultad del Tribunal, previa audiencia de las partes. Esta Sala y Sección no suele acordar tal acumulación, pues a pesar de que la ratio de la acumulación es, sin duda, la economía procesal, la experiencia indica que, en la práctica, la acumulación origina una tramitación más compleja y lenta. Por ello y atendiendo precisamente a la indicada ratio legis de la economía procesal, la Sala tiene en cuenta en estos casos la existencia de los diversos recursos que podrían ser acumulados y tras su tramitación coordinada los delibera conjuntamente o, en todo caso, teniendo en cuenta la existencia de todos ellos para asegurar la ausencia de resoluciones contradictorias (...)».

CUESTIÓN

¿La denegación de la acumulación de las pretensiones supone un impedimento al acceso a la justicia?

Tal y como indica la **sentencia del Tribunal Constitucional n.° 8/2014, de 27 de enero, ECLI:ES:TC:2014:8**, el hecho de que el órgano competente no proceda a la acumulación de las pretensiones no impide un correcto acceso al derecho a la tutela judicial efectiva.

«(...) la negativa judicial a la acumulación de acciones no implica en esa tipología de casos una traba definitiva o cierre irreversible en el acceso a la justicia, sino sólo la denegación del ejercicio acumulado de las acciones de los litigantes, que pueden ser no obstante canalizadas en recursos presentados por separado, según dispuso en esta ocasión la providencia de 19 de junio de 2012.

De ello cabe concluir, como quedó apuntado en un supuesto de acumulación procesal en la STC 63/1999, de 26 de abril, que no habrá lesión de esa vertiente del derecho a la tutela judicial efectiva cuando se den las circunstancias referidas, por ser posible el ejercicio de la acción que corresponda. Expresando la idea en otras palabras, si existen mecanismos procesales alternativos para sustanciar las pretensiones formuladas, más aún si son señalados por el propio órgano judicial, como aquí acontece, el derecho de acceso a la jurisdicción podrá desplegarse con plena efectividad».

¿Es posible la ampliación del recurso contencioso-administrativo?

La respuesta a esta cuestión ha de ser **afirmativa** con base en el artículo 36 de la LJCA. En este sentido, el demandante podrá solicitar la ampliación del recurso, en el plazo previsto en el artículo 46 de la LJCA, cuando con carácter previo a la sentencia **se dicte o se tenga conocimiento de la existencia de un acto, disposición o actuación que guarde relación**, en los términos del artículo 34 de la LJCA, con aquellos que sean objeto del recurso que se está tramitando.

La petición de ampliación conlleva la **suspensión del procedimiento**, dando el letrado de la Administración de Justicia traslado a las partes para presentar alegaciones en el plazo común de cinco días.

A TENER EN CUENTA. Tras la reforma operada en el art. 36.2 de la LJCA por el Real Decreto-ley 6/2023, de 19 de diciembre, con entrada en vigor el 20 de marzo de 2024, aun suspendido el procedimiento como consecuencia de la solicitud de ampliación del recurso, se mantendrán los señalamientos que ya se hubieran acordado, siempre que la decisión sobre la ampliación se produzca antes de la celebración de aquellos actos y no interfiera en los derechos de las partes ni en el interés de terceros.

En caso de que el órgano jurisdiccional accediere a la ampliación solicitada, continuará la suspensión hasta que no se alcance el mismo estado que tuviere el procedimiento inicial.

Un ejemplo del procedimiento anterior se contiene en el **auto del Tribunal Supremo, rec. 456/2018, de 12 de febrero de 2019, ECLI:ES:TS:2019:1432A**, cuando ordena: «Reclámese el expediente administrativo correspondiente al acto objeto de ampliación y, una vez que el proceso alcance el mismo estado respecto de todos los actos que integran su objeto, acuérdese el alzamiento de la suspensión del procedimiento (...)».

Asimismo, será posible la ampliación cuando en los recursos contencioso-administrativos interpuestos contra actos presuntos, la Administración dictare durante su tramitación resolución expresa respecto de la pretensión inicialmente deducida. Pues bien, en estos supuestos el recurrente tiene dos opciones:

– **Desistir del recurso interpuesto** con base en la aceptación de la resolución expresa que se hubiera dictado. Una vez desistido del recurso inicial, el plazo de 2 meses para recurrir la resolución expresa se contará desde el día siguiente al de la notificación de la misma.

– **Solicitar la ampliación del recurso a la resolución expresa**.

El **Tribunal Supremo en su sentencia rec. 1762/2014, de 15 de junio de 2015, ECLI:ES:TS:2015:2643**, ya declaró el **carácter facultativo de la ampliación del recurso**, entendiendo que no es necesaria cuando la pretensión mantiene su virtualidad impugnatoria a pesar de la resolución tardía. En este sentido añade:

«Por consiguiente, no es conforme a Derecho la doctrina de la sentencia impugnada en cuanto, sin la suficiente matización, asocia la pérdida sobrevenida de objeto del proceso iniciado frente a la desestimación presunta por silencio administrativo a la falta de ampliación de la impugnación a la posterior resolución expresa por la Administración. Al contrario, la **interpretación correcta del artículo 36. 1 LJCA**, de acuerdo con el derecho a la tutela judicial efectiva (art. 24.1 CE), exige distinguir los siguientes supuestos:

a) Si la **resolución expresa, posterior al silencio administrativo, satisface íntegramente** la pretensión, lo procedente será el desistimiento o la satisfacción extraprocesal de la pretensión (art. 76 LJCA).

b) Si la **resolución expresa, posterior al silencio administrativo, es plenamente denegatoria** de la pretensión, el demandante podrá ampliar el recurso contencioso-administrativo, conforme al artículo 36.1 LJCA; pero si no lo hace, no por eso habrá perdido sentido su recurso.

c) Si la **resolución expresa, posterior al silencio administrativo, es parcialmente estimatoria** de la pretensión, alterando la situación que deriva de la ficción legal de desestimación que anuda el silencio administrativo negativo, entonces sí, el artículo 36. 1 LJCA impone, en principio, al demandante la carga de ampliar el recurso. Pero la no asunción de ésta sólo comporta la total pérdida sobrevenida de objeto cuando, a la vista del contenido de dicha resolución tardía, la pretensión formulada carece de toda su virtualidad. En otro caso, lo que se produce es la necesaria modificación de la pretensión formulada para adecuarla al contenido del acto administrativo que sustituye a la ficción legal en que consiste el silencio administrativo, entendiendo que no alcanza ni a lo que se obtiene por dicho acto ni a los aspectos de éste que no podían ser incluidos en las desestimación presunta recurrida y que, por tanto, son ajenos al proceso iniciado».

En la misma línea, **la sentencia del Tribunal Superior de Justicia de Cataluña n.° 1376/2023, de 19 de abril, ECLI:ES:TSJCAT:2023:3331**, establece que:

«(...) al supuesto en que —impugnada la desestimación presunta— la resolución expresa contra la que cabe recurso de reposición es desestimatoria, a juicio de la Sala, la solución es la misma, esto es, **ni es obligatoria la ampliación del recurso contencioso-administrativo al acto expreso desestimatorio, ni se produce la pérdida del objeto del procedimiento o la inadmisibilidad del recurso.**

En primer lugar, por el hecho de no haberse interpuesto el recurso de reposición no puede entenderse que la desestimación expresa sea un acto consentido, cuando el interesado ha interpuesto recurso contencioso administrativo contra la desestimación presunta y mantiene en sede judicial la acción, no habiendo desistido de sus pretensiones (el artículo 36.4 LJCA prevé el desistimiento con fundamento en la aceptación de la resolución expresa), antes —al contrario— el recurrente ha interesado la ampliación del recurso a la resolución expresa en el plazo del artículo 46 LJCA.

(...)

Por último, a juicio de la Sala, en estos casos, cabe **ampliar el recurso contencioso administrativo contra el acto presunto a la resolución expresa, si se efectúa en el plazo establecido en el artículo 46 LJCA.**

En el presente caso, concurre una peculiaridad, puesto que interpuesto recurso contra la desestimación presunta de diversos actos y solicitada la ampliación a la resolución expresa dentro del plazo de dos meses desde su notificación, el Juzgado acordó la desacumulación de los recursos del escrito de interposición inicial y que en el plazo de treinta días se interpusiera recurso por separado respecto de la solicitud que origina la presente litis. Tal circunstancia accidental no puede alterar la anterior conclusión, dado que no se discute que el recurso por separado, en el que no solo se impugnaba la resolución expresa respecto de la que se había solicitado ampliación, sino también la desestimación presunta ya recurrida ante el Juzgado que acordó la desacumulación, se presentó dentro de ese plazo de treinta días. Ciertamente en el momento de interponerse el nuevo recurso podría decirse que había desaparecido la ficción de la desestimación presunta, al haberse dictado ya resolución expresa, pero no puede prescindirse de que la desestimación presunta ya se había recurrido en sede judicial y la segunda interposición del recurso obedece tan solo a una desacumulación de recursos, no pudiendo recibir distinto trato a si no la hubiera habido.

En definitiva, el recurso contra la desestimación presunta de la solicitud de devolución de ingresos indebidos es admisible, así como su ampliación a la desestimación expresa interesada dentro del plazo del artículo 46 LJCA, por lo que procede desestimar las alegaciones previas (...)».

Acumulación de oficio

El apartado 1.º del artículo 37 de la LJCA determina que, a raíz de la interposición de varios recursos contencioso-administrativos basados en actos, disposiciones o actuaciones que reúnan alguna de las circunstancias señaladas en el artículo 34 de la LJCA, el órgano jurisdiccional podrá acordar de oficio o a instancia de alguna de las partes, en cualquier momento procesal, la acumulación de estos, previa audiencia de las partes por plazo común de cinco días.

No obstante, conforme al artículo 37.2 de la LJCA, si no se hubiesen acumulado y ante un juez o tribunal estuviese pendiente una pluralidad de recursos con idéntico objeto, el órgano jurisdiccional tramitará uno o varios con carácter preferente previa audiencia de las partes por plazo común de 5 días, en cuyo caso, se suspenderá el curso de los demás, en el estado en que se hallen y entre tanto no se dicte sentencia en aquellos.

Si la **pluralidad de recursos con idéntico objeto pudiera, a su vez, agruparse por categorías o grupos que planteen una controversia sustancialmente análoga**, el órgano jurisdiccional, en defecto de acumulación, tramitará con carácter preferente uno o varios de cada grupo o categoría, con audiencia previa de las partes por plazo común de 5 días y suspensión del curso de los demás en el estado en que se hallen entre tanto no se dicte sentencia en los tramitados preferentemente para cada grupo o categoría (art. 37.2, párrafo 2.º, de la LJCA).

Esta última posibilidad ha sido incorporada al artículo 37.2 de la LJCA por el Real Decreto-ley 5/2023, de 28 de junio, entrando en vigor el 29 de julio de 2023 (disposición final 9.ª del Real Decreto-ley 5/2023, de 28 de junio). Lo previsto en este apartado 2 es de aplicación, conforme a la disposición transitoria 10.ª del Real Decreto-ley 5/2023, de 28 de junio, a todos los procedimientos en trámite en los que no se haya dictado sentencia a 30 de junio de 2023.

Por último, una vez firme la sentencia, el letrado de la Administración de Justicia llevará testimonio de la misma a los recursos suspendidos y la notificará a los recurrentes afectados por la suspensión con la finalidad de que en el plazo de 5 días puedan:

- **Interesar la extensión de sus efectos** en los términos previstos en el artículo 111 de la LJCA conforme al cual:

> «Cuando se hubiere acordado suspender la tramitación de uno o más recursos con arreglo a lo previsto en el artículo 37.2, una vez declarada la firmeza de la sentencia dictada en el pleito que se hubiere tramitado con carácter preferente, el letrado de la Administración de Justicia requerirá a los recurrentes afectados por la suspensión para que en el plazo de cinco días interesen la extensión de los efectos de la sentencia o la continuación del pleito suspendido, o bien manifiesten si desisten del recurso.
>
> Si se solicitase la extensión de los efectos de aquella sentencia, el Juez o Tribunal la acordará, salvo que concurra la circunstancia prevista en el artículo 110.5.b) o alguna de las causas de inadmisibilidad del recurso contempladas en el artículo 69 de esta Ley».

- **Continuar** el procedimiento.

- **Desistir** del recurso.

Comunicación al juez o tribunal de posibles casos de acumulación

La Administración o el letrado de la Administración de Justicia (cuando se tramiten en la oficina judicial), pondrán en conocimiento del juez o tribunal en el momento en el que le remitan el expediente administrativo o el proceso en curso, aquellos recursos contencioso-administrativos en los que puedan concurrir alguno de los supuestos de acumulación analizados.

A TENER EN CUENTA. Contra las resoluciones sobre acumulación, ampliación y tramitación preferente, solo se dará **recurso de reposición, tal y como indica el artículo 39 de la LJCA** en la redacción que le otorga el RD-ley 6/2023, de 19 de diciembre, en vigor a partir del 20 de marzo de 2023. Hasta esa fecha habrá de tenerse en consideración que, aunque la redacción original del precepto haga referencia al recurso de súplica, la disposición adicional 8.ª de la LJCA indica que debemos entender como **recurso de reposición** todas aquellas menciones que se hagan al recurso de súplica.

1.4. Cuantía del recurso contencioso-administrativo

Fijación de la cuantía del recurso contencioso-administrativo

La cuantía del recurso contencioso administrativo será determinada y se fijará, tal y como establece el artículo 40, apartados 1 y 2, de la LJCA, por:

a) El letrado de la Administración de la Justicia cuando hayan sido formulados los escritos de demanda y contestación, en los que las partes podrán exponer mediante otrosí su parecer al respecto.

b) En defecto de lo anterior, el demandante fijará la cuantía cuando así sea requerido por parte del letrado de la Administración de Justicia, en un plazo no superior a diez días. Si transcurrido el plazo, el demandante no hubiere fijado la cuantía, se estará a la que establezca el letrado de la Administración de Justicia previa audiencia al demandado.

Desacuerdo del demandado con la cuantía

Si el **demandado no está de acuerdo con la cuantía fijada por el demandante**, lo expondrá por escrito dentro del término de 10 días. El letrado de la Administración de Justicia resolverá lo que proceda, siendo el juez o tribunal, en sentencia, quien resolverá definitivamente la cuestión (artículo 40.3 de la LJCA).

El art. 40.4 de la LJCA determina que la parte perjudicada por la resolución podrá plantear recurso de queja basándose en la indebida determinación de la cuantía si por causa de esta

– No se tuviera por preparado el recurso de casación.

– No se admitiera recurso de apelación.

> **A TENER EN CUENTA.** A pesar de que el artículo 40.4 de la LJCA también hace referencia a la no admisión del recurso de casación para unificación de doctrina, tras la reforma operada por la LO 7/2015, de 21 de julio, la regulación relativa a esta modalidad de recurso de casación —artículos 96 a 99 de la LJCA— ha sido suprimida. Señala el Consejo General del Poder Judicial que:
>
> *«La nueva regulación del recurso de casación supone un cambio estructural en la configuración del mismo, ya que se ha introducido por el legislador el interés casacional objetivo para la formación de jurisprudencia como criterio para decidir la admisión del recurso. Desaparecen los recursos de casación para unificación de doctrina y en interés de ley y se suprimen los límites de cuantía y materia hasta ahora existentes en relación a sentencias y autos de la Sala de lo Contencioso-administrativo de la Audiencia Nacional y Tribunales Superiores de Justicia, ampliando el recurso a determinadas sentencias de los Juzgados de lo Contencioso administrativo».*

¿Cómo se determina la cuantía del recurso contencioso-administrativo?

El artículo 41 de la LJCA **establece las reglas para determinar** la cuantía del recurso contencioso-administrativo:

– La cuantía se determinará en base al **valor económico de la pretensión objeto de recurso**. Es lo que se conoce jurisprudencialmente como «acumulación objetiva».

– Si existen **varios demandantes**, el valor económico de la pretensión se establecerá de **manera individualizada** por cada uno de ellos y no por la suma de todos. Conocido jurisprudencialmente como «acumulación subjetiva».

– Si se produjera la **acumulación o ampliación de las pretensiones** (art. 34 de la LJCA), la cuantía se determinará mediante la **suma del valor económico de las pretensiones**, pero no comunicará a las de cuantía inferior la posibilidad de casación o apelación.

RESOLUCIONES RELEVANTES

Auto del Tribunal Supremo, rec. 10/2015, de 21 de mayo, ECLI:ES:TS:2015:5094A

Sobre acumulación objetiva.

*«(...) la pretensión (...) es evaluable económicamente atendiendo a la posible incidencia económica del acto recurrido en la esfera patrimonial de la recurrente, siendo evidente que el acto recurrido posee la virtualidad de privar al interesado de la posibilidad de seguir explotando dichas máquinas. Por tanto, el valor de la pretensión está constituido por el coste derivado del lucro cesante, es decir, de los beneficios dejados de obtener (...) (en este sentido, AATS de 27 de junio de 2013 —recurso de casación número 442/2013— y de 21 de noviembre de 2013 —recurso de casación número 115/2013—), cantidad que, notoriamente, **no alcanzan la summa gravaminis** legalmente establecida para acceder a casación, teniendo en cuenta, además, que habría de emplearse la regla de la **acumulación objetiva**, al ser veintiséis las máquinas objeto de recurso, de manera que el límite referido debería aplicarse individualmente para cada una de ellas, lo que lleva a la conclusión de que este recurso debe ser desestimado por defecto de cuantía».*

Auto del Tribunal Supremo n.º 79/2017, de 31 de mayo, ECLI:ES:TS:2017:5946A

Sobre acumulación subjetiva.

«A ello hay que añadir que el artículo 41.2 de la misma Ley establece que para determinar la cuantía del recurso, cuando existen varios demandantes, hay que atender al valor económico de la pretensión deducida por cada uno de ellos, y no a la suma de todos.

*A este respecto, debe señalarse que según jurisprudencia reiterada de esta Sala, la cuantía litigiosa, en los supuestos de comunidad de bienes de alguna de las partes, como aquí sucede, se determina en función de la **participación de cada comunero en la titularidad compartida** y, a falta de previsión especial o de su constancia, por iguales partes entre todos ellos, en aplicación de la regla sobre **acumulación subjetiva de acciones** (...)».*

En lo que se refiere al momento de la fijación de la cuantía, la jurisprudencia ha declarado reiteradamente que podrá hacerse «(...) en cualquier momento, incluso de oficio, por el órgano jurisdiccional, ya que se trata de una materia de orden público procesal, máxime cuando es determinante de la procedencia o improcedencia del recurso de casación. Estas consideraciones, evidentemente, son plenamente aplicables, *mutatis mutandis*, al recurso de apelación» (**sentencia del Tribunal Superior de Justicia de Madrid n.º 272/2023, de 12 de mayo, ECLI:ES:TSJM:2023:5693**).

¿Cuáles son las especialidades para la fijación de la cuantía?

El valor económico de la pretensión se fijará en base a las normas de la legislación procesal civil, pero habrá que atender a una serie de especialidades que establece el artículo 42 de la LJCA, cuales son:

- Cuando el demandante solicite solamente **la anulación del acto**, se atenderá al contenido económico del mismo, para lo cual se tendrá en cuenta el débito principal pero no los recargos, las costas ni cualquier otra clase de responsabilidad, salvo que cualquiera de estos fuera de importe superior a aquel.

- Cuando, además de la **anulación**, se solicite, o bien, el **reconocimiento de una situación jurídica individualizada**, o bien, el cumplimiento de una obligación administrativa, la cuantía vendrá determinada por:

  • **Regla 1.ª**: el **valor económico total** del objeto de la reclamación si la Administración pública hubiere denegado totalmente, en vía administrativa, las pretensiones del demandante.

  • **Regla 2.ª**: por la **diferencia de la cuantía entre el objeto de la reclamación y el del acto que motivó el recurso** si la Administración hubiera reconocido parcialmente, en vía administrativa, las pretensiones del demandante.

> **RESOLUCIÓN RELEVANTE**
>
> **Auto del Tribunal Supremo, rec. 79/2017, de 31 de mayo, ECLI:ES:TS:2017:5946A**
>
> *«Con carácter general, es doctrina reiterada de este Tribunal (...) que en materia expropiatoria, la cuantía viene determinada por la diferencia entre el valor del bien expropiado fijado en la resolución del Jurado y el asignado al mismo por el recurrente en su hoja de aprecio o en el proceso contencioso-administrativo seguido en la instancia siempre que en este segundo supuesto la valoración reclamada no exceda de la solicitada en la hoja de aprecio, a la que el expropiado está vinculado (...) en aplicación de lo prevenido en el artículo 42.1.b), regla segunda, de la Ley reguladora de esta Jurisdicción, salvo en caso de estimación del recurso contencioso-administrativo, en que el justiprecio establecido en la sentencia sustituye al fijado por el Jurado como término de comparación».*

Asimismo, señala el artículo 42.2 de la LJCA como **recursos de cuantía indeterminada**:

- Los recursos dirigidos a **impugnar directamente las disposiciones generales**, incluidos:

  • Instrumentos normativos de planeamiento urbanístico.

- Los referidos a funcionarios públicos que no verse sobre derechos o sanciones susceptibles de valoración económica.

- Los que junto a pretensiones evaluables económicamente acumulen otras no susceptibles de esa valoración.

– Los recursos interpuestos **contra actos, en materia de Seguridad Social**, que tengan por objeto la inscripción de empresas, formalización de la protección frente a riesgos profesionales, tarifación, cobertura de la prestación de incapacidad temporal, afiliación, alta, baja y variaciones de datos de trabajadores.

JURISPRUDENCIA

Sentencia del Tribunal Supremo n.º 709/2019, de 28 de mayo, ECLI:ES:TS:2019:1815

«(...) tiene interés casacional objetivo para la formación de jurisprudencia, declarar si es de cuantía indeterminada o determinable un pleito en el que se impugna la sanción de un mes de suspensión de funciones, con pérdida de las retribuciones correspondientes, notoriamente muy inferiores a 30.000 euros, y en el que únicamente se pretende la anulación de la resolución sancionadora más el restablecimiento de los derechos de los que directamente privó. Y, de ser determinable, qué conceptos han de ser tomados en consideración para el cálculo y fijación de la cuantía del recurso. A tal efecto añade que las normas que, en principio, deben interpretarse son los artículos 8.1, 42 y 81.1 de la LJCA.

(...)

3.º En lo que ahora interesa y dentro de los pleitos referidos a funcionarios públicos, el artículo 42.2 matiza la regla general si es que el pleito trata de derechos o sanciones "susceptibles de valoración económica"; es decir, que aun cuando la sanción no sea económica —el paradigma de sanción económica sería la multa o la detracción de días de retribución— si implica unas consecuencias económicas el pleito es de cuantía determinable porque la sanción es "susceptible" de concretarse en términos económicos.

(...)

9.º En lo procedimental es irrelevante que en la instancia no se haya determinado la cuantía del pleito, como tampoco vincula al tribunal superior lo que se haya fijado en el trámite de los artículos 40 y siguientes de la LJCA pues tales cuestiones por ser de orden público procesal son apreciables de oficio, en este caso a efectos de determinar la recurribilidad de la resolución impugnada.

(...)

(...) si hay que estar al valor real o material de la pretensión —anulación de acto sancionador— debe concluirse que tal acto implica un aspecto cuantificable y otro aspecto no cuantificable que prevé la norma aplicada, lo que hace que el pleito sea considerado como de cuantía indeterminada».

Sentencia del Tribunal Supremo n.º 1634/2020, de 30 de noviembre, ECLI:ES:TS:2020:4052

«Recalca que la cuantía de un recurso contencioso-administrativo, según determina el artículo 41 de la Ley Jurisdiccional 29/1998, de 13 de Julio, se fija atendiendo al valor económico de la pretensión, por lo que, de solicitarse la anulación de un acto, habrá de atenderse al contenido económico del mismo y siempre depurando

> *dicha cuantía de elementos ajenos al débito principal, tales como recargos, costas o cualquier otra clase de responsabilidad (artículo 42.1.a LJCA), salvo que los mismos fueran superiores al propio débito».*

Atendiendo a lo hasta aquí expuesto, podemos extraer algunas conclusiones que resultan interesantes:

- Una sanción no económica que conlleva perjuicios económicos se considera de cuantía determinable.

- La determinación de la cuantía es una cuestión de orden público procesal, por lo que se aprecia de oficio en caso de no haberse determinado por la parte; puede ser realizada en cualquier momento.

- Cuando el recurso verse sobre una pretensión de cuantía determinada y otra de cuantía indeterminable, se considera que la cuestión es de cuantía indeterminada.

2.
RECURSOS CONTRA RESOLUCIONES PROCESALES

Marco normativo de los recursos contra resoluciones procesales en el procedimiento contencioso-administrativo

En el capítulo III del título IV de la LJCA se regulan los recursos contra resoluciones procesales en el procedimiento contencioso-administrativo.

Así, la regulación figura de la siguiente forma:

TÍTULO IV «Procedimiento contencioso-administrativo»
CAPÍTULO III «Recursos contra resoluciones procesales»
Sección 1.ª Recursos contra providencias y autos (arts. 79 y 80 de la LJCA).
Sección 2.ª Recurso ordinario de apelación (arts. 81 a 85 de la LJCA).
Sección 3.ª Recurso de casación (arts. 86 a 94 de la LJCA).
Sección 6.ª De la revisión de sentencias (art. 102 de la LJCA).
Sección 7.ª Recursos contra las resoluciones del letrado de la Administración de Justicia (art. 102 bis de la LJCA).

A TENER EN CUENTA. El artículo 94 y 95 de la sección 3.ª, y las secciones 4.ª y 5.ª del capítulo III, título IV, de la LJCA fueron suprimidas por la Ley Orgánica 7/2015, de 21 de julio, que modificó la LOPJ y entró en vigor el 22/07/2016. No obstante, el artículo 94 ha sido dotado nuevamente de contenido por el Real Decreto-ley 5/2023, de 28 de junio, con entrada en vigor el 29 de julio de 2023. Esta modificación será de aplicación a los recursos de casación que se hubieran preparado y estuvieran pendientes de admisión a la entrada en vigor del real decreto-ley (30/06/2023). A estos efectos, de oficio o a instancia de parte, se podrá acordar la suspensión del trámite de admisión de estos recursos en atención a cualquiera de los recursos de casación que ya se hubieran admitido antes de la entrada en vigor de este real decreto-ley, que se declararán de tramitación y resolución preferente por concurrir los requisitos del citado artículo 94.

El mencionado RD-ley también introduce modificaciones en los artículos 88, 89 y 90 de la LJCA, ambos con entrada en vigor el 29/07/2023.

Asimismo, el RD-ley 6/2023, de 19 de diciembre, introduce modificaciones en los artículos 81, 85, 92 y 102 bis de la LJCA con entrada en vigor el 20/03/2024.

Consideraciones generales sobre los recursos contra las resoluciones procesales en el procedimiento contencioso administrativo

De manera introductoria, respecto a los recursos contras las resoluciones procesales, debe tenerse en cuenta lo siguiente:

– El **recurso de reposición** podrá interponerse frente a **providencias, autos y diligencias de ordenación y decretos no definitivos del letrado de la Administración de Justicia**, salvo las excepciones que mande la ley y frente a los autos que resuelvan recursos de reposición y de aclaración. El **plazo** para interponer el recurso de reposición será de **cinco días a contar desde el día siguiente al de notificar la resolución** y, en el caso de autos y providencias, **el LAJ ha de dar traslado del recurso a la otra parte por plazo común de cinco días para impugnarlo**. En los recursos de reposición frente a las resoluciones del letrado de la Administración de Justicia, **el LAJ dará traslado a la otra parte por plazo común de tres días para impugnarlo** si así lo estimasen (hay que acudir a los artículos 79 y 102 bis de la LJCA).

– El **recurso de apelación** se podrá formular por quien se encuentre legitimado como demandante o demandado frente a algunos **autos y sentencias que dicten los juzgados de lo contencioso-administrativo y los juzgados centrales de lo contencioso-administrativo.**

– **En el caso de los autos,** solo serán apelables los dictados en aquellos procesos en que los juzgados conozcan en primera instancia y, además, se trate de lo siguiente (art. 80.1 de la LJCA):

a) Los que pongan término a la pieza separada de medidas cautelares.

b) Los recaídos en ejecución de sentencia.

c) Los que declaren la inadmisión del recurso contencioso-administrativo o hagan imposible su continuación.

d) Los recaídos sobre las autorizaciones previstas en el artículo 8.6 y en los artículos 9.2 y 122 bis.

e) Los recaídos en aplicación de los artículos 83 y 84 de la LJCA.

– En el caso de las sentencias, **no cabrá recurso de apelación** si se pronunciaran sobre **asuntos de cuantía menor a 30.000 euros o asuntos en materia electoral** (art. 81.1 de la LJCA). **El plazo para su interposición es de 15 días** desde el día siguiente a notificar la sentencia: se interpone ante el mismo juzgado que haya dictado la resolución y lo resuelve el superior jerárquico. **El LAJ dará traslado a la otra parte para oponerse si lo deseara en el plazo común de quince días.** La interposición del recurso **no impide la ejecución provisional de la sentencia** y, en caso de no formalizarse tal recurso, la sentencia adquiere firmeza (hay que acudir a los artículos 80 a 85 de la LJCA).

– El **recurso de casación** se podrá formalizar, excepcionalmente, frente a las **sentencias dictadas en única instancia por los juzgados de lo contencioso-administrativo**, únicamente cuando contengan doctrina que se reputa gravemente dañosa para los intereses generales y sean susceptibles de extensión de efectos. En ningún caso serán apelables las dictadas en protección del derecho fundamental de reunión o en los procesos contencioso-electorales (art. 86.1 de la LJCA).

– El **recurso de casación** también se podrá formalizar contra las **sentencias dictadas en única instancia o apelación, por las salas de lo contencioso de la Audiencia Nacional o tribunal superior de justicia, con las especialidades del artículo 87 de la LJCA.** El recurso de casación **se limitará exclusivamente a cuestiones de derecho y se formalizará en el plazo de treinta días** desde el día siguiente a la notificación de la resolución, ostentando legitimación para ello quienes sean parte en el proceso (artículos 86 a 93 de la LJCA).

– El **recurso de casación** cabe asimismo contra los **autos dictados por la sala de lo contencioso-administrativo de la Audiencia Nacional y por las salas de lo contencioso-administrativo de los tribunales superiores de justicia,** en los casos previstos por el artículo 87 de la LJCA.

– El **recurso de casación** se podrá formalizar frente a las **sentencias dictadas en única instancia por los juzgados de lo contencioso-administrativo** (salvo las dictadas en protección del derecho fundamental a reunión o procesos contencioso-electoral) **y, en única instancia o apelación, por las salas de lo contencioso de la Audiencia Nacional o tribunal superior de justicia, con las especialidades del artículo 87 de la LJCA.** El recurso de casación se **limitará exclusivamente a cuestiones de derecho y se formalizará en el plazo de treinta días** desde el día siguiente a la notificación de la resolución, ostentando legitimación para ello quienes sean parte en el proceso (siguiendo lo dispuesto en los artículos 86 a 93 de la LJCA).

– Por último, el **recurso de revisión** podrá presentarse **frente a las sentencias firmes,** siendo de aplicación de manera supletoria en lo relativo a plazos, procedimientos y efectos la **Ley de Enjuiciamiento Civil** (artículo 102 de la LJCA).

IDEAS GENERALES SOBRE LOS RECURSOS CONTRA RESOLUCIONES PROCESALES

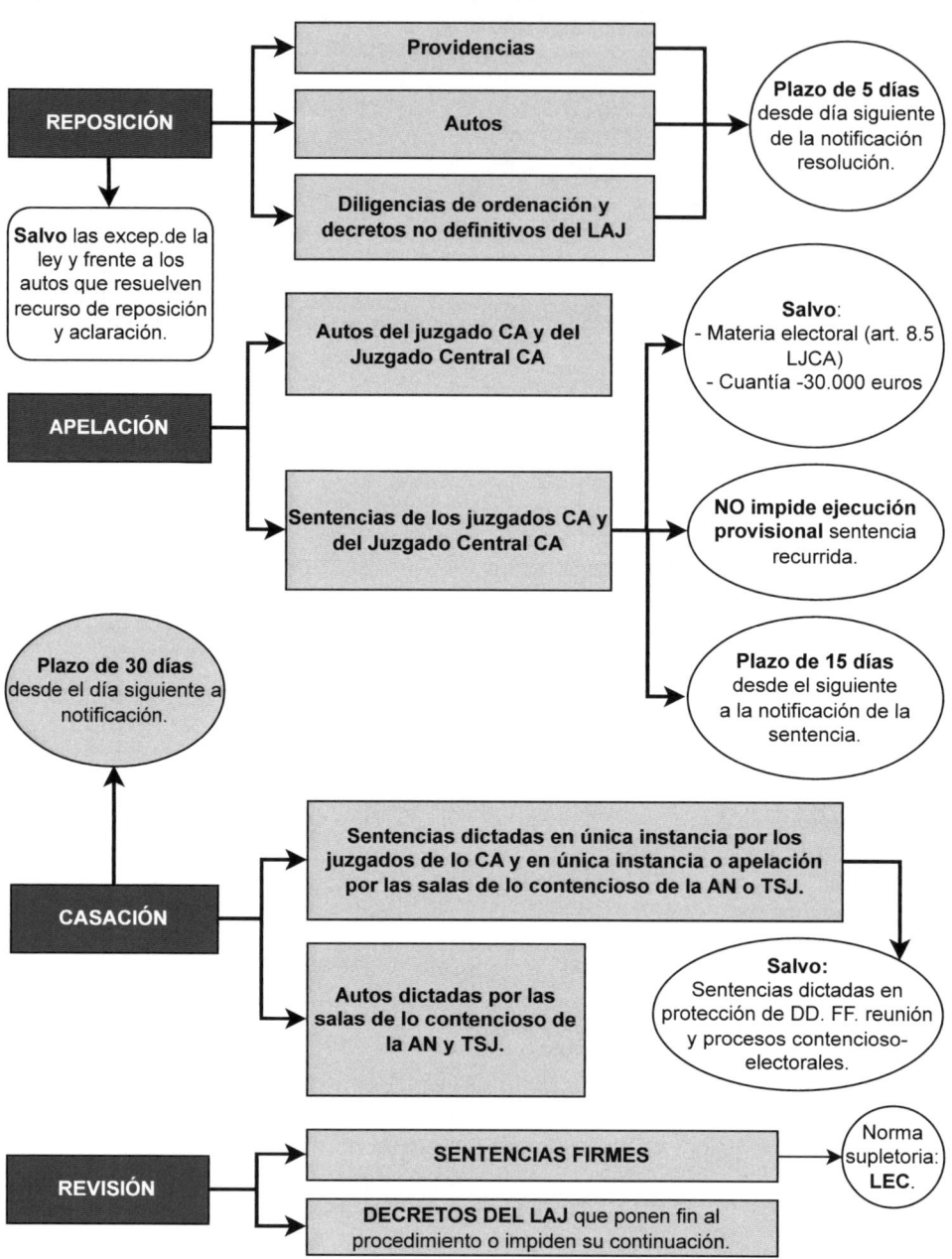

REPOSICIÓN

Providencias

Autos

Diligencias de ordenación y decretos no definitivos del LAJ

Plazo de 5 días desde día siguiente de la notificación resolución.

Salvo las excep.de la ley y frente a los autos que resuelven recurso de reposición y aclaración.

APELACIÓN

Autos del juzgado CA y del Juzgado Central CA

Salvo: - Materia electoral (art. 8.5 LJCA) - Cuantía -30.000 euros

Sentencias de los juzgados CA y del Juzgado Central CA

NO impide ejecución provisional sentencia recurrida.

Plazo de 30 días desde el día siguiente a notificación.

Plazo de 15 días desde el siguiente a la notificación de la sentencia.

CASACIÓN

Sentencias dictadas en única instancia por los juzgados de lo CA y en única instancia o apelación por las salas de lo contencioso de la AN o TSJ.

Autos dictadas por las salas de lo contencioso de la AN y TSJ.

Salvo: Sentencias dictadas en protección de DD. FF. reunión y procesos contencioso-electorales.

REVISIÓN

SENTENCIAS FIRMES

DECRETOS DEL LAJ que ponen fin al procedimiento o impiden su continuación.

Norma supletoria: **LEC**.

2.1. Recursos contra providencias y autos

A este recurso de se refiere el **artículo 79 de la LJCA**, sin que pueda obviarse que el contenido de este precepto coincide en esencia con la regulación del recurso de reposición en la LEC, artículos 451 a 454 de la misma. En concreto, el **artículo 451, apartado 2, de la LEC** dispone que «Contra todas las providencias y autos no definitivos cabrá recurso de reposición ante el mismo Tribunal que dictó la resolución recurrida». Es más, el **artículo 454 de la LEC** completa la regulación del recurso de reposición y recoge que, salvo los casos que proceda recurso de queja, contra el auto que resuelve el de reposición no cabe recurso alguno, sin perjuicio de reproducir la cuestión objeto de reposición al recurrir, si procede, la resolución definitiva.

> **A TENER EN CUENTA.** La referencia al «recurso de súplica» contenida en el artículo 79 de la LJCA se entiende hecha al «recurso de reposición» según establece la DA 8.ª de la presente ley, si bien, con la modificación operada por el Real Decreto-ley 6/2023, de 19 de diciembre que entra en vigor el 20 de marzo de 2024, ya se elimina la referencia al recurso de súplica en el referido artículo.

¿Contra qué resoluciones procede el recurso de reposición en el orden contencioso-administrativo?

Procede recurso de reposición en el orden contencioso-administrativo **contra las providencias y los autos que no sean susceptibles de recursos de apelación o casación.** No obstante, sin perjuicio del citado recurso, se llevará a efecto la resolución impugnada salvo que, de oficio o a instancia de parte, se decida lo contrario por el órgano jurisdiccional.

Como **excepción** a la regla anterior, el artículo 79.2 de la LJCA excluye del recurso de reposición las resoluciones que la propia LJCA haya exceptuado de forma expresa y los autos que resuelvan los recursos de reposición y los de aclaración.

En este sentido quedan fuera de este recurso, a título de ejemplo, el auto desestimatorio de alegaciones previas (**art. 59, apartado 3, de la LJCA**). Tampoco cabe frente a las providencias que se dicten por el juez o tribunal comunicando a las partes que en el acto de la vista o en las conclusiones deben tratarse motivos diferentes a los alegados anteriormente, pero determinantes para el fallo (**art. 65, apartado 2, de la LJCA**). Lo mismo sucede con los autos de planteamiento de cuestión de ilegalidad formulados por el juez o tribunal, frente a los cuales tampoco cabrá recurso alguno (**art. 123, apartado 1, de la LJCA**).

Este recurso también es **requisito previo al recurso de casación frente a autos dictados por la sala de lo contencioso-administrativo de la Audiencia Nacional o de los tribunales superiores de justicia**, en los casos previstos en el artículo 87.1 de la LJCA.

RESOLUCIÓN RELEVANTE

Auto del Tribunal Supremo, rec. 30/2012, de 12 de septiembre de 2013, ECLI:ES:TS:2013:10630A

Supuestos de no admisibilidad.

«PRIMERO.- La Providencia de 8 de marzo de 2013 acuerda lo siguiente: "siendo el auto de trece de diciembre de dos mil doce resolutorio de un Recurso de Reposición contra el auto de fecha veintiocho de septiembre de dos mil doce, el cual viene a confirmar el archivo del presente recurso de queja, por no haber dado el recurrente D. Benedicto cumplimiento al requerimiento efectuado por esta Sala de personarse con Procurador debidamente apoderado, no ha lugar a tener por interpuesto contra el mencionado auto recurso de súplica, como pretende el recurrente y estése a lo acordado en el mismo", por lo que la misma debe confirmarse en todos sus extremos, dado que no cabe interponer recurso de reposición contra los autos que resuelvan los recursos de reposición, a tenor de lo establecido por el artículo 79.2 de la LRJCA, haciéndose saber al recurrente que en lo sucesivo no se admitirá ningún escrito que no reúna los requisitos establecidos en las leyes procesales».

¿Cómo se tramita el recurso de reposición en el orden contencioso-administrativo?

El recurso de reposición ha de **interponerse en el plazo de 5 días** contados desde el siguiente al de la notificación de la resolución que se impugna. Una vez interpuesto en tiempo y forma, el **LAJ dará traslado**, por término común de 5 días, de las copias del escrito a las demás partes que podrán impugnarlo si lo estiman conveniente. Transcurrido el plazo anterior, **resolverá el órgano jurisdiccional por auto dentro del tercer día**.

En caso de **inadmitirse el recurso, cabe recordar que el artículo 51, apartado 4, de la LJCA** establece que el juzgado o la sala debe hacer saber a las partes el motivo en que pudiera fundarse su decisión para en el plazo común de diez días puedan alegar lo que estimen y acompañen documentos si así lo ven necesario.

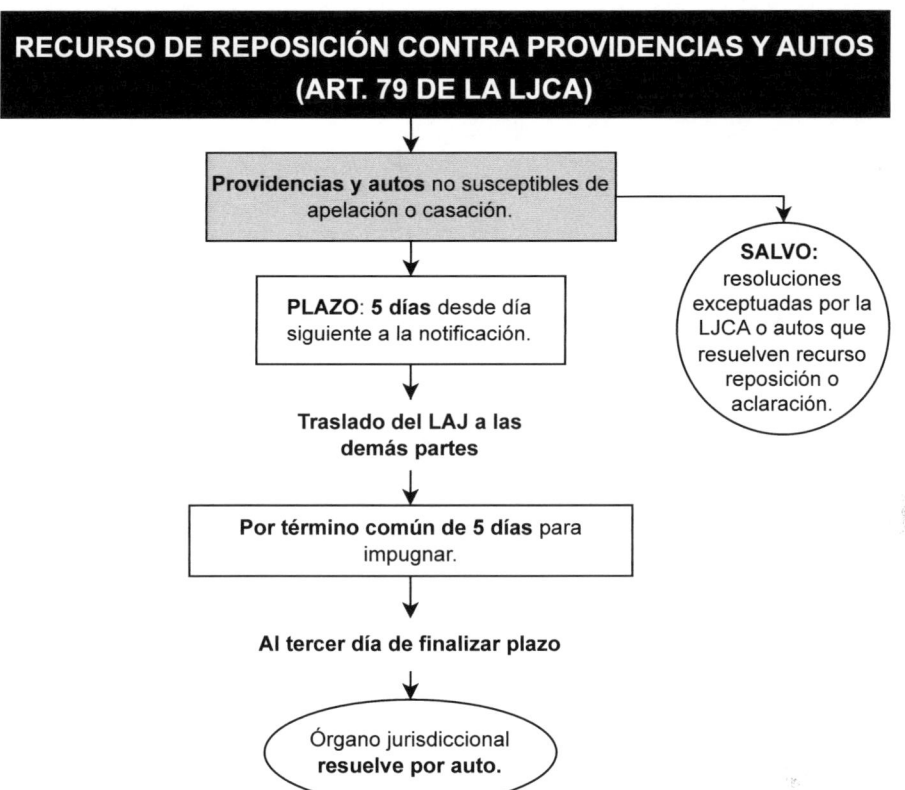

El recurso de apelación contra autos en la jurisdicción contencioso-administrativo

Cabe **recurso de apelación en un solo efecto contra determinados autos** que se dicten por los juzgados de lo contencioso-administrativo y los juzgados centrales de lo contencioso-administrativo como así se infiere del **artículo 80 de la LJCA**. En concreto, ¿cuáles son esos autos? Los dictados por los referidos juzgados en procesos de los que conozcan en primera instancia en los casos siguientes:

– Los que pongan término a la pieza separada de medidas cautelares.

– Los recaídos en ejecución de sentencia.

– Los que declaren la inadmisión del recurso contencioso-administrativo o hagan imposible su continuación.

– Los recaídos sobre las autorizaciones previstas en el artículo 8.6 y en los artículos 9.2 y 122 bis de la LJCA.

– Los recaídos en aplicación de los artículos 83 y 84 de la LJCA.

Cuando se trate de la apelación de los autos dictados por los juzgados de lo contencioso-administrativo y los juzgados centrales de lo contencioso-administrativo en los **casos de los artículos 110 y 111 de la LJCA sobre la extensión de efectos**, será de aplicación el mismo régimen de admisión de la apelación que corresponda a la sentencia cuya extensión se pretende.

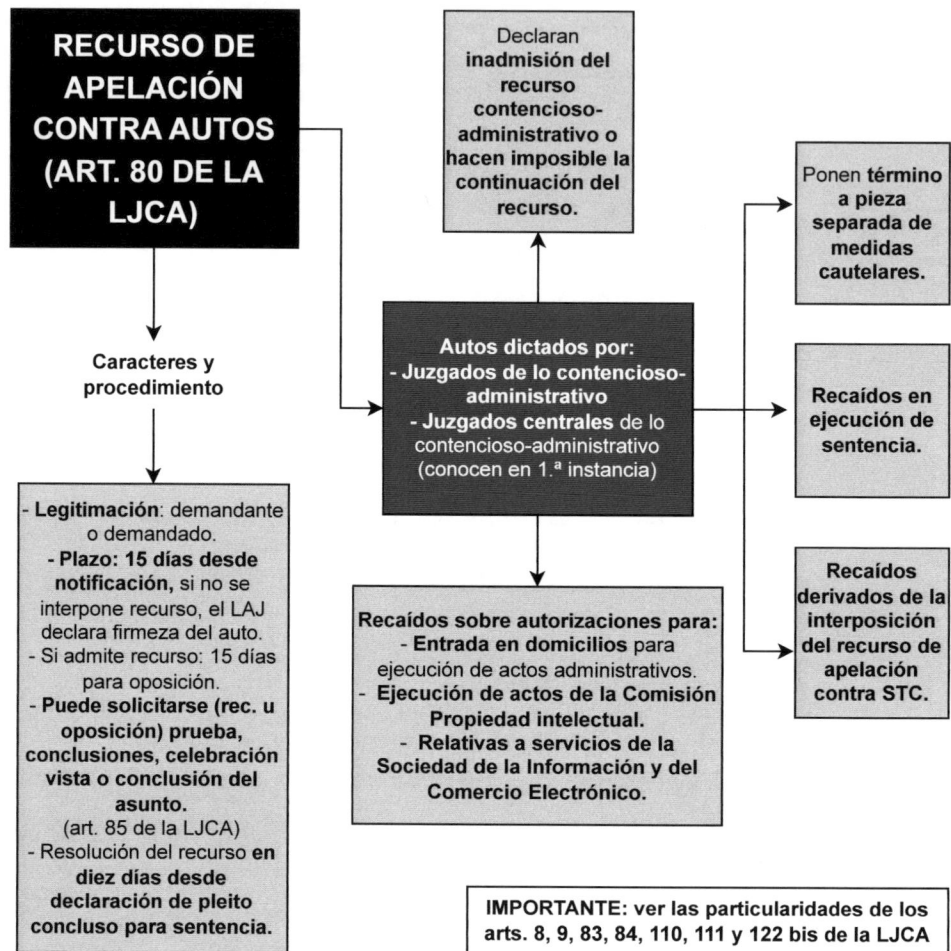

Para una mejor comprensión del **artículo 80 de la LJCA** y del recurso de apelación frente a autos en cuanto a materia de competencia, es importante remitirse a los artículos 8 y 10 de la LJCA. En el artículo 8 de la LJCA se contempla la competencia objetiva de las materias residenciadas en los juzgados de lo contencioso-administrativo y el **artículo 10, apartado 2**, reconoce a las salas de lo contencioso-administrativo de los TSJ competencia para conocer de los recursos de apelación que se formulen contra autos dictados por los juzgados de lo contencioso-administrativo, y de los correspondientes recursos de queja que pudieran presentarse. En el mismo sentido, dispone el **artículo 74, apartado 2, de la LOPJ,** que dispone que las salas de lo contencioso-administrativo de los TSJ conocerán en segunda instancia de las apelaciones promovidas contra autos dictados por los juzgados de lo conten-cioso-administrativo y los correspondientes recursos de queja.

> **A TENER EN CUENTA.** En relación con el artículo 10 de la LJCA cabe destacar que su apartado 8 ha sido declarado nulo e inconstitucional por la **sentencia del Tribunal Constitucional n.° 70/2022, de 2 de junio, ECLI:ES:TC:2022:70,** asimismo, el apartado primero ha sido modificado por la Ley 2/2023, de 20 de febrero, en vigor desde el 13 de marzo de 2023.

Dispone el artículo 80 de la LJCA que cabe **recurso de apelación contra los autos que pongan fin a la pieza separada de medidas cautelares.** Por tanto, es importante consultar lo regulado en dicha materia en los artículos 129 y siguientes de la LJCA y, en términos generales, mencionar que estas medidas cautelares se adoptarán por el juez en aquellos casos en que se solicite ejecución de sentencia o de autos según el caso (art. 83 de la LJCA en relación con los arts. 103 y siguientes de la LJCA que regulan la ejecución de sentencias).

Asimismo, el **recurso de apelación cabe contra autos recaídos en procesos sobre autorización para entrada en domicilios y otros lugares que requieran permiso del titular (art. 8, apartado 6, de la LJCA)** para la ejecución forzosa de actos de la AP (salvo que se trate de medidas de protección de menores), las autorizaciones relativas a investigaciones sobre conductas vulnerables de derechos por sociedades de la información **(art. 9, apartado 2, y 122 bis de la LJCA).** También cabe **recurso de apelación en los autos recaídos sobre adopción de medidas cautelares para ejecutar la sentencia o la constitución de caución para la ejecución provisional** de la sentencia **(arts. 83 y 84 de la LJCA).** Para los casos de materia tributaria, de personal al servicio de la Administración pública y de unidad de mercado, como se dispone en los artículos **110 y 111 de la LJCA,** el recurso de apelación se tramitará atendiendo a la sentencia en concreto.

> **JURISPRUDENCIA**
>
> **Sentencia del Tribunal Supremo n.° 885/2020, de 26 de junio, ECLI:ES:TS:2020:2027**
>
> *«Ciertamente cuando el artículo 80.1 de la LJCA se refiere a los procesos de los que conoce el Juzgado "en primera instancia", y no en única instancia, lo que hace la norma es conectar su contenido con el juego de excepciones y de contra excepciones del artículo 81, apartados 1 y 2, que determinan que las sentencias de los Juzgados sean, con carácter general, recurribles en apelación (artículo 81.1), a excepción, por lo que ahora importa, de los casos en que su cuantía no exceda de la summa gravaminis (artículo 81.1.a/). Pero, añadiendo, en el apartado 2, una contra excepción al establecer que siempre serán recurribles en apelación si han declarado la inadmisibilidad del recurso contencioso administrativa (artículo 81.2.a/)».*
>
> **Sentencia del Tribunal Constitucional n.° 116/2012, de 04 de junio, ECLI:ES:TC:2012:116**
>
> *«3. Carece de fundamento el reproche que la demanda de amparo dirige contra la Sentencia del Tribunal Superior de Justicia que declaró mal admitido el recurso de apelación presentado por la empresa frente al Auto de archivo del Juzgado. La resolución del Tribunal se fundó en entender que solo cabe alzarse en apelación contra Autos dictados por los Juzgados en procesos de los que conocen en primera instancia*

> *[art. 80.1 c) de la Ley 29/1998, de 13 de julio, reguladora de la jurisdicción contencioso-administrativa, en adelante LJCA]; y que, al ser el acto administrativo impugnado una sanción de multa de 601,01 euros, de importe notoriamente inferior al umbral marcado por la ley para el recurso de apelación contra Sentencias [art. 81.1 a) LJCA], el Juzgado conocía del asunto en única instancia. La demanda de amparo sostiene que la interpretación adecuada consiste en admitir la apelación contra cualquier resolución de inadmisión, aunque el art. 81.2 a) LJCA solo se refiera expresamente a Sentencias que declaren la inadmisibilidad del recurso, citando en su apoyo una resolución de otro Tribunal Superior de Justicia que mantiene ese criterio.*
>
> *La cuestión suscitada fue resuelta en la STC 59/2003, de 24 de marzo, FJ 3, como indica el Fiscal certeramente. Tras constatar entonces que una Sala de lo Contencioso-Administrativo, al declarar mal admitido un recurso de apelación contra un Auto de inadmisión de un Juzgado con idéntico fundamento que ahora, se había basado en una causa de inadmisión legalmente prevista, de forma motivada, sin incurrir en error patente y sin asomo de arbitrariedad o manifiesta irrazonabilidad, la STC 59/2003 concluyó que la inadmisión del recurso respetaba el art. 24.1 CE, y todo ello con independencia de que también fuesen razonables otras posibles interpretaciones de la legalidad procesal contencioso-administrativa sobre la cuestión, debiendo recordarse, a este respecto, que no es función de este Tribunal la de, entre dos interpretaciones razonables de una norma, elegir cuál de ellas le parece más razonable (SSTC 13/2002, de 28 de enero, FJ 6; 138/1995, de 25 de septiembre, FJ 2)».*

Respecto a la **legitimación y jurisdicción** para el planteamiento del recurso de apelación contra autos, así como su procedimiento, habrá que atender a los artículos 82 a 85 de la LJCA.

La **legitimación** para plantear el recurso de apelación contra autos la ostentarán **quienes sean parte demandante o demandada**, conforme al **artículo 82 de la LJCA**. Se puede solicitar la ejecución provisional del auto, constituyéndose **caución** si fuera necesario y el **recurso se interpondrá ante el juzgado que dictara el auto en el plazo de quince días desde su notificación**. Una vez transcurrido este plazo sin formular recurso de apelación, el LAJ dará firmeza al auto.

En caso de que **sí se formalice recurso, el LAJ dictará resolución admitiendo el recurso y dará traslado a las demás partes para que, en plazo común de quince días se opongan**.

En el escrito del recurso y oposición también se podrá solicitar **recibimiento a prueba, que se celebre la vista, que se presenten conclusiones o que el pleito sea declarado concluso sin más trámites**. Por su parte, **la oposición puede adherirse a la apelación o pueden alegar motivos que consideren para la inadmisión del recurso**. Si el oponente se adhiere, el LAJ dará traslado al apelante de ese escrito por diez días por si desea oponerse, y en el caso de que la oposición considere la inadmisión del recurso, el LAJ dará vista al recurrente por cinco días.

Una vez **transcurridos dichos plazos, el expediente administrativo y autos se elevarán**, junto con los escritos, emplazando a las partes para comparecer en el plazo de 30 días ante la sala de lo contencioso-administrativo competente para resolver.

Si se hubiera solicitado práctica de prueba, la sala, si ve procedente la propuesta de las partes, las citará a tal efecto.

En cuanto a la **celebración de la vista o conclusiones,** si las partes lo solicitaran, la sala lo acordará, o lo podrá hacer por decisión propia si lo estima necesario.

Una vez celebrada la vista o conclusiones, se dictará **sentencia en el plazo de diez días desde la conclusión del pleito**.

A TENER EN CUENTA. Cabe citar el artículo 18, apartado 1, de la LOPJ, en cuanto a la efectividad de las resoluciones, que dispone que «Las resoluciones judiciales solo podrán dejarse sin efecto en virtud de los recursos previstos en las leyes».

2.2. El recurso de apelación

Materias objeto de recurso ordinario de apelación y legitimación para su interposición dentro del procedimiento contencioso-administrativo

RECURSO DE APELACIÓN (ART. 81 A 85 DE LA LJCA)

frente a

legitimación

Sentencia de los juzgados contencioso-administrativos y Juzgados Centrales Contencioso-Administrativo.

Excepciones:

- **Cuantía - 30.000 euros.**

- **Materia electoral:** impugnaciones contra actos de juntas electorales de zona y en materia de proclamación de candidaturas y candidatos.

- **Parte demandante.**
- **Parte demandada.**

debe saberse

- Las que **declaren inadmisibilidad del recurso por cuantía inferior a 30.000 euros.**
- Las **dictadas en el procedimiento de protección de DD.FF.**
- Las que **resuelvan litigios entre AA.PP.**
- Las que **resuelven impugnaciones indirectas de disposiciones generales.**
- Las que, con independencia de la cuantía del procedimiento, sean susceptibles de extensión de efectos

- **Admisible en ambos efectos.**
- El juez, a instancia de parte interesada, puede adoptar las **medidas cautelares para ejecución de sentencia.**
- **NO impide ejecución provisional de la sentencia** recurrida, puede exigirse caución para perjuicios de la ejecución (art. 133.2 de la LJCA) salvo que sea instada por AP/ No habrá ejecución si de ella derivan daños o situaciones irreparables.
- La ejecución provisional **debe darse previa audiencia de las partes por plazo común 5 días y se resolverá en los 5 días sig. por el juez.**

> **A TENER EN CUENTA.** El apartado 2 del artículo 81 de la LJCA ha sido modificado por la reforma operada por el Real Decreto-ley 6/2023, de 19 de diciembre, con entrada en vigor el 20/03/2024. Con la modificación se añade un nuevo apartado e), por el cual se podrá interponer recurso de apelación contra las sentencias que, con independencia de la cuantía del procedimiento, sean susceptibles de extensión de efectos.

Parte el **artículo 81 de la LJCA** de que son susceptibles de recurso de apelación **las sentencias de los juzgados de lo contencioso-administrativo y de los juzgados centrales de lo contencioso-administrativo.**

> **A TENER EN CUENTA.** Conforme al artículo 18, apartado 1 de la LOPJ, las resoluciones judiciales dejarán de producir efectos solo cuando concurra alguno de los recursos que se prevén en las leyes, como es el recurso ordinario de apelación.

En todo caso, **son susceptibles de recurso de apelación (art. 81.2 de la LJCA):**

– Las **sentencias que declaren la inadmisibilidad del recurso de apelación planteado frente a asuntos de cuantía inferior de 30.000 euros.**

> **JURISPRUDENCIA**
>
> **Sentencia del Tribunal Supremo n.º 732/2021, de 25 de mayo, ECLI:ES:TS:2021:2154**
>
> *«2.º Respecto de los autos, el artículo 80.1.c) de la LJCA prevé que serán recurribles en apelación los que inadmitan el recurso jurisdiccional. Nada prevé el referido precepto para el caso de que el pleito sea de cuantía inferior a 30.000 euros pero en ese caso se aplica la misma excepción prevista para las sentencias.*
>
> *3.º A tal conclusión se llega aunque el artículo 80.1 de la LJCA se refiera a los procesos de los que conoce el Juzgado "en primera instancia", y no en única instancia, razón por la que esta Sala ha equiparado respecto de esa primera instancia a sentencias y autos que declaran la inadmisibilidad del recurso contencioso administrativo.*
>
> *4.º Una interpretación contraria llevaría al absurdo pues en un mismo caso en el que el pleito es de cuantía inferior a 30.000 euros, si la inadmisibilidad se declara por auto, al inicio del recurso o al resolver alegaciones previas, la apelación sería siempre inadmisible. Pero si la misma causa de inadmisibilidad se declara por sentencia al final del procedimiento, siempre cabría apelación en virtud del artículo 81.2.a) de la LJCA.*
>
> *5.º Por tanto, como dijimos en la sentencia 885/2020, "... el acceso a la jurisdicción no puede quedar al albur de la forma que adopte la resolución judicial que declara la inadmisibilidad", luego lo accidental es la clase de resolución por la que se inadmite —auto o sentencia— y lo sustancial es que una decisión como es la de inadmitir, que en sí no contraría el derecho a la tutela judicial efectiva, siempre sea revisable en apelación al dejar el fondo del litigio sin pronunciamiento, máxime en una cuestión como es la falta de jurisdicción, de orden público y apreciable de oficio.*
>
> *4. Conforme a lo expuesto y a los efectos del artículo 93.1 de la LJCA se declara, que a tenor de los artículos 80.1 y 81.1 y 2 de la LJCA, son recurribles en apelación las resoluciones de los Juzgados de lo Contencioso-Administrativo, revistan forma de sentencia o de auto, que declaran la inadmisibilidad del recurso, con independencia de que la cuantía del pleito no supere los 30.000 euros».*

Sentencia del Tribunal Constitucional n.º 78/2011, de 6 de junio, ECLI:ES:TC:2011:78

«En el presente caso, el argumento para sostener la falta de agotamiento se fundamenta exclusivamente en el hecho de que la Sentencia impugnada señala, tal como se ha puesto de manifiesto en los antecedentes, la posibilidad de interposición de un recurso de apelación. Ahora bien, no puede obviarse la circunstancia de que la Sentencia impugnada se notificó conjuntamente con una providencia de 10 de abril de 2003 en que se señalaba que, de conformidad con el art. 81.1 de la Ley reguladora de la jurisdicción contencioso-administrativa (LJCA), dicha Sentencia era firme por no ser susceptible de recurso de apelación. En esas circunstancias, desde las limitadas posibilidades de control de este Tribunal sobre el particular y teniendo en cuenta que el Letrado de la Comunidad Autónoma, que es a quien compete la carga de fundamentar la concurrencia del óbice procesal cuya aplicación solicita, no ha desarrollado ningún argumento sobre la razonabilidad de la procedencia del recurso de apelación más allá de la indicación contenida en la Sentencia impugnada, debe concluirse que no era razonablemente exigible para el recurrente el haber interpuesto un recurso de apelación que si bien era indicado como procedente en la Sentencia impugnada carecía de fundamentación jurídica alguna, mientras que la declaración de irrecurribilidad contenida en la providencia de 10 de abril de 2003 se fundamentaba expresamente en la aplicación del art. 81.1 LJCA».

Sentencia del Tribunal Constitucional n.º 65/2011, de 16 de mayo, ECLI:ES:TC:2011:65

«(...) es momento de reseñar que, según es pacífico en la jurisprudencia de los órganos judiciales ordinarios y es punto de partida incontrovertido en las alegaciones que el Fiscal formula en este proceso constitucional, de la combinación de los arts. 81.1 a) y 81.2 a) LJCA resulta que las Sentencias de un Juzgado de lo Contencioso-Administrativo son susceptibles de recurso de apelación, aunque su cuantía no supere los 18.030,36 €, siempre que declaren la inadmisibilidad del recurso contencioso-administrativo, cualquiera que sea la razón en que se funde dicha inadmisibilidad. O, dicho con otras palabras, que las Sentencias de un Juzgado de lo Contencioso-Administrativo que declaren la inadmisión de un recurso contencioso-administrativo son susceptibles de recurso de apelación cualquiera que sea su cuantía, salvo claro está las relativas a materia electoral comprendidas en el art. 8.5 LJCA. Este régimen legal encuentra su razón de ser en la mayor efectividad del derecho a obtener una resolución judicial de fondo, pues posibilita que en todos los casos —independientemente de su cuantía— en que la primera instancia concluye con una decisión judicial de cierre del proceso sin pronunciamiento sobre el fondo exista una vía de recurso para que otro órgano judicial verifique si dicha resolución judicial es conforme con el derecho de acceder a la jurisdicción y obtener una resolución de fondo sobre las cuestiones suscitadas».

- Las sentencias dictadas en el procedimiento para la **protección de los derechos fundamentales de la persona**.

- Las sentencias que **resuelven litigios entre AA. PP.**

En este punto, cabe mencionar el **artículo 44 de la LJCA** que regula la interposición de recurso contencioso-administrativo entre AA. PP. En estos litigios se permite a la demandante requerir a la demandada previamente al recurso para que cese, anule, revoque el acto, modifique la actuación material o inicie la actividad a la que está obligada. Dentro de esta casuística hay que acudir también a los requerimientos entre Administraciones y acciones de anulación, referidos en los **artículos 65 a 67 de la LBRL**, para la problemática surgida a propósito de las competencias de las entidades locales, las CC. AA. o el Estado, que pueden requerir a las primeras para anular el referido acto en el plazo de un mes o impugnarlo ante el orden contencioso-administrativo en los plazos que se establezcan a tal efecto. También se dispone en la LBRL, para aquellos actos de las entidades locales que atenten contra el interés general de España, la impugnación del mismo ante la jurisdicción contencioso-administrativa —función impugnatoria que recae sobre el delegado del Gobierno—.

– Las sentencias que **resuelven impugnaciones indirectas de disposiciones generales**. Siguiendo lo recogido en los **artículos 25 y siguientes de la LJCA**, cabe recurso contencioso-administrativo frente a las disposiciones de carácter general, y la falta de impugnación o desestimación del recurso que se hubiera formalizado frente a la disposición no impiden la impugnación de los actos.

– Y, a partir del 20 de marzo de 2024, fecha en la que entra en vigor la reforma operada por el Real Decreto-ley 6/2023, de 19 de diciembre, **las que, con independencia de la cuantía del procedimiento, sean susceptibles de extensión de efectos**.

No obstante, se contemplan una serie de casos frente a los que **no cabe formalizar recurso de apelación** (art. 81.1 de la LJCA) y estos son:

– Los de **cuantía inferior a 30.000 euros**.

– Los de **materia electoral** comprendidos en el artículo 8.°4 de la LJCA.

> **A TENER EN CUENTA.** En el **artículo 81, apartado 1, letra b, de la LJCA** se dispone literalmente que no serán susceptibles de recurso de apelación las sentencias dictadas en asuntos «relativos a materia electoral comprendidos en el artículo 8.° 4». No obstante, si acudimos al citado precepto, carece de coherencia tal cita, ya que en él se establece lo siguiente: «(...) conocerán, igualmente, de todas las resoluciones que se dicten en materia de extranjería por la Administración periférica del Estado o por los órganos competentes de las Comunidades Autónomas». Sin embargo, el apartado siguiente, y es el de aplicación correcta, es el **artículo 8.5 de la LJCA** que recoge que «(...) corresponde conocer a los Juzgados de las impugnaciones contra actos de las Juntas Electorales de Zona y de las formuladas en materia de proclamación de candidaturas y candidatos efectuada por cualquiera de las Juntas Electorales, en los términos previstos en la legislación electoral».

Respecto a la legitimación para interponer recurso de apelación, la ostentarán los que se encuentren personados en el litigio como parte demandante o demandada. Profundizando en esta facultad procesal, si leemos los artículos 19 y 21 de la LJCA, encontramos una relación de sujetos legitimados para ser parte demandante o demandada ante el orden jurisdiccional contencioso-administrativo.

> **A TENER EN CUENTA.** El art. 19 de la LJCA ha sido modificado por la Ley 4/2023, de 28 de febrero, para la igualdad real y efectiva de las personas trans y para la garantía de los derechos de las personas LGTBI, con entrada en vigor el 02/03/2023, añadiendo una nueva letra j) al apartado 1.

Es el artículo 82 de la LJCA el que menciona la legitimación para el recurso ordinario de apelación. De manera sucinta, están **legitimados en el orden jurisdiccional contencioso-administrativo**: personas físicas o jurídicas con interés legítimo, asociaciones, corporaciones, sindicatos o grupos e entidades, la AGE, la Administración de las CC.AA., las entidades locales, el MF, entidades de derecho público, ciudadano en el ejercicio de la acción popular (cuando lo prevea la ley) y las personas vinculadas a al mundo del deporte y reguladas en la Ley Orgánica de Protección de la Salud del Deportista y Lucha contra el Dopaje en la Actividad Deportiva.

A su vez, se considera **parte demandante** a las AA.PP., personas o entidades con interés en el procedimiento y las aseguradoras de las AA.PP.

Efectos del recurso de apelación y ejecución de sentencia dentro del procedimiento contencioso-administrativo

El **artículo 121, apartado 3, de la LJCA** dispone que «contra las sentencias de los Juzgados de lo Contencioso-administrativo procederá siempre la apelación en un solo efecto».

Convive lo referenciado con el **artículo 83 de la LJCA** que, de manera literal, recoge:

> «1. El recurso de apelación contra las sentencias es admisible en ambos efectos, salvo en los casos en que la presente Ley disponga otra cosa.
> 2. No obstante lo dispuesto en el apartado anterior, el Juez, en cualquier momento, a instancia de la parte interesada, podrá adoptar las medidas cautelares que sean pertinentes para asegurar, en su caso, la ejecución de la sentencia atendiendo a los criterios establecidos en el capítulo II del Título V».

A mayor abundamiento, el artículo 129 de la LJCA contempla hacia los interesados la **posibilidad de solicitar en cualquier momento del procedimiento la adopción de medidas para asegurar la efectividad de la sentencia**. En caso de **impugnación de una disposición general**, si se solicita la suspensión de la vigencia de preceptos impugnados, las medidas cautelares han de peticionarse en el escrito del recuso o en el de demanda.

Así mismo, obedeciendo a lo dispuesto en el **apartado 2 del artículo 83 de la LJCA**, en cuanto a la adopción de medidas cautelares para la ejecución de sentencia, debe procederse conforme a las disposiciones comunes que regula la ley para procedimientos especiales y el contencioso-administrativo. Así, la ley contempla el derecho de los interesados a solicitar medidas para asegurar la efectivada de la sentencia y para los casos de impugnación de disposiciones generales, si se solicita la suspensión de la vigencia de los preceptos impugnados, debe realizarse por escrito. El **incidente cautelar** se sustanciará en pieza separada y, en concreto, siguiendo lo dispuesto en los **artículos 130 y siguientes de la LJCA**.

A colación de lo expuesto sobre las medidas cautelares, dispone el Tribunal Supremo en el **auto, rec. 9864/1992, de 21 de mayo de 1999, ECLI:ES:TS:1999:9578A**, lo siguiente:

> «SEGUNDO.- La impugnación no puede prosperar en este extremo. Las medidas cautelares siguen tamquam umbra al proceso principal. Se caracterizan por su instrumentalidad respecto de la pretensión que en él se ejercita, y por su precariedad o temporalidad, ya que nacen con duración limitada, y con una vocación esencial de provisionalidad.
>
> El proceso cautelar no conduce a la "cosa juzgada", como lo hace el proceso principal sino, haciendo paráfrasis de la expresión, a la "cosa arreglada" o "cosa ajustada", en el sentido de que tiene por finalidad esencial crear una situación jurídica provisional que dure hasta que se complete el proceso principal, preservando la situación litigiosa de forma que la misma pueda esperar hasta la sentencia definitiva, por lo que se "arregla" o "ajusta" la misma, con la intención de evitar que el transcurso del tiempo pueda frustrar su resultado final.
>
> Por no producir los efectos de cosa juzgada es aceptable tanto que se repita en cualquier momento la petición de una suspensión que ha sido denegada, como que se solicite la revocación de la medida cautelar que sí ha sido otorgada (tal y como se desprende del artículo 123.1 de la LJCA). Es una consecuencia lógica del carácter instrumental y cautelar de toda suspensión, que debe acordarse en cualquier momento en que se evidencie la concurrencia de los requisitos que la condicionan, y dejarse sin efecto en cuanto aparezca que es innecesaria».

Añade el **artículo 84 de la LJCA** que la interposición del recurso no supone la imposibilidad de ejecutar provisionalmente la sentencia recurrida por la parte favorecida (lo mismo ocurre en los demás recursos y de manera expresa se contempla para el de casación en el **artículo 91 de la LJCA**, siempre que con ello no se deriven situaciones irreversibles o perjuicios irreparables.

A fin de evitar daños o perjuicios derivados de tal ejecución, se pueden acordar ciertas medidas o exigirse **prestar caución o garantía**. Si se exige caución, hasta que no se constituya totalmente y quede acreditada en autos, la sentencia no podrá ejecutarse provisionalmente.

Para la constitución de la caución habrá que atender a lo dispuesto en el **artículo 133 de la LJCA**, es decir, puede darse en cualquiera de las formas admitidas en derecho y será requisito para que la medida cautelar produzca efectos. No obstante, no habrá obligación de prestar caución en los casos en que quien inste la ejecución provisional sea la Administración.

A TENER EN CUENTA. En la ejecución provisional de sentencias hay que prestar atención también a lo dispuesto en el **artículo 106 de la LJCA**, para los casos de condena a la Administración al pago de cantidades líquidas. En esos casos, transcurridos tres meses desde la firmeza de la sentencia se puede solicitar por el interesado la ejecución forzosa y si la AP demandada considerase que la ejecución de sentencia supone un grave trastorno para Hacienda lo ha de poner en conocimiento del juez junto con una propuesta de forma menos gravosa.

Respecto a la ejecución de **sentencias recoge la sentencia del Tribunal Supremo, rec. 4175/2010, de 1 de diciembre de 2011, ECLI:ES:TS:2011:8423:**

«(...) debe existir una tendencia a la ejecución, que solo será limitada cuando resulte susceptible de causar perjuicios de difícil o imposible reparación, en relación con la situación a que puede dar lugar, a juicio del órgano judicial. Muy claro en este sentido resulta el primer apartado de los artículos 84 y 91 LJCA, ambos de idéntico tenor literal, cuando afirman que la interposición o preparación del recurso de apelación o de casación, respectivamente, "no impedirá la ejecución provisional de la sentencia recurrida". Así, los intereses que deben ponderarse serían tres: el interés del vencedor a la ejecución —si bien provisional— de lo juzgado, con el fin de obtener la ventaja reconocida en el fallo (y de evitar que la Administración vencida haga un uso fraudulento de los recursos que están en sus manos con finalidad dilatoria); el interés de la Administración —también titular del derecho a la tutela judicial efectiva que su posición constitucional no sea irreversiblemente perturbada en el eventual caso de que la casación fuere estimada; y el interés del juez a la ejecución de sus sentencias, como función encomendada constitucionalmente por el artículo 117.3 CE. El primero y el tercero de estos intereses aconsejan la ejecución provisional, y así será, salvo que el segundo de ellos pueda resultar inalterable o gravemente perjudicado.

(...)

Esta línea doctrinal ha encontrado plena acogida en la jurisprudencia de esta Sala, expresada entre otras muchas en su sentencia de 25 de julio del 2007, en cuyo fundamento jurídico cuarto establece:

"El derecho a la ejecución provisional se regula en el artículo 91 de la LRJCA, donde se establece un principio general favorable a la ejecución, y en este sentido, como señala la STS de 5 de noviembre de 1999 —estableciendo doctrina que, aunque referida al artículo 98 de la anterior normativa, es plenamente trasladable a la vigente—: '...las sentencias dictadas por los Tribunales Superiores de Justicia que se hallen pendientes de recurso de casación debidamente preparado, son en principio ejecutables, como se desprende inequívocamente de lo dispuesto en el artículo 98, tanto mediante la afirmación concreta en cuanto a esa posibilidad que contiene el párrafo primero del mismo, como en atención a lo que se ordena con respecto a la conservación del testimonio necesario para llevarla a cabo que se especifica en el párrafo segundo'.

Esta es la doctrina general que indiscutiblemente ha de primar en relación con el tema, y que se halla en congruencia perfecta con la presunción de veracidad y acierto que ha de atribuirse a las resoluciones judiciales en la instancia.

La evolución legislativa en materia de ejecución provisional de sentencias no firmes ha llegado a disociar, como ponen de relieve nuestros procesalistas, las nociones de firmeza y de ejecutabilidad de las sentencias. Se trata ahora de conceptos independientes, y cada uno de ellos actúa en su esfera propia.

El ordenamiento procesal permite hoy como regla general la ejecución de resoluciones judiciales que no han adquirido firmeza; es decir, de resoluciones que, siendo susceptibles de recurso, han sido efectivamente recurridas. Es ese el punto de partida de la ejecución provisional a discutir en este motivo, en el que nos encontramos, además, ante una sentencia recurrida en la vía limitada y extraordinaria que representa la casación contencioso-administrativa, lo que acentúa las posibilidades de ejecución provisional"».

2.2.1. La interposición del recurso de apelación en el orden contencioso

Procedimiento del recurso de apelación en el orden contencioso-administrativo

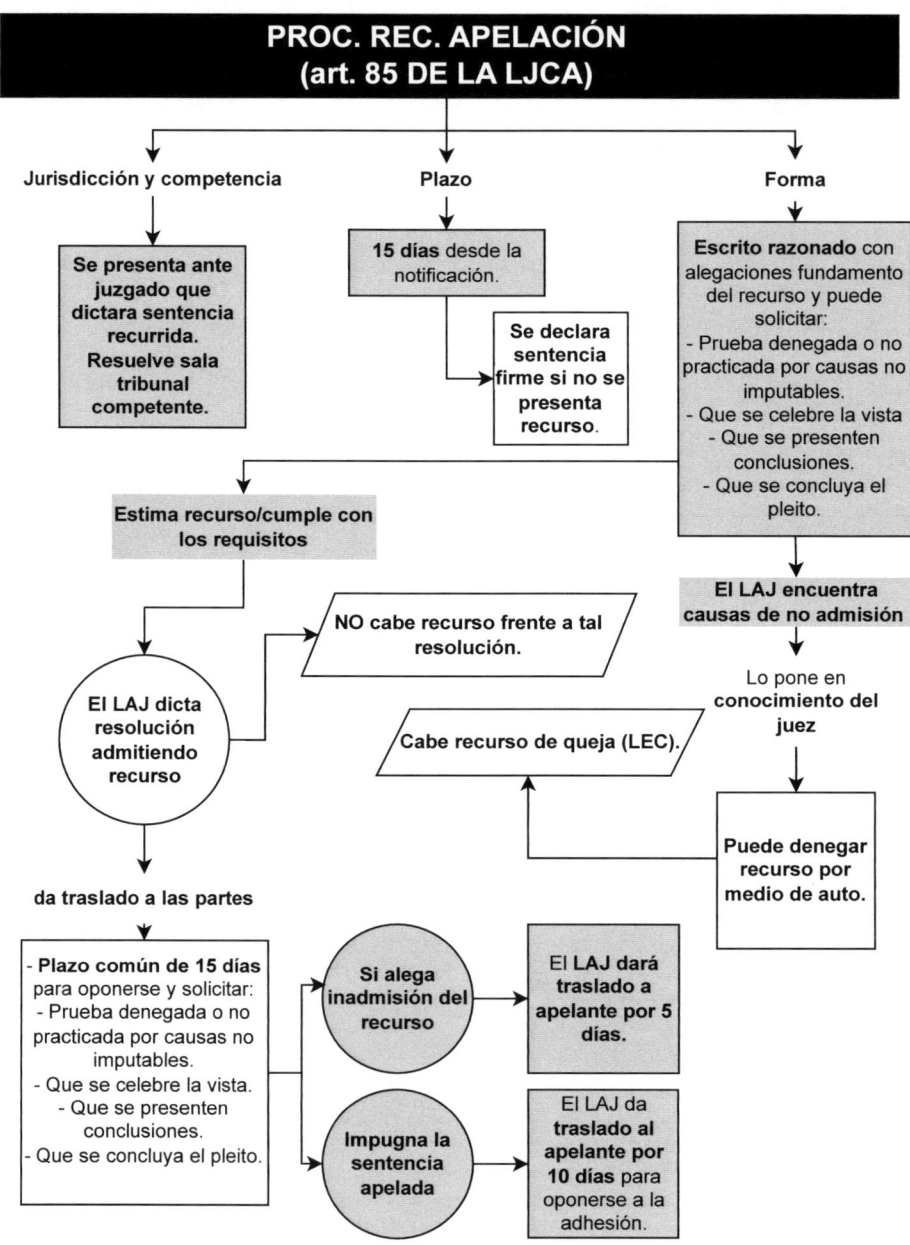

En el artículo 85 de la LJCA se encuentra el procedimiento a seguir para la formulación del recurso de apelación. Partiremos de la **jurisdicción y competencia** en la formalización de este tipo de recursos ordinarios de apelación. Es **competente** para conocer del recurso de apelación el juzgado que hubiere dictado la sentencia objeto de recurso. A mayor abundamiento, dispone el artículo 74, apartado 2, de la LOPJ, que las salas de lo contencioso-administrativo de los tribunales superiores de justicia conocerán en segunda instancia de las apelaciones promovidas contra sentencias y autos dictados por los juzgados de lo contencioso-administrativo y de los correspondientes recursos de queja.

El plazo dispuesto para interponer recurso de apelación es de **15 días desde la notificación de la sentencia,** mediante escrito que refleje las alegaciones que fundamenten el recurso. **Si** en el plazo de 15 días **no se interpone recurso alguno, la sentencia adquirirá firmeza.**

El recurso **será admitido si cumple con los requisitos exigidos** (competencia del órgano, plazo y contenido razonado) y se formula frente a sentencia susceptible de apelación. Si es así, el LAJ deberá dictar resolución no recurrible admitiendo el recurso y dará traslado del recurso a las otras partes por un plazo común de 15 días para formalizar oposición si lo desean.

Tanto en el **escrito de recurso como de oposición, se puede solicitar la práctica de prueba que fuera denegada anteriormente en primera instancia** (hay que recordar que el artículo 60 de la LJCA dispone que la prueba se solicita mediante otrosí y las partes tienen intervención en las pruebas para su práctica, como continúa el artículo 61, apartado 3, de la LJCA).

> **A TENER EN CUENTA.** Se modifica el apartado 7 del artículo 60 de la LJCA por la Ley 4/2023, de 28 de febrero, para la igualdad real y efectiva de las personas trans y para la garantía de los derechos de las personas LGTBI, en vigor desde el 2 de marzo de 2023.

Se añade en el artículo 23, el apartado 3, de la LJCA, que los funcionarios públicos, en asuntos sobre cuestiones de personal que no impliquen separación de empleados públicos inamovibles podrán comparecer por sí mismos para la defensa de sus derechos, deben indicar también en sus escritos un domicilio a efectos de notificaciones en la sede de la sala contencioso competente. Asimismo, cualquiera de las partes **puede solicitar que se celebre vista, que se presenten conclusiones o que se declare la conclusión del pleito sin más trámites.**

La **parte apelada** en su escrito puede presentar dos posturas:

– Considerar que **el recurso fue admitido indebidamente.** A efectos de no causar indefensión, en este caso el LAJ da vista al apelante por 5 días de tal alegación.

– Podrá **impugnar la sentencia apelada,** puntualizando lo que crea que le perjudica en la sentencia. El LAJ dará traslado al apelante para que pueda oponerse a la adhesión en plazo de 10 días, al solo efecto de que pueda oponerse a la impugnación.

> **A TENER EN CUENTA.** Los apartados 3 y 4 del artículo 85 de la LJCA han sido modificados por el Real Decreto-ley 6/2023, de 19 de diciembre. Tal modificación entra en vigor el 20 de marzo de 2024. Así, hasta la fecha el apartado 3 tiene la siguiente redacción: «3. En los escritos de interposición del recurso y de oposición al mismo las partes podrán pedir el recibimiento a prueba para la práctica de las que hubieran sido denegadas o no hubieran sido debidamente practicadas en primera instancia por causas que no les sean imputables. En dichos escritos, los funcionarios públicos, en los procesos a que se refiere el artículo 23.3, designarán un domicilio para notificaciones en la sede de la Sala de lo Contencioso-administrativo competente». Mientras que, el apartado 4 continua con la siguiente: «4. En el escrito de oposición, la parte apelada, si entendiera admitida indebidamente la apelación, deberá hacerlo constar, en cuyo caso el letrado de la Administración de Justicia dará vista a la apelante, por cinco días, de esta alegación. También podrá el apelado, en el mismo escrito, adherirse a la apelación, razonando los puntos en que crea que le es perjudicial la sentencia, y en este caso el letrado de la Administración de Justicia dará traslado al apelante del escrito de oposición por plazo de diez días, al solo efecto de que pueda oponerse a la adhesión».

Trascurridos los 15 días para formular oposición y los 5 o 10 días que se le otorga al apelante tras el escrito de la parte apelada, **los autos y expediente administrativo se elevan por el juzgado y se emplaza a las partes para su comparecencia en el plazo de 30 días, ante la sala contencioso-administrativo competente. Junto con la citación, si el tribunal lo estime procedente, tendrá lugar la práctica de la prueba propuesta.**

A TENER EN CUENTA. Debe consultarse el **artículo 128 de la LJCA**, especialmente para recordar que los plazos son improrrogables y se tendrá por caducado el derecho y perdido el trámite fuera de los días establecidos para el recurso.

La **celebración de la vista se acordará por el LAJ**, señalando a tal efecto día y hora (atendiendo al orden de antigüedad de los asuntos o su preferencia según establezca la ley, como se dicta en el **artículo 63 de la LJCA**).

También podrá acordar la **presentación de conclusiones si así lo solicitaran**. Para estos casos, **los artículos 64 y 65 de la LJCA** disponen que en el trámite de conclusiones las partes deberán presentar unas alegaciones sucintas sobre los hechos, prueba practicada y fundamentos jurídicos en los que sustenten sus pretensiones, sin apartarse de lo recogido en las demandas y contestaciones originales, disponiendo del plazo de diez días sucesivos para demandantes y demandados. El plazo es simultáneo para cada uno de estos grupos de partes si en alguno de ellos hubiere comparecido más de una persona y no actuaran unidos bajo una misma representación.

Una vez trascurridos estos trámites, el **pleito se declara concluso para sentencia por el LAJ, y a partir de esa fecha la sala la dictará** —la sentencia— **en el plazo de 10 días.**

Por otro lado, el **LAJ puede apreciar que no se reúnen los requisitos necesarios para la admisión del recurso de apelación**. En ese caso lo pondrá en conocimiento del juez que lo denegará mediante auto.

A TENER EN CUENTA. Hasta el 20 de marzo de 2024, contra el auto que deniegue el recurso de apelación podrá interponerse recurso de queja, de acuerdo con los artículos 494 y 495 de la LEC, si bien, tras la reforma operada por el Real Decreto-ley 6/2023, de 19 de diciembre, se elimina esta posibilidad, quedando **el recurso de queja únicamente para el auto que deniegue la tramitación de un recurso de casación.**

Concluye el **artículo 85, apartado 10, de la LJCA** que: «cuando la Sala revoque en apelación la sentencia impugnada que hubiere declarado la inadmisibilidad del recurso contencioso-administrativo, resolverá al mismo tiempo sobre el fondo del asunto».

A TENER EN CUENTA. Respecto a las **costas**, en aplicación del artículo 139, apartado 2, de la LJCA, en el recurso de apelación se impondrán al recurrente si se desestima totalmente el recurso, salvo que el tribunal aprecie razones para su no imposición.

JURISPRUDENCIA

Sentencia del Tribunal Supremo, rec. 4965/1992, de 25 de abril de 1997, ECLI:ES:TS:1997:2940

Naturaleza del recurso de apelación.

«(...) el recurso de apelación tiene por objeto depurar el resultado procesal obtenido con anterioridad, de suerte que el contenido del escrito de alegaciones del apelante ha de consistir precisamente en una crítica de la sentencia impugnada que sirva de fundamento a la pretensión de sustitución del pronunciamiento recaído en la primera instancia por otro distinto, de conformidad con los reiterados criterios jurisprudenciales de este Tribunal en SS. 7 y 24 noviembre y 21 diciembre 1987, 15 noviembre y 5 diciembre 1988 y 20 de diciembre de 1989, entre otras resoluciones que reconocen cómo la apelación transmite al Tribunal ad quem la plenitud de competencia para revisar y decidir todas las cuestiones planteadas, por lo que aquel Tribunal no puede revisar de oficio los razonamientos de la sentencia al margen de los motivos que esgrima el apelante como fundamento de su pretensión que como todas las pretensiones requieren la individualización de los motivos que le sirven de fundamento, a fin de que puedan examinarse dentro de los límites y en congruencia con los términos con que esta venga ejercitada, sin que sea lícito remitirse a los argumentos esgrimidos en la instancia ni tampoco plantear cuestiones ajenas a las debatidas en aquella y en vía administrativa, ya que en el recurso de apelación lo que ha de ponerse de manifiesto es la improcedencia de que se dictara la sentencia en el sentido que se produjo al ser esta en relación con las cuestiones planteadas lo que debe ser objeto de revisión, por lo que el planteamiento de cuestiones nuevas en esta instancia sin crítica alguna a los razonamientos de la sentencia apelada ha de ser necesariamente determinante de la desestimación del recurso interpuesto».

Sentencia del Tribunal Supremo, rec. 1485/1992, de 4 de mayo de 1998, ECLI:ES:TS:1998:2829

Pueden presentarse nuevos hechos en el escrito de alegaciones. Se ceñirá a lo fundamentado en los escritos iniciales del litigio.

«Las alegaciones formuladas en el escrito correspondiente por la parte actora al evacuar el trámite previsto en el anterior art. 100 LJCA, son una mera reproducción de las efectuadas en primera instancia, y aún cuando el recurso de apelación transmite al tribunal ad quem la plenitud de competencia para revisar y decidir todas las cuestiones planteadas en primera instancia, en la fase de apelación se exige un examen crítico de la sentencia, para llegar a demostrar o bien la errónea aplicación de una norma, la incongruencia, la indebida o defectuosa apreciación de la prueba o cualesquiera otras razones que se invoquen para obtener la revocación de la sentencia apelada, sin que se suficiente como acontece en el presente caso la mera reproducción del escrito de demanda, lo que podría justificar que resultara suficiente reproducir los argumentos del Tribunal de primera instancia si se entienden que se adecuan a una correcta aplicación del ordenamiento jurídico, (en este sentido, las Sentencias de esta Sala de 10 de febrero, 25 de abril, 6 de junio y 31 de octubre de 1997 y 12 de enero y 20 de febrero y 17 de abril de 1998)».

Sentencia del Tribunal Supremo, rec. 3497/1992, de 17 de enero de 2000, ECLI:ES:TS:2000:101

«Ahora bien, si no es posible el planteamiento de cuestiones nuevas en el recurso de apelación, habida cuenta de la preclusividad que existe a estos efectos en la primera instancia (SSTS 27 de diciembre de 1996, 25 de abril de 1997 y 14 de enero de 1998, entre otras muchas), es la misma jurisprudencia de esta Sala la que advierte tanto de la posibilidad de introducir en la segunda nuevos argumentos como de la dificultad de distinguir estos de las verdaderas cuestiones nuevas. La solución, sin

embargo, ha de encontrarse en la distinción, de una parte, del petitum y de los hechos que identifican la pretensión ejercitada en la primera instancia, cuya alteración o adición constituye el planteamiento vedado de "cuestión nueva", y, de otra, de los fundamentos jurídicos que justifican aquélla, que en su función de auténticos argumentos, pueden modificarse y pueden ser adicionados con otros nuevos».

Sentencia del Tribunal Supremo, rec. 3301/2009, de 29 de marzo de 2012, ECLI:ES:TS:2012:2350

Análisis crítico de la sentencia como fundamento básico del recurso de apelación.

«A propósito del recurso de apelación declaramos ya en esta Sala que es muy conocida la jurisprudencia que afirma que el recurso de apelación no tiene por objeto reabrir un debate sobre la adecuación a Derecho del acto administrativo impugnado en primera instancia, sino el de revisar la sentencia que se pronunció sobre el mismo, obteniendo de esta forma la depuración de un resultado procesal obtenido con anterioridad.

Y es obvio que, para obtener tal resultado, no basta reiterar los argumentos que se efectuaron en el escrito de demanda y en el escrito inicial del expediente administrativo, ya que el contenido del escrito del recurso de apelación debe contener una crítica de la sentencia impugnada que permita a la Sala superior conocer los términos de la pretensión de apelación y las razones de la discrepancia del recurrente con la sentencia recurrida o aquellas por las que considera desacertada la resolución jurisdiccional [por todas sentencia de esta Sala y Sección de 6 de julio de 1998 (Apelación 6922/1992)].

Y por eso reiterábamos entonces que la inactividad de la parte apelante no puede ser suplida por esta Sala del Tribunal Supremo a la que el derecho a la tutela judicial efectiva de las demás partes veda reconstruir los recursos, por lo que, sin que la pasividad equivalga a un desistimiento tácito, afecta indudablemente al ámbito y efectos de la segunda instancia y basta para desestimar el recurso y confirmar la fundamentación de la sentencia recurrida, siempre que se declare que no se aprecia en la misma ningún vicio o infracción formal grave que deba ser corregido de oficio».

Sentencia del Tribunal Constitucional n.º 128/2017, de 13 de noviembre, ECLI:ES:TC:2017:128

«b) En segundo lugar, el examen de las actuaciones pone de manifiesto que la demandante de amparo no fue especialmente diligente a la hora de solicitar el recibimiento a prueba en la apelación. En el escrito de formalización del recurso se limitó, por medio de otrosí, a solicitar la práctica de la prueba pericial denegada, con reproducción de los mismos términos del escrito de proposición de prueba de la primera instancia e invocación del artículo 85.3 LJCA, sin más razonamiento acerca de la necesidad de la práctica de tal prueba o de los motivos por los que se consideraba que había sido indebidamente denegada en primera instancia a pesar de haber sido correctamente propuesta. Frente a esta petición, la Sala respondió denegando el recibimiento a prueba solicitado por compartir el criterio del Juzgado, "contra el que la recurrente no formula alegaciones". En este punto es preciso tomar en consideración que este Tribunal ha subrayado (en doctrina referida al proceso civil, pero trasladable mutatis mutandis al procedimiento contencioso-administrativo) el carácter excepcional y limitado de las pruebas que pretendan practicarse durante la sustanciación de los recursos de apelación, pues el momento estrictamente probatorio pertenece a la primera fase del proceso (por todas, STC 170/1998, de 21 de julio, FJ 2), de manera que esa excepcionalidad exige que la parte interesada en que se practique en apelación determinada prueba denegada en primera instancia aporte los motivos que justifican su práctica, ofreciendo al Tribunal ad quem los imprescindibles elementos de juicio para

que pueda decidir, en ejercicio de la competencia que en tal sentido le corresponde, si resulta procedente acordar el recibimiento a prueba en la segunda instancia, por la relevancia que presente la prueba que no fue admitida en primera instancia».

Sentencia del Constitucional n.º 179/2014, de 3 de noviembre, ECLI:ES:TC:2014:179, que recoge doctrina de STC n.º 160/2009, de 29 de junio, ECLI:ES:TC:2009:160

«3. Delimitado así el objeto de amparo, resulta oportuno recordar que, según doctrina constante de este Tribunal, el "derecho a la asistencia" en sentido amplio, incluyendo representación y defensa jurídicas, 'tiene por finalidad asegurar la efectiva realización de los principios de igualdad de las partes y de contradicción, que imponen a los órganos judiciales el deber positivo de evitar desequilibrios entre la respectiva posición procesal de las partes y precaver limitaciones en la defensa que puedan generar la indefensión prohibida por el art. 24.1 CE' (STC 160/2009, de 29 de junio, FJ 4). En la misma Sentencia hemos definido el contenido de la indefensión con relevancia constitucional afirmando que, para que alcance tal relevancia, "es necesario que la indefensión alegada sea imputable a actos u omisiones de los órganos judiciales y que tenga su origen inmediato y directo en tales actos u omisiones; esto es, que sea causada por la incorrecta actuación del órgano jurisdiccional, estando excluida del ámbito protector del art. 24 CE la indefensión debida a la pasividad, desinterés, negligencia, error técnico o impericia de la parte o de los profesionales que la representen o defiendan (...)"».

2.3. Esquema del recurso de casación en el orden contencioso-administrativo

Estructura del recurso de casación en la LJCA

El recurso de casación se encuentra regulado en los **artículos 86 a 94 de la LJCA**.

A TENER EN CUENTA. Los artículos 88 a 90 de la LJCA han sido modificados por el Real Decreto-ley 5/2023, de 28 de junio, cuya entrada en vigor se produce el 29 de julio de 2023. Esta misma norma ha dotado de contenido nuevamente al artículo 94 de la LJCA. Sin embargo, hay que tener en cuenta lo dispuesto en la disposición transitoria décima del RD-ley que prevé lo siguiente:

«El régimen del recurso de casación contencioso-administrativa establecido en este real decreto-ley será de aplicación a las resoluciones de los juzgados y tribunales de ese orden que se dicten con posterioridad a su entrada en vigor.

La modificación del artículo 94 de la Ley 29/1998, de 13 de julio, reguladora de la Jurisdicción Contencioso-administrativa, será de aplicación a los recursos de casación que se hubieran preparado y estuvieran pendientes de admisión a la entrada en vigor de este real decreto-ley.

A estos efectos, de oficio o a instancia de parte, se podrá acordar la suspensión del trámite de admisión de estos recursos en atención a cualquiera de los recursos de casación que ya se hubieran admitido antes de la entrada en vigor de este real decreto-ley, que se declararán de tramitación y resolución preferente por concurrir los requisitos del citado artículo 94».

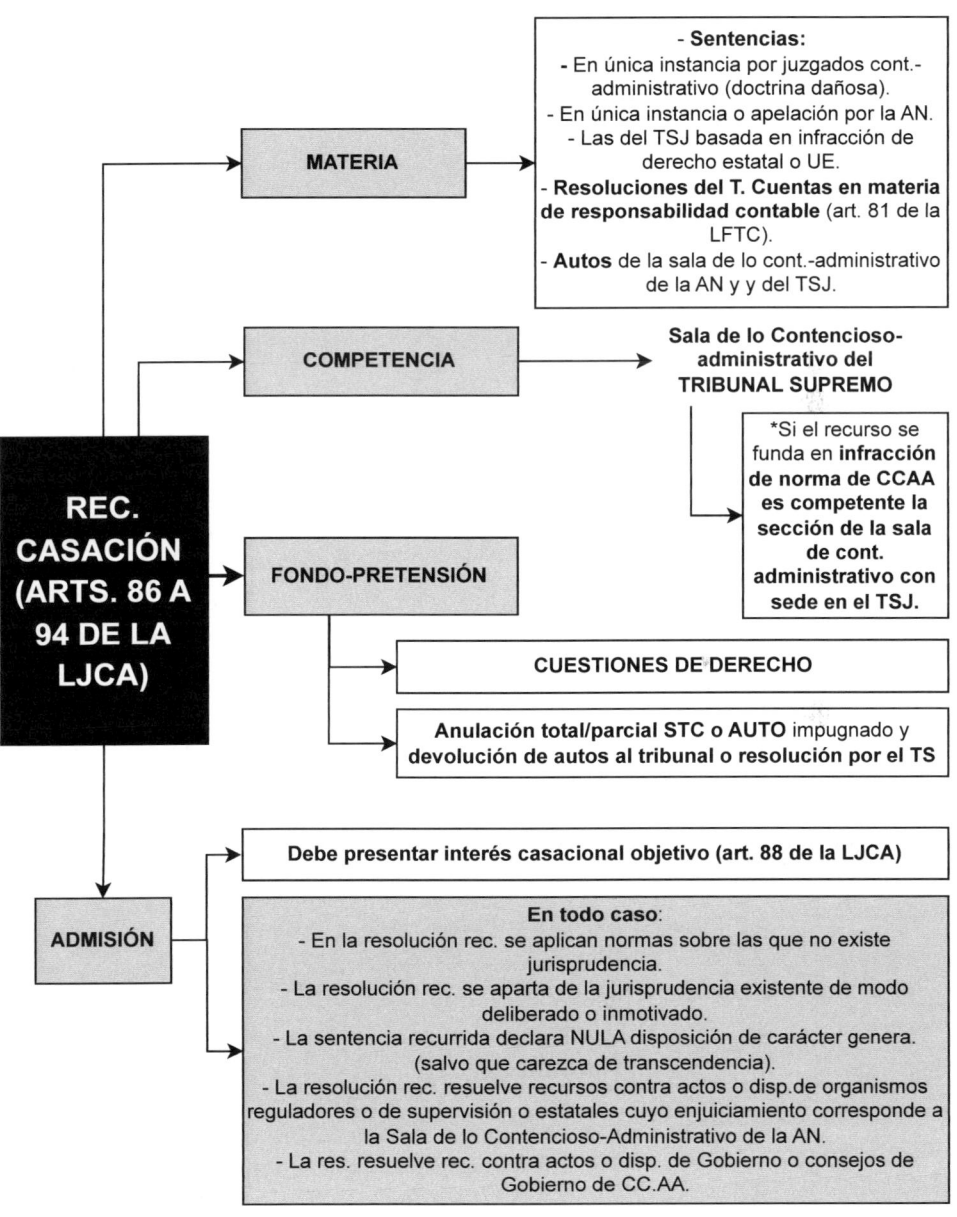

REC. CASACIÓN (ARTS. 86 A 94 DE LA LJCA)

MATERIA

- Sentencias:
- **-** En única instancia por juzgados cont.-administrativo (doctrina dañosa).
- En única instancia o apelación por la AN.
- Las del TSJ basada en infracción de derecho estatal o UE.
- **Resoluciones del T. Cuentas en materia de responsabilidad contable** (art. 81 de la LFTC).
- **Autos** de la sala de lo cont.-administrativo de la AN y y del TSJ.

COMPETENCIA

Sala de lo Contencioso-administrativo del TRIBUNAL SUPREMO

*Si el recurso se funda en **infracción de norma de CCAA** es competente la sección de la sala de cont. administrativo con sede en el TSJ.

FONDO-PRETENSIÓN

CUESTIONES DE DERECHO

Anulación total/parcial STC o AUTO impugnado y **devolución de autos al tribunal o resolución por el TS**

ADMISIÓN

Debe presentar interés casacional objetivo (art. 88 de la LJCA)

En todo caso:
- En la resolución rec. se aplican normas sobre las que no existe jurisprudencia.
- La resolución rec. se aparta de la jurisprudencia existente de modo deliberado o inmotivado.
- La sentencia recurrida declara NULA disposición de carácter genera. (salvo que carezca de transcendencia).
- La resolución rec. resuelve recursos contra actos o disp.de organismos reguladores o de supervisión o estatales cuyo enjuiciamiento corresponde a la Sala de lo Contencioso-Administrativo de la AN.
- La res. resuelve rec. contra actos o disp. de Gobierno o consejos de Gobierno de CC.AA.

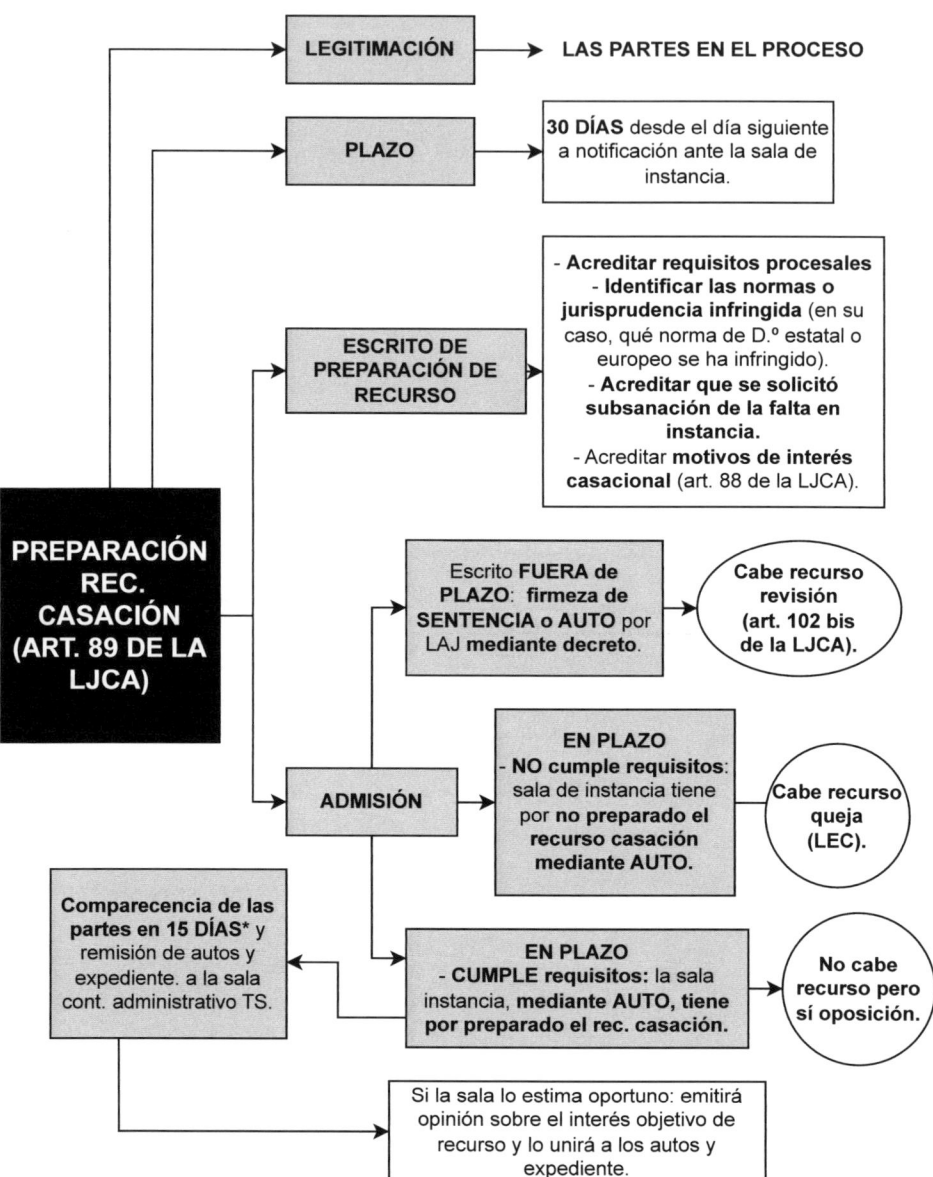

LEGITIMACIÓN → LAS PARTES EN EL PROCESO

PLAZO → 30 DÍAS desde el día siguiente a notificación ante la sala de instancia.

ESCRITO DE PREPARACIÓN DE RECURSO →
- **Acreditar requisitos procesales**
- **Identificar las normas o jurisprudencia infringida** (en su caso, qué norma de D.º estatal o europeo se ha infringido).
- **Acreditar que se solicitó subsanación de la falta en instancia.**
- Acreditar **motivos de interés casacional** (art. 88 de la LJCA).

PREPARACIÓN REC. CASACIÓN (ART. 89 DE LA LJCA)

Escrito **FUERA de PLAZO**: firmeza de **SENTENCIA o AUTO por LAJ mediante decreto.** → **Cabe recurso revisión (art. 102 bis de la LJCA).**

ADMISIÓN →

EN PLAZO - NO cumple requisitos: sala de instancia tiene por **no preparado el recurso casación mediante AUTO.** → **Cabe recurso queja (LEC).**

Comparecencia de las partes en 15 DÍAS* y remisión de autos y expediente. a la sala cont. administrativo TS.

EN PLAZO - CUMPLE requisitos: la sala instancia, **mediante AUTO, tiene por preparado el rec. casación.** → **No cabe recurso pero sí oposición.**

Si la sala lo estima oportuno: emitirá opinión sobre el interés objetivo de recurso y lo unirá a los autos y expediente.

* Se reduce el plazo de comparecencia de 30 a 15 días por el Real Decreto-ley 5/2023, de 28 de junio. Esta modificación entró en vigor el 29 de julio de 2023. (Ver. DT. 10.ª del Real Decreto-ley 5/2023, de 28 de junio).

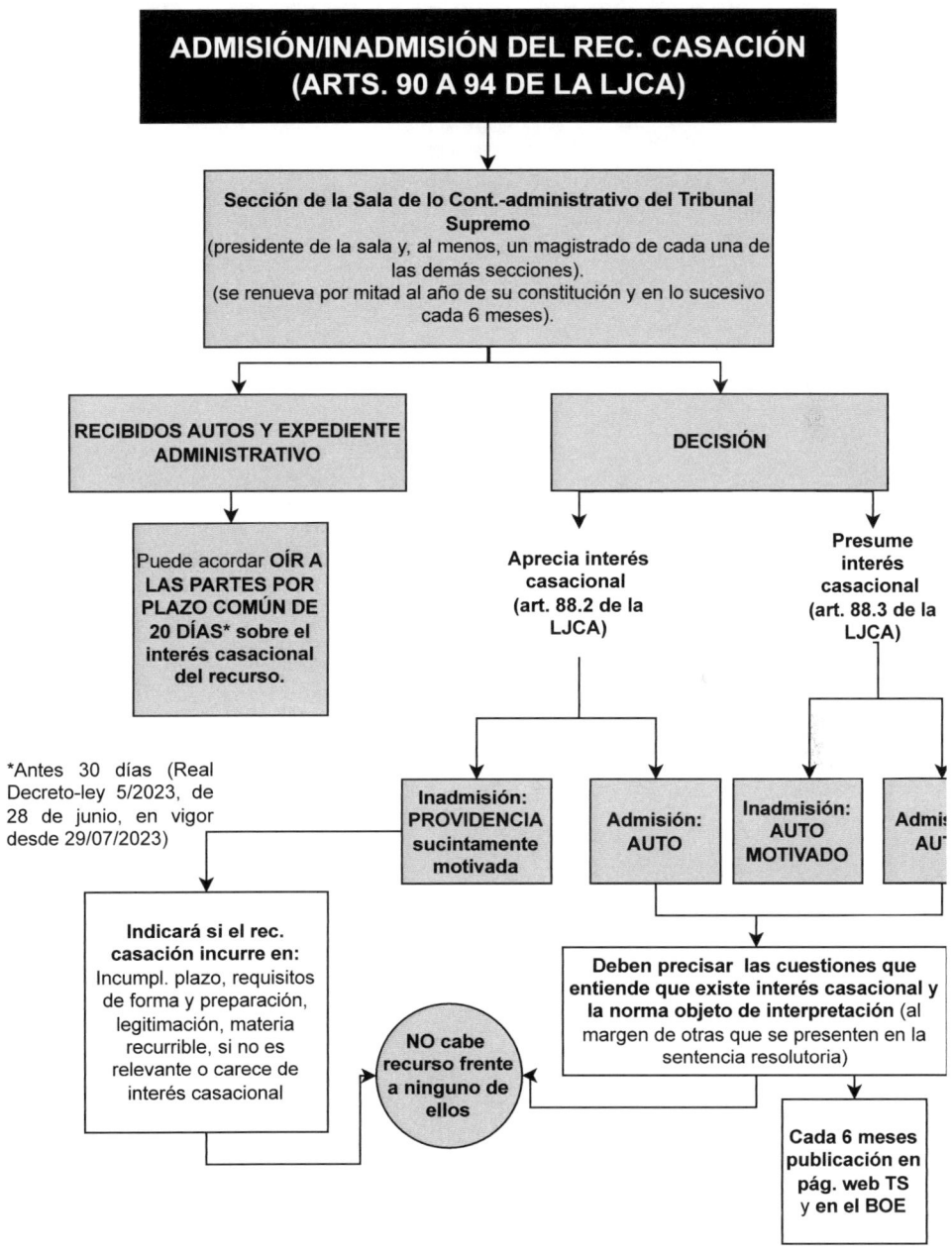

ADMISIÓN/INADMISIÓN DEL REC. CASACIÓN (ARTS. 90 A 94 DE LA LJCA)

Sección de la Sala de lo Cont.-administrativo del Tribunal Supremo
(presidente de la sala y, al menos, un magistrado de cada una de las demás secciones).
(se renueva por mitad al año de su constitución y en lo sucesivo cada 6 meses).

RECIBIDOS AUTOS Y EXPEDIENTE ADMINISTRATIVO

DECISIÓN

Puede acordar **OÍR A LAS PARTES POR PLAZO COMÚN DE 20 DÍAS* sobre el interés casacional del recurso.**

Aprecia interés casacional **(art. 88.2 de la LJCA)**

Presume interés casacional (art. 88.3 de la LJCA)

*Antes 30 días (Real Decreto-ley 5/2023, de 28 de junio, en vigor desde 29/07/2023)

Inadmisión: PROVIDENCIA sucintamente motivada

Admisión: AUTO

Inadmisión: AUTO MOTIVADO

Admis AU

Indicará si el rec. casación incurre en:
Incumpl. plazo, requisitos de forma y preparación, legitimación, materia recurrible, si no es relevante o carece de interés casacional

NO cabe recurso frente a ninguno de ellos

Deben precisar las cuestiones que entiende que existe interés casacional y la norma objeto de interpretación (al margen de otras que se presenten en la sentencia resolutoria)

Cada 6 meses publicación en pág. web TS y en el BOE

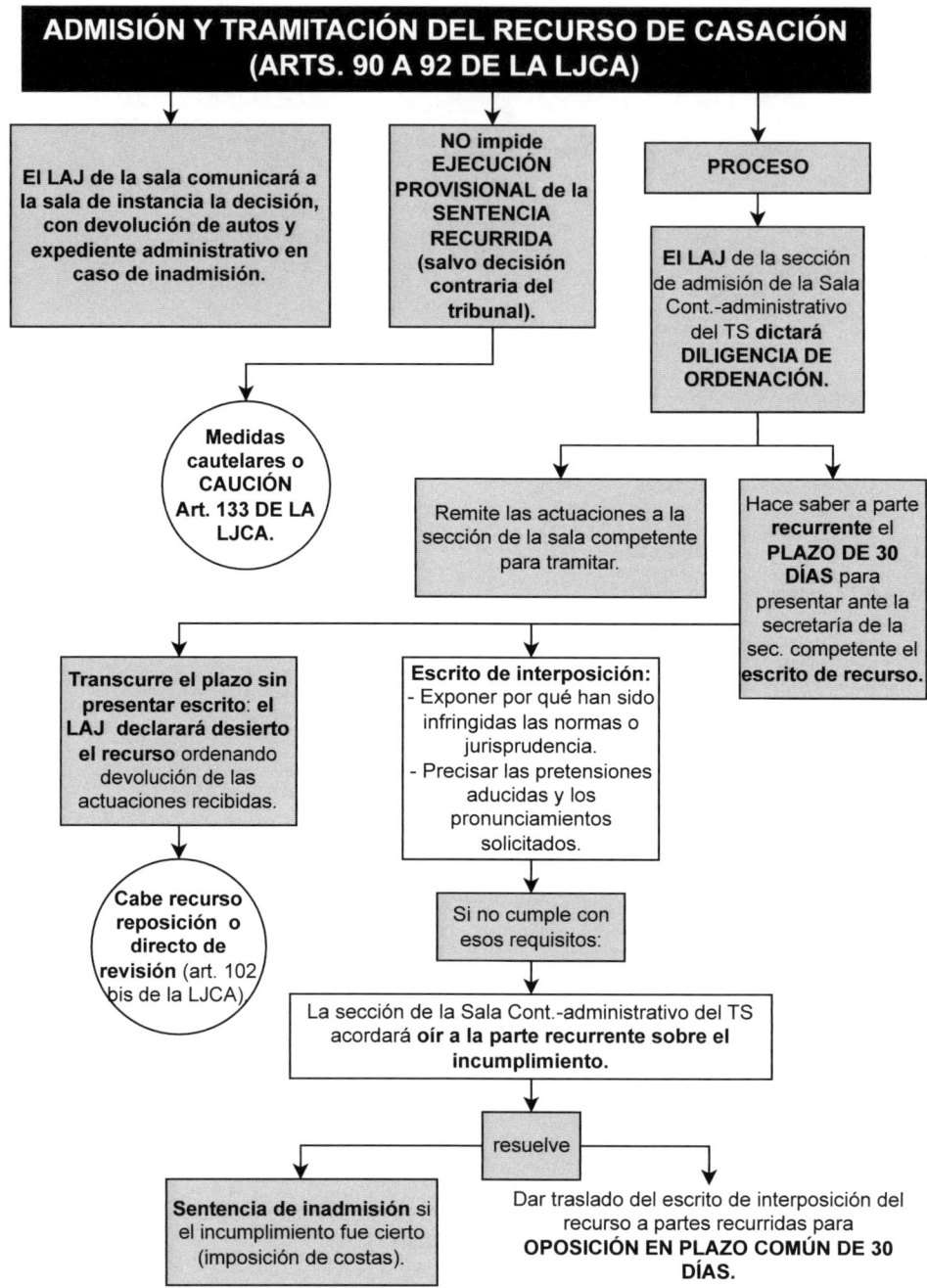

ADMISIÓN Y TRAMITACIÓN DEL RECURSO DE CASACIÓN (ARTS. 90 A 92 DE LA LJCA)

El LAJ de la sala comunicará a la sala de instancia la decisión, con devolución de autos y expediente administrativo en caso de inadmisión.

NO impide EJECUCIÓN PROVISIONAL de la SENTENCIA RECURRIDA (salvo decisión contraria del tribunal).

PROCESO

El LAJ de la sección de admisión de la Sala Cont.-administrativo del TS **dictará DILIGENCIA DE ORDENACIÓN.**

Medidas cautelares o CAUCIÓN Art. 133 DE LA LJCA.

Remite las actuaciones a la sección de la sala competente para tramitar.

Hace saber a parte **recurrente** el **PLAZO DE 30 DÍAS** para presentar ante la secretaría de la sec. competente el **escrito de recurso.**

Transcurre el plazo sin presentar escrito: el **LAJ declarará desierto el recurso** ordenando devolución de las actuaciones recibidas.

Escrito de interposición:
- Exponer por qué han sido infringidas las normas o jurisprudencia.
- Precisar las pretensiones aducidas y los pronunciamientos solicitados.

Cabe recurso reposición o directo de revisión (art. 102 bis de la LJCA)

Si no cumple con esos requisitos:

La sección de la Sala Cont.-administrativo del TS acordará **oír a la parte recurrente sobre el incumplimiento.**

resuelve

Sentencia de inadmisión si el incumplimiento fue cierto (imposición de costas).

Dar traslado del escrito de interposición del recurso a partes recurridas para **OPOSICIÓN EN PLAZO COMÚN DE 30 DÍAS.**

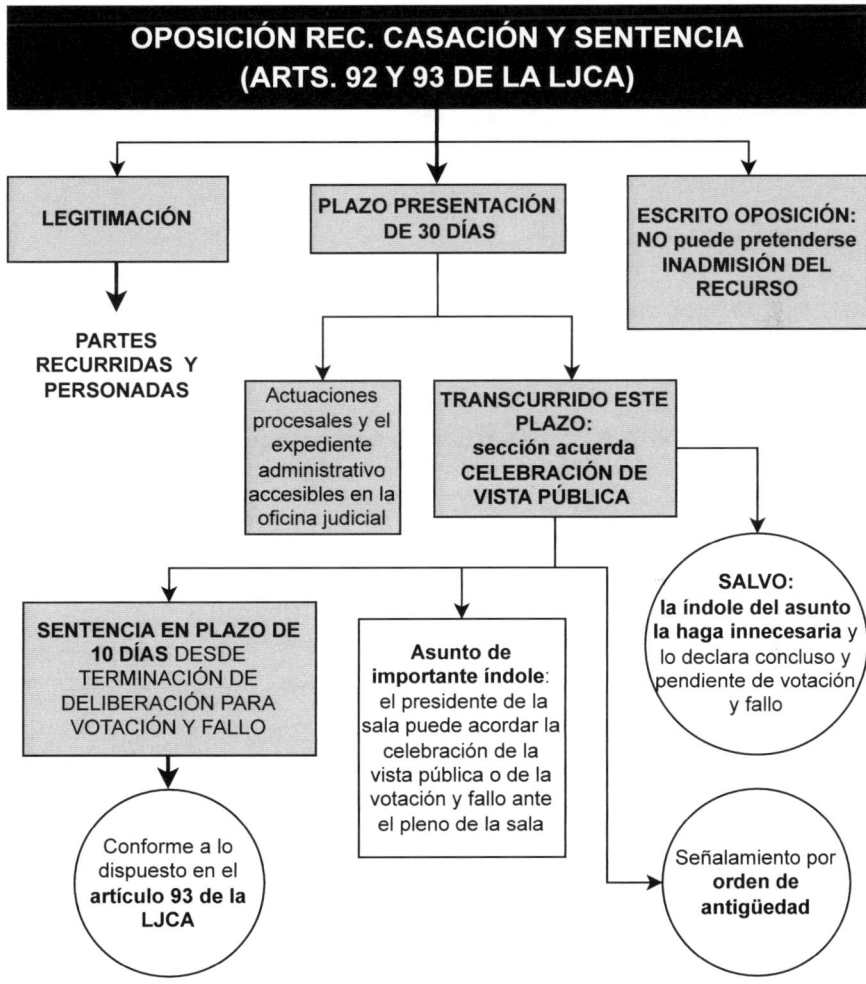

2.3.1. El recurso de casación

Regulación del recurso de casación en el orden contencioso-administrativo

La **sección 3.ª**, perteneciente al capítulo III del título IV de la LJCA, se dedica a la regulación del recurso de casación. En concreto, a lo largo de esta sección, en los **artículos 86 a 94 se determinan los cauces paras su correcta formulación.**

> **A TENER EN CUENTA.** En fecha 22/07/2016 fueron suprimidos, en aplicación de la LO 7/2015, de 21 de julio, que modificó la LOPJ, los artículos 94 y 95 que continuaban la regulación del recurso de casación, los artículos 96 a 99 que regulaban el recurso de casación para unificación de doctrina y los artículos 100 y 101 que desarrollaban los recursos de casación en interés de la ley.
>
> No obstante, el artículo 94 ha sido dotado nuevamente de contenido por el Real Decreto-ley 5/2023, de 28 de junio, con entrada en vigor el 29 de julio de 2023.
>
> Asimismo, debemos destacar lo señalado en la disposición transitoria décima que, en su apartado 3, señala que el régimen del recurso de casación introducido por el Real Decreto-ley 5/2023, de 28 de junio, **será de aplicación a las resoluciones de los juzgados y tribunales del orden contencioso-administrativo que se dicten con posterioridad a la entrada en vigor del RD-ley**, es decir, con posterioridad al 30 de junio de 2023.
>
> Debemos recordar también que la regulación del recurso de casación contenida en la LJCA se ha visto nuevamente modificada por el Real Decreto-ley 5/2023, de 28 de junio, con entrada en vigor el 29/07/2023, así como por el RD-ley 6/2023, de 19 de diciembre, con entrada en vigor el 20/03/2024, con la modificación del art. 92.

El **recurso de casación se configura**, o así lo vienen interpretando los tribunales, como un remedio extraordinario orientado a denunciar y subsanar errores de fondo o procedimiento en que pueda incurrir una sentencia, debiendo fundarse su formalización en motivos tasados y en base a requisitos formales y materiales.

> **JURISPRUDENCIA**
>
> **Sentencia del Tribunal Supremo, rec. 3301/2009, de 29 de marzo de 2012, ECLI:ES:TS:2012:2350**
>
> *«CUARTO.- Estos razonamientos son sin duda trasladables a un remedio de carácter extraordinario como el recurso de casación. En la sentencia de 3 de julio de 2002 (Casación 7477/1998) dijimos ya que no cabe efectuar en casación una reproducción literal de los escritos deducidos en instancia, con el añadido de la palabra motivo o la de unos muy escuetos comentarios críticos, que en el caso que ahora se enjuicia ni siquiera existen.*
>
> *El recurso de casación no es una nueva instancia o una prolongación del proceso antecedente. Se trata de un remedio extraordinario que está orientado a denunciar y depurar los errores in iudicando o in procedendo en que haya podido incurrir la sentencia recurrida. El recurso de casación se dirige contra el fallo de la*

sentencia y contra los fundamentos de Derecho que conducen directamente a él. Por ello es necesario efectuar una crítica de dicha Sentencia y no puede tener éxito para conseguir una declaración doctrinal de esta Sala la simple reproducción de las mismas tesis defendidas en la instancia mediante la formulación de motivos que reiteran en casación lo que ya se alegó ante la Sala a quo con preterición de los argumentos de la Sentencia recurrida. [Sentencias de 21 de julio de 2011 (Casación 3797/2007), de 4 de abril de 2011 (Casación 1636/2007), de 25 de marzo de 2011 (Casación 1668/2007), de 25 de junio de 2001 (Casación 7953/1996), y de 30 de junio de 2000 (Casación 971/1995), entre otras muchas]».

Auto del Tribunal Constitucional, rec. 4644/2017, de 16 de abril de 2018, ECLI:ES:TC:2018:41A, que reúne, entre otras STC n.º 248/2005, de 10 de octubre, ECLI:ES:TC:2005:248, STC n.º 100/2009, de 27 de abril, ECLI:ES:TC:2009:100 y STC n.º 35/2011, de 28 de marzo, ECLI:ES:TC:2011:35

«b) En segundo término, hemos subrayado que el recurso de casación tiene la naturaleza de recurso especial o extraordinario, lo que determina que debe fundarse en motivos tasados —numerus clausus— y que está sometido no solo a requisitos extrínsecos de tiempo y forma y a los presupuestos comunes exigibles para los recursos ordinarios, sino a otros intrínsecos, sustantivos, relacionados con el contenido y la viabilidad de la pretensión; de donde se sigue que su régimen procesal es más estricto por su naturaleza de recurso extraordinario (SSTC 37/1995, de 7 de febrero, FJ 5; 248/2005, de 10 de octubre, FJ 2; 100/2009, de 27 de abril, FJ 4, y 35/2011, de 28 de marzo, FJ 3)».

2.3.2. Materias contra las que cabe interponer recurso de casación en el orden contencioso

Resoluciones susceptibles de interposición de recurso de casación en el orden contencioso-administrativo

Conforme a lo dispuesto en los **artículos 86 de la LJCA** son susceptibles de recurso de casación:

– Las **sentencias** dictadas en **única instancia por los juzgados de lo contencioso-administrativo** (únicamente las que contengan **doctrina gravemente dañosa para los intereses generales y sean susceptibles de extensión de efectos**).

> **A TENER EN CUENTA.** Al respecto de la **sentencias susceptibles de extensión de efectos, los artículos 110 y 111 de la LJCA** disponen, esencialmente, que serán aquellas que reconozcan una situación individualizada a favor de una o varias personas concurriendo otras circunstancias como que los interesados se encuentren en igual situación jurídica, que el juez fuera también competente por razón de territorio para conocer tales pretensiones o que la extensión se solicite en el plazo de un año desde la última notificación de la sentencia o en un año desde la notificación de la resolución del recurso en interés de ley o de revisión, si fuera interpuesto. Así mismo, son susceptibles de extensión de efectos las sentencias declaradas con carácter preferente en supuestos de suspensión de tramitación de varios recursos, siempre que el fallo no sea contrario a la jurisprudencia del Tribunal Supremo.

RESOLUCIONES RELEVANTE

ATS, rec. 265/2017, de 30 de mayo de 2017, ECLI:ES:TS:2017:5315A

Sentencias con doctrina gravemente dañosa y susceptibles de extensión de efectos, ambos requisitos de manera acumulativa.

«El nuevo artículo 86.1 LJCA, en su redacción dada por la Ley Orgánica 7/2015, de 21 de julio, establece que las sentencias dictadas en única instancia por los Juzgados de lo Contencioso-administrativo serán recurribles en casación únicamente cuando concurran —de forma cumulativa— los dos presupuestos mencionados en el precepto: que la sentencia que se pretende impugnar contenga doctrina que se reputa gravemente dañosa para los intereses generales y que se trate de una resolución susceptible de extensión de efectos».

ATS, rec. 558/2017, de 13 de noviembre de 2017, ECLI:ES:TS:2017:10580A

Comprobación por los tribunales de los requisitos exigidos.

*«En lo que aquí concierne, el mencionado **art. 110 LJCA** establece la posibilidad de extender los efectos de una sentencia firme que hubiera reconocido una situación individualizada a favor de una o varias personas, si se ha dictado en materia tributaria, de personal al servicio de la Administración pública o de unidad de mercado y si concurren las circunstancias enumeradas en el precepto. No se produce en este sentido innovación alguna; la reforma de la casación no altera conceptos presentes en la ley de la jurisdicción. (...) **el órgano judicial a quo debe verificar** (i) que la sentencia es susceptible de extensión de efectos, (ii) que se ha argumentado por el recurrente que dicha sentencia contiene doctrina gravemente dañosa para los intereses generales y (iii) que el escrito de preparación reúne los requisitos a los que se refiere el artículo 89.2 LJCA.*

La primera de esas circunstancias (la posibilidad de extensión de efectos de la resolución recurrida) es objetiva: nuestra Ley Jurisdiccional determina en los artículos 110 y 111 qué sentencias son susceptibles de extensión de efectos, de suerte que el órgano judicial que ha dictado la resolución que pretende recurrirse en casación puede comprobar que la misma reúne los requisitos que aquellos preceptos determinan objetivamente; ello, obviamente, sin perjuicio del control que, sobre tal actuación, corresponde efectuar a esta Sala al adoptar la decisión que corresponda sobre la admisión (o no) del recurso».

ATS, rec. 143/2016, de 22 de marzo de 2017, ECLI:ES:TS:2017:3360A

«La alusión a la extensión de efectos no puede entenderse de otra manera que referida a la contemplada en los arts. 110 y 111 de la Ley de esta Jurisdicción. En lo que aquí concierne, el mencionado art. 110 LJCA establece la posibilidad de extender los efectos de una sentencia firme que hubiera reconocido una situación individualizada a favor de una o varias personas, si se ha dictado en materia tributaria, de personal al servicio de la Administración pública o de unidad de mercado y si concurren las circunstancias enumeradas en el precepto. No se produce en este sentido innovación alguna; la reforma de la casación no altera conceptos presentes en la ley de la jurisdicción.

Atendiendo a la perspectiva desde la que ha sido formulado este recurso de queja, la cuestión estriba en determinar si la sentencia dictada por el Juzgado reúne las características que determinan su posible extensión de efectos, para verificar así si es susceptible de recurso de casación. Y no puede sino darse la razón al Juzgado de instancia puesto que la sentencia que se impugna es de signo desestimatorio y, por tanto, no reconoce ninguna situación jurídica individualizada a la Fundación recurrente —esto es, alguna titularidad básica (derecho subjetivo) o, al menos, subordinada adoptando, en su caso, cuantas medidas sean necesarias para el pleno restablecimiento de la misma [artículos 31.2 y 71.1.b) LJCA]— que sea susceptible de extensión de efectos; y, por esta razón, no se cumple el presupuesto de recurribilidad que exige el art. 89.2 a) LJCA en relación al ya citado art. 86. 1 in fine LJCA».

En el mismo sentido, los ATS, rec. 369/2018, de 15 de noviembre de 2018, ECLI:ES:TS:2018:12878A y ATS, rec. 749/2017, de 9 de febrero de 2018, ECLI:ES:TS:2018:1875A.

– Las sentencias dictadas **en única instancia o en apelación por la sala de lo contencioso-administrativo de la Audiencia Nacional**.

– Las sentencias **dictadas por las salas de lo contencioso-administrativos de los TSJ**. Solo serán recurribles si el objeto del recurso pretende fundarse en infracción de normas de derecho estatal o de la Unión Europea que sea relevante y determinante del fallo impugnado, siempre que hubieran sido invocadas oportunamente en el proceso o consideradas por la sala sentenciadora.

RESOLUCIÓN RELEVANTE

ATS, rec. 67/2018, de 1 de octubre de 2018, ECLI:ES:TS:2018:10497A, que recoge el ATS, rec. 580/2017, de 6 de marzo de 2018, ECLI:ES:TS:2018:2646A

«(...) que el citado artículo 86.3 determina que el recurso de casación no se puede fundar en la infracción de normas de Derecho autonómico, ni cabe eludir dicho obstáculo procesal encubriendo la denuncia de la indebida interpretación y aplicación de normas autonómicas bajo una cita artificiosa y meramente instrumental de normas de derecho estatal.

Ciertamente, hemos admitido el recurso de casación cuando el derecho autonómico invocado como infringido reproduce normativa estatal de carácter básico y cuando se hace valer la vulneración de la jurisprudencia recaída sobre un precepto de derecho estatal que, aun no teniendo carácter básico, es de contenido idéntico al del derecho autonómico aplicado —vid. por todos autos de 6 de marzo de 2018 (recurso de queja 580/2017)—».

A TENER EN CUENTA. Dentro del encuadramiento del artículo 86 de la LJCA, **no** podrán **recurrirse** en casación las **sentencias dictadas en el procedimiento para la protección del derecho fundamental de reunión y en los procesos contencioso-electorales** (debemos acudir a los artículos 114 y siguientes de la LJCA).

– Las **resoluciones del Tribunal de Cuentas** en materia de responsabilidad contable, en los siguientes casos, conforme al artículo 81 de la Ley de Funcionamiento del Tribunal de Cuentas:

• Las **sentencias definitivas** cuando la cuantía del procedimiento exceda de 18.030,36 euros, cantidad que se elevará o disminuirá conforme a lo que deba ser para el recurso de casación en el proceso civil. (Cuando nos referimos a 18.030,36 euros, en el artículo 81 de la Ley de Funcionamiento del Tribunal de Cuentas se hace referencia a 3.000.0000 de pesetas).

• Los **autos** dictados, **en primera instancia,** por las salas del Tribunal de Cuentas, por virtud de los cuales no se dé lugar a la incoación del procedimiento jurisdiccional correspondiente.

- Los **autos dictados, en apelación**, por las salas del Tribunal de Cuentas, confirmatorios de los pronunciados en primera instancia por los consejeros de cuentas, no dando lugar a la incoación del procedimiento jurisdiccional que corresponda.

- El recurso **debe fundarse en motivos** de abuso, exceso o defecto en el ejercicio de la jurisdicción contable, incompetencia o adecuación del procedimiento, infracción de las normas esenciales del proceso o de los principios de audiencia o defensa, errores evidentes en la apreciación de la prueba, infracción de la CE, del ordenamiento jurídico o de la jurisprudencia (**art. 82 de la LFTC**).

> **A TENER EN CUENTA.** Respecto a los motivos referenciados en el párrafo anterior, el Alto Tribunal dispone, no obstante, que para que el recurso de casación se entienda preparado, debe reunir los requisitos del artículo 89.2 de la LJCA.

RESOLUCIÓN RELEVANTE

ATS, rec. 60/2017, de 31 de mayo de 2017, ECLI:ES:TS:2017:7069A

«En definitiva:

1. Son recurribles en casación —además de los autos referidos en el artículo 81.2, apartados 2.º y 3.º de la Ley de Funcionamiento del Tribunal de Cuentas— las sentencias definitivas pronunciadas por las Salas del Tribunal de Cuentas en apelación o en única instancia en materia de responsabilidad contable con independencia de la cuantía del procedimiento en el que se hubieran dictado.

2. El recurso de casación que se prepare contra aquellas sentencias deberá ajustarse a las exigencias previstas en el actual artículo 89.2 de la Ley de la Jurisdicción Contencioso-Administrativa, sin que haya de fundarse en los motivos previstos en el artículo 82.1 de la Ley de Funcionamiento del Tribunal de Cuentas».

Y siguiendo lo dispuesto en el **artículo 87 de la LJCA, previo recurso de reposición cabe recurso de casación frente** a los **autos** dictados por la sala de lo contencioso-administrativo de la AN y los autos dictados por las salas de lo contencioso-administrativo de los TSJ:

- Que declaren la inadmisión del recurso contencioso-administrativo o impidan su continuación (en relación con los arts. 51 y 52 de la LJCA, es decir, inadmisión del recurso por defectos procesales o caducidad del plazo de interposición).

- Los que pongan término a la pieza separada de suspensión o de otras medidas cautelares (regulado en el art. 131 de la LJCA).

- Los recaídos en ejecución de sentencia si resuelven cuestiones no decididas o que contradigan los términos del fallo que se ejecuta.

- Los autos dictados en relación a procedimientos de ejecución provisional de sentencia recurrida (regulado en el art. 91 de la LJCA).

- Los autos dictados en relación a sentencias recaídas en materia tributaria, de personal al servicio de la Administración pública y de unidad de mercado y la suspensión de tramitación de recursos, con las especialidades que se disponen en los artículos 110 y 111 de la LJCA.

RESOLUCIONES RELEVANTES

ATS, rec. 107/2017, de 5 de noviembre de 2018, ECLI:ES:TS:2018:11949A

«(...) el auto cuestionado confirma un auto del Juzgado de instancia que declaró la inadmisibilidad del recurso contencioso-administrativo, por falta de legitimación activa de los recurrentes, en el trámite de alegaciones previas, regulado en el artículo 58 de la Ley Jurisdiccional. Pues bien, esta Sección de admisión considera que el auto cuestionado, por cuanto viene a dejar firme el auto del Juzgado a quo que declaraba la inadmisibilidad del recurso contencioso-administrativo, pone fin al recurso sin resolver la cuestión planteada en el litigio, por lo que niega, en definitiva, el acceso a la jurisdicción, que constituye el núcleo del derecho a la tutela judicial efectiva.

*(...) La consecuencia es que debe imponerse una interpretación extensiva del precepto que lleva a esta Sección de admisión a no compartir la decisión denegatoria adoptada por la Sala de instancia **al negar la recurribilidad en casación del auto cuestionado**, pues, por una parte, el efecto del mismo, por la vía de declarar mal admitido el recurso de apelación, no es otro que la inadmisión del recurso contencioso-administrativo en la instancia; y, por otra parte, es claro que impide la continuación del mismo privando a las partes, de manera justificada o no —lo que no procede aquí examinar— de una resolución sobre el fondo del asunto (...)».*

ATS, rec. 51/2018, de 8 de octubre de 2018, ECLI:ES:TS:2018:10510A

Si se solicita ampliar el expediente administrativo y se deniega, **no es motivo suficiente para interponer recurso de casación** ya que tal denegación no impide la continuación del recurso contencioso-administrativo.

ATS, rec. 299/2018, de 26 de septiembre de 2018, ECLI:ES:TS:2018:9803A

La carga del recurrente de acreditar la recurribilidad del auto dictado en ejecución de sentencia, así como los demás **requisitos que justifiquen el interés casacional**.

«En la nueva modalidad casacional —a la que no le es trasplantable miméticamente la jurisprudencia de esta Sala Tercera respecto de la justificación de la recurribilidad en casación de los autos dictados en ejecución de sentencia—, el recurrente tiene la carga procesal de acreditar la recurribilidad del auto dictado en ejecución de sentencia (frente al que de interponerse, previa y preceptivamente, recurso de reposición, art. 87.2) que se pretende impugnar, es decir: a) que ha resuelto "cuestiones no decididas, directa o indirectamente, en aquella"; o, 2) que contradice "los términos del fallo que se ejecuta" (art. 87.1.c).

Pero, además y como presupuesto también para su correcta preparación, será imprescindible precisar y argumentar acerca de la concurrencia de aquellos requisitos que, exigidos por el art. 88.2 y 3, le sean aplicables, con especial referencia singularizada al/los supuesto/s, que permiten apreciar el interés casacional objetivo y la conveniencia de un pronunciamiento de esta Sala Tercera».

ATS, rec. 6084/2011, de 5 de julio de 2012, ECLI:ES:TS:2012:8004A

El recurso de reposición como requisito previo al recurso de casación frente a autos.

«Dicho esto, ha de recordarse que, según consolidada jurisprudencia, el recurso de súplica es un requisito de procedibilidad para el acceso a la casación, por lo que la resolución que realmente se recurre en casación es la que ha sido confirmada mediante el auto desestimatorio de la súplica, en este caso una mera providencia, contra la que no cabe recurso de casación al estar esta clase de resoluciones excluida de dicho recurso en el sistema de la vigente Ley Jurisdiccional».

No son susceptibles de recurso de casación las sentencias y autos dictados:

- En el **procedimiento para la protección del derecho fundamental de reunión**, cuyo caso se contempla y regula de manera expresa en el artículo 122 de la LJCA, determinando para su protección la interposición de recurso contencioso-administrativo.

- En **procesos contencioso-electorales,** cuya regulación expresa se contempla en los artículos 109 y siguientes de la LOREG.

- Las excepcionalidades que se recogen en el **artículo 86, apartado 3, de la LJCA, esto es, las sentencias y autos que, siendo susceptibles de casación, hayan sido dictadas por las salas de lo contencioso-administrativo de los tribunales superiores de justicia** solo pueden ser recurribles si el recurso pretende fundarse en infracción de normas de derecho estatal o de la Unión Europea que sea relevante y determinante del fallo impugnado, siempre que hubieran sido invocadas oportunamente en el proceso o consideradas por la sala sentenciadora.

Competencia y legitimación del recurso de casación frente a sentencias y autos en el orden contencioso-administrativo

Establece el **artículo 58 de la LOPJ** que la sala de lo contencioso-administrativo del Tribunal Supremo conocerá de los recursos de casación y revisión en los términos que establezca la ley. Asimismo, acudiendo a lo dispuesto en los artículos reguladores de los órganos y competencias en la LJCA, en concreto del **artículo 12, apartado 2**, este dispone:

> «La Sala de lo Contencioso-administrativo del Tribunal Supremo conocerá en única instancia de los recursos que se deduzcan en relación con:
> a) Los recursos de casación de cualquier modalidad, en los términos establecidos por esta Ley, y los correspondientes recursos de queja.
> b) Los recursos de casación y revisión contra las resoluciones dictadas por el Tribunal de Cuentas, con arreglo a lo establecido en su Ley de Funcionamiento».

Y en interpretación de lo anterior, debemos acudir al **artículo 49 de la LFTC** que recoge las resoluciones del Tribunal de Cuentas, en los términos previstos en su cuerpo legal, son susceptibles de recurso de casación y revisión ante el Tribunal Supremo.

En base a lo expuesto, el **artículo 86 de la LJCA** determina que, para conocer y resolver el recurso de casación en el orden contencioso-administrativo, tendrá **competencia, la Sala de lo Contencioso-Administrativo del Tribunal Supremo**.

Así mismo, se regulan **excepcionalidades** o casos especiales donde la competencia se otorgará a órganos judiciales concretos, como se contempla en el artículo **86.3 de la LJCA**: si el recurso se funda en **infracción de normas emanadas de la comunidad autónoma, será competente una sección de la sala de lo contencioso-administrativo que tenga su sede en el tribunal superior de justicia** y estará compuesta por el presidente de la referida sala, por el presidente o presidentes de las demás salas de lo contencioso-administrativo o de sus secciones, en número no superior a dos, y por los magistrados de la referida sala o salas que fueran necesarios para completar un total de cinco miembros.

Si la sala o salas de lo contencioso-administrativo tuviesen más de una sección, la sala de gobierno del tribunal superior de justicia establecerá para cada año judicial el turno con arreglo al cual los presidentes de sección ocuparán los puestos de la regulada en este apartado. También lo establecerá entre todos los magistrados que presten servicio en la sala o salas (art. 86.3 de la LJCA).

> **A TENER EN CUENTA.** Cabe recordar que los **artículos 5 y 7 de la LJCA** regulan la improrrogabilidad del orden contencioso-administrativo y el deber de los órganos que lo constituyen de apreciar, de oficio, la falta de jurisdicción de los mismo y resolver al respecto. Ambos artículos han sido modificados por la reforma operada por el Real Decreto-ley 6/2023, de 19 de diciembre, que entra en vigor el 20 de marzo de 2024.

En cuanto a la **legitimación** para formular recurso de casación, cuya normativa básica se encuentra en los artículos 19 y 21 de la LJCA, **el artículo 89, apartado 1, de la LJCA** establece que ostentarán legitimación en este tipo de recurso **los que hayan sido parte en el proceso o debieran haberlo sido**.

> **A TENER EN CUENTA.** El art. 19 de la LJCA ha sido modificado por la Ley 4/2023, de 28 de febrero, para la igualdad real y efectiva de las personas trans y para la garantía de los derechos de las personas LGTBI, con entrada en vigor el 02/03/2023, añadiendo una nueva letra j) al apartado 1.

2.3.3. Objeto del recurso de casación en el orden contencioso

¿Cuál es el contenido y el objeto del recurso de casación en el orden contencioso-administrativo?

Conforme al **artículo 87 bis de la LJCA, el recurso de casación debe fundamentarse** en la alegación de infracciones del ordenamiento jurídico, basarse en cuestiones de derecho, no de hecho, materia única sobre la que la sala se pronunciará; ello sin perjuicio de lo dispuesto en el artículo 93.3 de la LJCA, es decir, que el Tribunal Supremo también puede integrar como hechos probados aquellos que, aun siendo omitidos por la sala de instancia, sean considerados por el Alto Tribunal de gran trascendencia para apreciar los motivos alegados en el recurso, ya sea en cuanto a infracción de normas, de jurisprudencia o desviación de poder.

Así mismo, siguiendo lo dispuesto en el citado precepto, el objeto del recurso de casación debe ser:

- La **anulación**, total o parcial, de la **sentencia o auto**.
- **Devolución de los autos** al tribunal de instancia.
- **Resolución del litigio** por la sala de lo contencioso-administrativo del TS.

RESOLUCIONES RELEVANTES

Sentencia del Tribunal Supremo n.° 97/2018, de 29 de enero de 2018, ECLI:ES:TS:2018:303

«No obstante lo anterior, conviene aclarar que, aunque el recurrente podrá solicitar la integración de los hechos admitidos como probados por el juzgador de instancia, no será posible que bajo tal amparo se pretenda denunciar en casación la errónea valoración de la prueba, esto es, aquellos supuestos en los que lo realmente pretendido sea modificar la valoración probatoria alcanzada por la sentencia de instancia.

En el presente caso, la integración de hechos solicitada tiene como exclusiva finalidad la de tratar de acreditar la situación urbanística de los terrenos al tiempo de la resolución recurrida, cuestión que, como advirtió la recurrente en el acto de la vista, constituye, a su juicio, la cuestión nuclear de este procedimiento. Para ello la parte pretende que se incorporen determinados datos y conclusiones que se derivan de diversas certificaciones emitidas por el Ayuntamiento de Palma, sin embargo, las mismas ya han sido objeto de valoración por parte de la sentencia recurrida, lo que nos lleva a concluir que, la verdadera voluntad de la parte es atacar, discrepando, las conclusiones valorativas realizadas por la Sala de instancia, lo que excede de las posibilidades del mecanismo procesal utilizado».

ATS, rec. 85/2017, de 22 de mayo de 2017, ECLI:ES:TS:2017:4982A

«(...) no cabe olvidar que el artículo 87 bis LJCA (introducido por la Ley Orgánica 7/2015) establece que (...). Desde esta perspectiva, si el anuncio del recurso de casación se mueve con evidencia por tales derroteros, es decir, si resulta claro que se limita a plantear la mera discrepancia de la parte recurrente con la apreciación de los hechos efectuada por el órgano judicial de instancia, corresponde al legítimo ámbito de su competencia tener por no preparado el recurso de casación, al ser al fin y al cabo no menos claro que ha sido preparado desbordando su ámbito legítimo, no pudiendo superar el trámite de admisión.

Es esta una facultad del órgano judicial de instancia que, aun no estando explícitamente contemplada en el artículo 89 LJCA, se desprende con toda lógica jurídica de la interpretación conjunta y sistemática de este artículo y del precitado artículo 87 bis, pues una vez sentado que las cuestiones de hecho quedan excluidas del recurso de casación, no tiene sentido tener por preparado —so pretexto de que cumple los requisitos formales propios del escrito de preparación— un recurso que se mueve únicamente por el terreno vedado de las apreciaciones fácticas (obvio es que la decisión del órgano judicial de instancia en este sentido podrá ser discutida por la parte recurrente, si no está de acuerdo con ella, a través del oportuno recurso de queja ante este Tribunal Supremo).

No obstante, si este obstáculo para dar curso al escrito de preparación no resulta con toda evidencia de su lectura lo procedente es tener el recurso por bien preparado y proceder de conformidad con lo dispuesto en el artículo 89.5 LJCA (siempre, por supuesto, que se cumplan los demás requisitos a los que la Ley condiciona la viabilidad de dicho escrito)».

Concluye el **artículo 87 bis, apartado 3, de la LJCA** al disponer que «la Sala de Gobierno del Tribunal Supremo podrá determinar, mediante acuerdo que se publicará en el "Boletín Oficial del Estado", la extensión máxima y otras condiciones extrínsecas, incluidas las relativas a su presentación por medios telemáticos, de los escritos de interposición y de oposición de los recursos de casación».

A TENER EN CUENTA. Al respecto del párrafo anterior cabe citar el **Acuerdo de 19 de mayo de 2016**, del Consejo General del Poder Judicial, por el que se publica el Acuerdo de 20 de abril de 2016, de la Sala de Gobierno del Tribunal Supremo, sobre la extensión máxima y otras condiciones extrínsecas de los escritos procesales referidos al recurso de casación ante la sala tercera del Tribunal Supremo.

2.3.4. El interés casacional para la admisión del recurso de casación en el orden contencioso

¿Cuándo un asunto tiene interés casacional en el orden contencioso-administrativo?

La admisión a trámite del recurso procederá, conforme dispone el **artículo 88 de la LJCA**, cuando, invocada una concreta infracción del ordenamiento jurídico —procesal o sustantiva— o de la jurisprudencia, el recurso presente interés casacional objetivo para la formación de jurisprudencia, **distinguiendo la apreciación objetiva del interés casacional o la presunción de que existe dicho interés casacional.**

¿Qué se entiende por interés casacional objetivo? En este sentido, el Tribunal Supremo, en su **auto, rec. 6716/2022, de 13 de junio de 2023, ECLI:ES:TS:2023:8202A**, citando el **auto, rec. 273/2017, de 19 de junio de 2017, ECLI:ES:TS:2017:6517A**, y el **auto, rec. 2827/2017, de 2 de noviembre, ECLI:ES:TS:2017:10774A**, señala:

> *«3. De hecho, como recoge el auto de esta Sala y Sección de 19 de junio de 2017 (rec. cas. 273/2017, ES:TS:2017:6517A), "el recurso de casación contencioso-administrativo, en su actual regulación, introducida por la Ley Orgánica 7/2015, presenta una decidida vocación de erigirse como un instrumento procesal volcado en la labor hermenéutica del Derecho Público, administrativo y tributario, con el objetivo de proporcionar certeza y seguridad jurídica en la aplicación de este sector del Ordenamiento. La noción de 'interés casacional objetivo para la formación de la jurisprudencia', a que se refieren los artículo 88.1 y 90.4 LJCA, se erige como la piedra angular del nuevo modelo casacional, que atribuye a esta Sala Tercera como cometido principal, en palabras del artículo 93.1, fijar la interpretación de aquellas normas estatales o la que tenga por establecida o clara de las de la Unión Europea sobre las que, en el auto de admisión a trámite, se consideró necesario el pronunciamiento del Tribunal Supremo, para seguidamente, con base a esta interpretación y conforme a las restantes normas que fueran aplicables, resolver las cuestiones y pretensiones deducidas en el proceso [siendo c]orolario de esta caracterización (...) que resultan ajenas a la finalidad del recurso de casación las controversias que se*

reducen a cuestiones puramente casuísticas y singularizadas, carentes como tales de una dimensión hermenéutica del Ordenamiento que permita apreciar su proyección o repercusión, al menos potencial, sobre otros posibles asuntos". Merece recordar en este punto (vid. por todos, el auto de 2 de noviembre de 2017 en rec. cas. 2827/2017, ES:TS:2017:10774A) que "cuando la controversia planteada en el proceso versa sobre la aplicación de normas derogadas, la apreciación del interés casacional pasa por constatar que a pesar de tal derogación, aun así, la resolución del litigio sigue presentando interés, art. 88.1 LJCA (...)"».

Casos que pueden presentar interés casacional objetivo

Así, **podrá apreciarse que existe interés casacional objetivo, motivándolo expresamente en el auto de admisión (art. 88.2 de la LJCA)** cuando, entre otras cosas, la resolución que se impugna:

- Fija, ante cuestiones sustancialmente iguales, una interpretación de las normas de derecho estatal o de la Unión Europea en las que se fundamenta el fallo contradictorio con la que otros órganos jurisdiccionales hayan establecido.

- Sienta una doctrina sobre dichas normas que pueda ser gravemente dañosa para los intereses generales.

- Afecta a un gran número de situaciones, bien en sí misma o por trascender del caso objeto del proceso.

- Resuelve un debate que haya versado sobre la validez constitucional de una norma con rango de ley, sin que la improcedencia de plantear la pertinente cuestión de inconstitucionalidad aparezca suficientemente esclarecida.

- Interpreta y aplica aparentemente con error y como fundamento de su decisión una doctrina constitucional.

- Interpreta y aplica el derecho de la Unión Europea en contradicción aparente con la jurisprudencia del Tribunal de Justicia o en supuestos en que aún pueda ser exigible la intervención de este a título prejudicial.

- Resuelve un proceso en el que se impugnó, directa o indirectamente, una disposición de carácter general.

- Resuelve un proceso en lo que lo impugnado fue un convenio celebrado entre Administraciones públicas.

- Se dicta en el procedimiento especial de protección de derechos fundamentales.

RESOLUCIONES RELEVANTES

ATS, rec. 6304/2017, de 11 de julio de 2018, ECLI:ES:TS:2018:7636A

Interés casacional en resoluciones que fijan, en cuestiones sustancialmente iguales, interpretación de normas de derecho estatal o de la UE en las que se fundamenta el fallo contradictorio con la que otros órganos jurisdiccionales hayan establecido [art. 88.2 a) de la LJCA].

«En particular, concurre con claridad el supuesto previsto en el apartado 2. a) del artículo 88 LJCA, dado que se han fijado, ante cuestiones sustancialmente iguales,

una interpretación de las normas de Derecho estatal en las que se fundamenta el fallo contradictoria con la que otros órganos jurisdiccionales han establecido, debiendo tener presente, a estos efectos, que esta Sala ya se ha pronunciado en sentido favorable a admitir la invocación de la jurisprudencia recaída en otros órdenes jurisdiccionales distintos al contencioso-administrativo, como aquí sucede cuando se invocan a efecto de contraste otras sentencias dictadas en el orden jurisdiccional social (vid . ATS, Sala 3.ª, de 19/06/2017 (RQ 346/2017) y de 26/06/2017 (RC 1134/2017)».

ATS, rec. 239/2018, de 2 de noviembre, ECLI:ES:TS:2018:11937A

Interés casacional en resoluciones que sientan doctrina gravemente dañosa para el interés general [art. 88.2 b) de la LJCA].

«Respecto del artículo 88.2.b) LJCA no cabe tampoco entender satisfecho el requisito. Entre otros, en el auto de 29 de marzo de 2017 (recurso de casación núm. 302/2017), hemos dicho que la invocación de este supuesto conlleva la carga de que el escrito de preparación: (i) explicite, de manera sucinta pero expresiva, las razones por las que la doctrina que contiene la sentencia discutida pueda resultar gravemente dañosa para los intereses generales, (ii) vinculando el perjuicio a tales intereses con la realidad a la que la sentencia aplica su doctrina, (iii) sin que baste la mera afirmación apodíctica de que el criterio de la sentencia los lesiona (...)».

ATS, rec. 256/2017, de 29 de marzo de 2017, ECLI:ES:TS:2017:2592A

Interés casacional en resoluciones que sientan doctrina gravemente dañosa para el interés general [art. 88.2 b) de la LJCA] en materia fiscal.

«(...) la afirmación, sin más, de que una determinada doctrina provoca una reducción de los ingresos fiscales del Estado no lleva como consecuencia automática que sea gravemente dañosa para el interés general, pues, desde la perspectiva fiscal, este último no consiste en recaudar más (mero "interés recaudatorio"), sino en obtener la recaudación que derive de la realización de un sistema tributario justo, mediante la puesta en práctica de los principios que proclama el artículo 31 de la Constitución Española (verdadero "interés general")».

ATS, rec. 503/2017, de 7 de mayo de 2018, ECLI:ES:TS:2018:4931A

Interés casacional en resoluciones que afecten a un gran número de situaciones, bien en sí mismas o por trascender del caso objeto del proceso [art. 88.2 c) de la LJCA].

No es suficiente alegar un error patente si su afectación no va más allá del litigante afectado.

«(...) sobre el cumplimiento de la carga procesal de justificar el interés casacional objetivo del asunto planteado, la conclusión de la Sala de instancia resulta acertada. Así, tal como ya hemos manifestado en numerosos autos, cuando se invoca el supuesto previsto en el apartado c) del art. 88. 2 LJCA, es preciso que "salvo supuestos notorios, en el escrito de preparación (i) haga explícita esa afección, exteriorizando en un sucinto pero ineludible análisis la previsible influencia de la doctrina en otros muchos supuestos, (ii) sin que sean suficientes las meras referencias genéricas y abstractas, que presupongan sin más tal afección, (iii) ni tampoco baste la afirmación de que se produce por tratarse de la interpretación de una norma jurídica, cuya aplicación a un número indeterminado de situaciones forma parte de su naturaleza intrínseca" (...) La alegación de que la existencia de un error patente como base de una resolución "afecta al derecho de defensa del litigante afectado" no parece colmar tales exigencias, ni evidencia una doctrina que pueda trasladarse a otros supuestos o, al menos, no se argumenta al respecto».

ATS, rec. 4141/2018, de 2 de noviembre, ECLI:ES:TS:2018:11842A

Interés casacional si la resolución resuelve un debate que haya versado sobre la validez constitucional de una ley [art. 88.2 d) de la LJCA].

«Y en lo que respecta a la circunstancia del artículo 88.2.d) LJCA, (...) es preciso que existiera debate en la instancia sobre la procedencia de plantear cuestión de inconstitucionalidad, que existan dudas fundadas sobre la constitucionalidad de la norma concernida, y que la sentencia finalmente dictada por el Tribunal a quo no diera respuesta alguna a la petición de planteamiento de la cuestión de inconstitucionalidad. Pues bien, en tanto que pieza separada de medidas cautelares, el debate radica sobre la suspensión cautelar de la publicación, pero no sobre la constitucionalidad del precepto que regula la misma, lo que, en todo caso y como correctamente aprecia la Sala de instancia, constituiría la cuestión de fondo, cuyo análisis, como es sabido, y salvo supuestos excepcionales, está vedado en la pieza separada de medidas cautelares.

Por último, en lo que respecta a la invocación de otras circunstancias distintas a las previstas en los apartados 2 y 3 del artículo 88 de la Ley Jurisdiccional (cuya enumeración tiene un carácter de numerus apertus), hemos manifestado que tal invocación exige del recurrente que en el escrito de preparación justifique cuidada y rigurosamente el interés casacional objetivo del recurso que revela la circunstancia invocada, que lógicamente no habrá de ser reconducible a alguna de las circunstancias del apartado 2 o de las presunciones del apartado 3 del artículo 88 de la Ley».

ATS, rec. 357/2018, de 29 de octubre, ECLI:ES:TS:2018:11331A

Recurso de casación frente a resoluciones que interpretan erróneamente doctrina jurisprudencial, siendo esta el fundamento del fallo de tal resolución [art. 88.2 e) de la LJCA].

No es suficiente con acreditar el desacuerdo con la interpretación que se ha dado de la jurisprudencia por parte del tribunal, sino que ha de argumentarse fehacientemente.

«De la misma manera que hemos manifestado, en relación con la invocación del supuesto previsto en el artículo 88.2.a) LJCA, que no basta la mera cita de sentencias contradictorias con el fallo de la resolución que se impugna, sino que es necesario argumentar por qué se trata de supuestos iguales y en qué forma se ha adoptado un criterio diferente —por todos, auto de 8 de marzo de 2017 (recurso de queja 126/2016)—, la invocación, en este caso implícita, del supuesto previsto en el artículo 88.2.e) LJCA requiere de una argumentación centrada en cómo y de qué manera la sentencia que se impugna ha interpretado y aplicado con aparentemente error la doctrina constitucional; y en este sentido no resulta suficiente la manifestación de una mera discrepancia jurídica con el fallo de la resolución que se impugna».

ATS, rec. 43/2019, de 1 de marzo, ECLI:ES:TS:2019:2123A

Interés casacional por tratarse de resoluciones que interpretan y aplican el derecho de la Unión Europea en contradicción aparente con la jurisprudencia del Tribunal de Justicia o en supuestos en que aun pueda ser exigible la intervención de este a título prejudicial [art. 88.2 f) de la LJCA].

Para admitir que existe interés casacional se ha de precisar, analizar y explicar las resoluciones en cuestión, no basta con citarlas de manera sucinta.

«Y en cuanto al subapartado f), quien sostiene su concurrencia bajo la tesis de que se ha contradicho la jurisprudencia del Tribunal de Justicia de la Unión Europea, debe: i) identificar con suficiente precisión las resoluciones del TJUE que, según se afirma, interpretan el Derecho de la Unión Europea de forma contradictoria con la interpretación seguida en la resolución judicial que se impugna; ii) exponer el objeto

o contenido de esas resoluciones sometidas a contraste y explicar en qué medida son, como se afirma, contradictorias; iii) razonar la incidencia de la divergencia interpretativa del Derecho europeo así puesta de manifiesto sobre el sentido del "fallo" de la resolución judicial combatida en casación; y iv), en definitiva, fundamentar la pertinencia de esa comparación entre la resolución judicial combatida en casación y la del TJUE que supuestamente la contradice.

Pues bien, respecto de ambos supuestos ocurre que la parte recurrente redujo su argumentación, de nuevo, a invocarlos y afirmar apodícticamente su concurrencia, sin cumplir los requisitos que acabamos de indicar; pues no basta anotar sentencias del Tribunal Constitucional o del TJUE si nada se añade para justificar argumentadamente la pertinencia de esa cita en los términos explicados».

Casos en los que se presume la existencia de interés casacional objetivo

Por su parte, se presume que existe interés casacional objetivo (art. 88. 3 de la LJCA):

- Cuando en la resolución impugnada se hayan aplicado normas en las que se sustente la razón de decidir sobre las que no exista jurisprudencia salvo que carezca de interés casacional objetivo para la formación de jurisprudencia, en cuyo caso, el tribunal podrá inadmitir el recurso mediante auto motivado.

- Cuando la resolución se aparte de la jurisprudencia existente de modo deliberado por considerarla errónea o de modo inmotivado pese a haber sido citada en el debate o ser doctrina asentada.

> **A TENER EN CUENTA.** Este supuesto, artículo 88.3 b) de la LJCA, ha sido **modificado por el Real Decreto-ley 5/2023, de 28 de junio**, con entrada **en vigor el 29 de julio de 2023**, añadiendo el caso de que la resolución se aparte de la jurisprudencia existente de modo inmotivado a efectos de presumir el interés casacional objetivo.

- Cuando la sentencia recurrida declare nula una disposición de carácter general, salvo que esta, con toda evidencia, carezca de trascendencia suficiente.

- Cuando resuelva recursos contra actos o disposiciones de los organismos reguladores o de supervisión o agencias estatales cuyo enjuiciamiento corresponde a la Sala de lo Contencioso-Administrativo de la Audiencia Nacional, salvo que carezca de interés casacional objetivo para la formación de jurisprudencia, en cuyo caso, el tribunal podrá inadmitir el recurso mediante auto motivado. En cuanto a este supuesto puede citarse el **ATS, rec. 5538/2018, de 19 de noviembre, ECLI:ES:TS:2018:12273A.**

- Cuando resuelva recursos contra actos o disposiciones de los gobiernos o consejos de gobierno de las comunidades autónomas, salvo que carezca de interés casacional objetivo para la formación de jurisprudencia, en cuyo caso, el tribunal podrá inadmitir el recurso mediante auto motivado.

RESOLUCIONES RELEVANTES

ATS, rec. 1163/2018, de 7 de mayo, ECLI:ES:TS:2018:4719A

Si se pretende el recurso de casación frente a resolución impugnada en la que se hayan aplicado normas en las que se sustente la razón de decidir sobre las que no exista jurisprudencia [art. 88.3 a) de la LJCA].

La inadmisión del recurso de casación al no presumirse interés casacional objetivo mediante auto motivado significa que el tribunal aprecia manifiestamente que no existe interés casacional.

«TERCERO.- Junto a la invocación los supuestos de interés casacional de las letras b) y c) del artículo 88.2 LJCA, en el escrito de preparación se invoca el apartado a) del artículo 88.3 de la LJCA para razonar la concurrencia del interés casacional. Centrándonos en este último, conviene aclarar que la presunción recogida en el citado apartado del precepto no es absoluta pues el propio artículo 88.3, in fine, permite inadmitir (mediante "auto motivado") los recursos inicialmente beneficiados por la presunción cuando este Tribunal Supremo "aprecie que el asunto carece manifiestamente de interés casacional objetivo para la formación de jurisprudencia".

Con relación a este inciso del precepto procede puntualizar que la inclusión del adverbio "manifiestamente" implica que la carencia de interés ha de ser claramente apreciable, sin necesidad de complejos razonamientos o profundos estudios del tema litigioso (así se caracterizó por la jurisprudencia constante esta locución al hilo del antiguo artículo 93.2.d) LJCA en su inicial redacción, que configuraba como causa de inadmisión del recurso de casación la consistente en carecer manifiestamente de fundamento el recurso).

(...)

En cualquier caso, la cuestión que plantea la recurrente carece manifiestamente de interés casacional objetivo, pues no se requiere un pronunciamiento de la Sala que precise los claros términos —in claris non fit interpretatio— en los que se expresa la norma mencionada (...)».

ATS, rec. 2911/2017, de 2 de noviembre, ECLI:ES:TS:2017:10500A

Cuando la sentencia recurrida declare nula una disposición de carácter general, salvo que esta, con toda evidencia, carezca de trascendencia suficiente [art. 88.3 c) de la LJCA].

«El dato es relevante porque el artículo 88.3.c) de la Ley Jurisdiccional 29/1998 (LJCA) establece que se presume el interés casacional objetivo "cuando la sentencia recurrida declare nula una disposición de carácter general, salvo que esta, con toda evidencia, carezca de trascendencia suficiente". No obstante, partiendo de la base de que incluso concurriendo inicialmente esa presunción, aun así cabe inadmitir el recurso por auto motivado cuando la expresada disposición general carezca, con toda evidencia, de trascendencia suficiente, esta Sala y Sección ha declarado además, en relación con esa misma presunción de interés casacional, v.gr., en ATS de 8 de marzo de 2017 (Rec. n.° 75/2017), que aun en casos como este en que se invoca el artículo 88.3.c) sigue siendo necesario que la parte recurrente cumpla con los requisitos exigidos en el artículo 89.2 LJCA, exigiéndose, por tanto, que esa misma parte recurrente fundamente, con especial referencia al caso, por qué considera que en el caso concreto existe interés casacional objetivo que exija un pronunciamiento por parte de este Tribunal Supremo.

Pues bien, esto no lo ha hecho la parte recurrente, que alega lacónicamente que en el proceso se ha declarado la nulidad de una disposición general, pero nada explica sobre su trascendencia ni sobre la relevancia social y jurídica de los aspectos de dicha Orden que se han declarado nulos; pese a que habría sido necesaria tal explicación, visto el limitado alcance del pronunciamiento anulatorio acordado en la instan-

cia, que afecta solo a una parte muy concreta de la Orden impugnada en el proceso, y vista la razón de tal pronunciamiento, basada en la contravención de la ley autonómica, resultaba aún más exigible a la parte recurrente justificar argumentalmente la trascendencia de esos extremos anulados, al no poder tenerse este dato por notorio».

ATS, rec. 6541/2017, de 9 de marzo de 2018, ECLI:ES:TS:2018:2699A

Hay que diferenciar entre lo dispuesto en los artículos 88.2 g) y 88.3 c) de la LJCA. La relación entre ambos es puramente de especialidad.

«PRIMERO.- Invoca la parte recurrente el supuesto de interés casacional contenido en el artículo 88.3.c) de la LJCA que establece que se presumirá que existe interés casacional objetivo cuando la sentencia impugnada "[...] declare nula una disposición de carácter general, salvo que esta, con toda evidencia, carezca de trascendencia suficiente", así como el supuesto g) del apartado 2 del mentado precepto, en que se podrá apreciar que existe interés casacional objetivo cuando la resolución que se impugna "[...] Resuelva un proceso en que se impugnó, directa o indirectamente, una disposición de carácter general".

SEGUNDO .- Sobre la invocación de esos supuestos, el Auto del Tribunal Supremo de fecha 3 de mayo de 2017, recurso casación 189/2017 (lo que se reproduce también en el Auto de 25 de octubre de 2017, recurso casación 2668/2017) indica que la relación entre ambos preceptos es de especificidad, en el sentido de que la regla del artículo 88.3 c) es más específica que la del artículo 88.2 g), lo que nos lleva a comprobar únicamente el primer supuesto, máxime cuando no existe ningún razonamiento sobre la concurrencia de dicho supuesto, sino solo la mención del acto recurrido».

ATS, rec. 1461/2017, de 4 de julio, ECLI:ES:TS:2017:7010A

Se presume interés casacional **cuando la resolución resuelve recursos contra actos o disposiciones de los gobiernos o consejos de gobierno de las comunidades autónomas [art. 88.3 e) de la LJCA] pero debe justificarse y alegar razones suficientes para su admisión.**

«(...) concurre la presunción de interés casacional contenida en el artículo 88.3.e) de la Ley de la Jurisdicción Contencioso-Administrativa, alegada por la parte recurrente, toda vez que la sentencia contra la que se prepara la actual casación resuelve un recurso contencioso-administrativo contra una disposición dimanante del Consejo de Gobierno —el Consell— de la Comunidad Valenciana.

Ahora bien, en nada obsta esta circunstancia a la inadmisión del actual recurso de casación, puesto que la concurrencia de aquella presunción que el artículo 88.3.e) LJCA formula en relación con los actos y disposiciones de los Consejos de Gobierno autonómicos no exime a la parte recurrente de cumplir con los requisitos formales establecidos en el artículo 89.2 LJCA, como es el caso no ya solo de la expresión de alguno o alguno de los supuestos de los artículos 88.2 y 88.3 LJCA, sino, en especial, de una argumentación específica en apoyo de unos u otros que permita conocer las razones por las cuales la parte recurrente pretende subsumir en ellos la controversia concreta planteada, poniendo de manifiesto sobre qué concreta cuestión o cuestiones se entiende que existe interés casacional susceptible de merecer un pronunciamiento de esta Sala en relación con el mismo».

A TENER EN CUENTA. Es importante recordar que **la propia LOPJ dispone en su artículo 5.4** que «En todos los casos en que, según la ley, proceda recurso de casación, **será suficiente para fundamentarlo la infracción de precepto constitucional.** En este supuesto, la competencia para decidir el recurso corresponderá siempre al Tribunal Supremo, cualesquiera que sean la materia, el derecho aplicable y el orden jurisdiccional».

2.3.5. Preparación del recurso de casación en el orden contencioso y admisión a trámite

Preparación del recurso de casación en el orden contencioso-administrativo

Para la preparación del recurso de casación, a tenor de lo dispuesto en el artículo 89 de la LJCA, debemos saber:

1. Se prepara ante la **sala de instancia**.

2. El plazo es de **30 días** contados desde el siguiente al de la notificación de la resolución que se recurre. En relación con este plazo la doctrina jurisprudencial ha declarado de forma reiterada que se trate de un **plazo de caducidad**, en este sentido, citando el **auto del Tribunal Supremo, rec. 14/2022, de 23 de febrero, ECLI:ES:TS:2022:2529A**, señala el **ATS, rec. 105/2023, de 16 de marzo, ECLI:ES:TS:2023:5359A**, que:

   > «(...) la presentación extemporánea de un escrito de parte, como éste que ahora nos ocupa, ante el Tribunal competente, no deja de ser eso, extemporánea, por mucho que, por error de la propia parte antes se hubiese presentado el mismo escrito en tiempo en otro órgano judicial distinto del competente; dado que el plazo es de caducidad y, por tanto, no resulta susceptible de interrupción o rehabilitación, salvo en circunstancias excepcionales».

3. La **legitimación** la ostentará quienes hayan sido parte en el proceso o debieran haberlo sido, no siendo obligatorio haberse personado antes de la sentencia, pero sí, dentro del plazo para la preparación del recurso. En relación con lo anterior, declara el **ATS, rec. 179/2018, de 18 de julio, ECLI:ES:TS:2018:8568A**, que:

   > «La jurisprudencia de esta Sala en relación con el artículo 89.3, perfectamente trasladable a la interpretación del actual artículo 89.1, sostiene que están habilitados para preparar el recurso de casación quienes hubiesen sido parte o podido serlo en el recurso contencioso-administrativo en el que se dictó la resolución objeto de recurso, lo que no supone la exigencia absoluta de haberse personado en él antes de la sentencia, pero sí, desde luego, dentro del plazo legalmente establecido para la preparación del recurso de casación (Auto de 15 de enero de 2009, casación 1201/2008). Es decir, basta con que aquella personación, aún posterior a la sentencia, se haya verificado antes de que esta gane firmeza (AATS de 29 de marzo de 2017, recurso de queja 142/2017, de 25 de mayo de 2017, recurso de queja 264/2017, y de 3 de octubre de 2017, recurso de queja 247/2017, entre otros)».

4. El **escrito de preparación** deberá, en apartados separados y con epígrafe expresivo de aquello que tratan:

   • **Acreditar el cumplimiento de los requisitos** de plazo, legitimación y recurribilidad de la resolución que se impugna.

- **Identificar las normas o jurisprudencia que se consideran infringidas**, justificando que fueron alegadas en el proceso o tomadas en consideración por la sala de instancia o que, aun sin haberlas alegado, debieran ser observadas por aquella.

- **Acreditar, si la infracción es en cuanto a normas o jurisprudencia relativas a los actos o garantías procesales que produjo indefensión**, que, en la instancia, si hubo momento procesal oportuno, se pidió la subsanación de la falta o transgresión.

- **Justificar que la/s infracción/es que se alegan han sido relevantes y determinantes** de la decisión adoptada que se quiere recurrir.

- **En los casos de resoluciones dictadas por la sala de lo contencioso-administrativo de un TSJ, justificar que la norma infringida forma parte del derecho estatal o del derecho de la UE (en aplicación del artículo 86.3 de la LJCA).**

- **Acreditar que concurren** algunos de los **supuestos** que de acuerdo con el artículo 88.2 y 3 de la LJCA, **permiten apreciar la existencia de interés casacional objetivo.**

A TENER EN CUENTA. Se permite la remisión a otros apartados del escrito siempre que se respeten los demás requisitos.

RESOLUCIONES RELEVANTES

ATS, rec. 5956/2017, de 2 de abril de 2018, ECLI:ES:TS:2018:3503A

«La excepcionalidad de la invocación de estas otras circunstancias de interés casacional en la configuración legal del recurso de casación, repárese en que el artículo 89.2.f) LJCA ni las menciona, puesta en relación con el deber especial que dicho precepto impone al recurrente de fundamentar con singular referencia al caso que concurre interés casacional objetivo para la formación de la jurisprudencia, exige que en el escrito de preparación se justifique cuidada y rigurosamente el interés casacional objetivo del recurso que revela la circunstancia invocada, que lógicamente no habrá de ser reconducible a alguna de las circunstancias del apartado 2 o de las presunciones del apartado 3 del artículo 88 LJCA . —Auto 15 de marzo de 2017, Recurso de casación 93/2017—».

ATS, rec. 130/2017, de 18 de junio de 2018, ECLI:ES:TS:2018:6827A

«(...) es carga de la parte recurrente cumplimentar en dicho escrito y con la debida separación, no solo formal sino también conceptual, todos los apartados que el precepto detalla.

Así pues, en buena técnica procesal, el escrito de preparación debe estructurarse de forma que incorpore separadamente una argumentación correlativa a cada uno de esos apartados que enuncia el artículo 89.2, a fin de justificar uno tras otro su efectiva concurrencia.

Con todo, aun siendo esta la regla general, no puede rechazarse sin más, como algo apriorísticamente inaceptable, que al elaborarse el escrito de preparación se realice, con ocasión de la cumplimentación de algún apartado, una remisión a lo dicho en otros apartados del mismo escrito, a fin de integrar su contenido. Una justificación "por remisión" de esta índole puede ser aceptable siempre y cuando no deje de cumplirse lo que el precepto requiere, que es al fin y a la postre aportar con la debida claridad los datos necesarios para permitir al Tribunal de instancia veri-ficar el cumplimiento de los requisitos necesarios para tener por bien preparado el recurso de casación, y a este Tribunal Supremo formar posteriormente su juicio sobre la definitiva admisión del recurso».

CUESTIONES

1. ¿Qué ocurre si la preparación del recurso se realiza fuera de plazo?

Cuando la **preparación del recurso se diera fuera del plazo** de 30 días se decla-rará por el **LAJ** mediante **decreto la firmeza de la sentencia o auto**. Frente a esta decisión solo cabrá **recurso de revisión** contemplado en el **artículo 102 bis de la LJCA**, esto es (art. 89.3 de la LJCA):

- Se **podrá interponer en el plazo de 5 días** mediante escrito y alegando la infracción en que incurra la resolución.

- El **LAJ**, mediante diligencia de ordenación, admitirá el recurso concediendo a las partes personadas un plazo común de cinco días para impugnar el recur-so de revisión, o bien, de no cumplirse los requisitos exigidos, lo inadmitirá mediante providencia.

- Transcurridos el plazo para impugnación, presentados o no escritos, el **tribu-nal resuelve mediante auto en un plazo de cinco días**.

- Contra las resoluciones admitiendo o inadmitiendo **no cabe recurso alguno**.

- Contra el **auto resolutorio del recurso** solo cabe recurso de apelación y de casación en los casos previstos en los artículos 80 y 87 de la LJCA, respec-tivamente.

2. ¿Qué ocurre si se presenta el escrito de preparación del recurso, pero este adolece de algún defecto?

Puede presentarse el escrito en plazo, pero adolecer de otros defectos o falta de requisitos, que se relacionaron en los párrafos anteriores, por lo que, en ese caso, la sala de instancia, **mediante auto motivado, tendrá por no preparado el recurso de casación**, denegando el emplazamiento de las partes y la remisión de las actuaciones al TS. Frente a este auto se contempla la posibilidad de interponer **recurso de queja**, para el cual es necesario acudir a los **artículos 494 y 495 de la LEC**, en los cuales se establece (art. 89.4 de la LJCA):

- Se debe interponer frente al órgano al que corresponda resolver el recurso no tramitado.

- Gozan de preferencia en su tramitación.

- El plazo es de diez días desde notificación de la resolución que deniega la tramitación del recurso de casación.

- Debe acompañarse copia de la resolución recurrida.

- Se resolverá en el plazo de cinco días mediante auto:

  o Estima **bien denegada la tramitación** del recurso: el órgano que resuelve el recurso de queja **lo mandará poner en conocimiento del tribunal co-rrespondiente**.

  o Si estima **mal denegada la tramitación** del recurso: el órgano que resuelve el recurso de queja **ordenará al tribunal correspondiente que continúe con la tramitación del recurso de casación**.

- Contra el auto resolutorio del recurso de queja no cabrá más recurso.

A TENER EN CUENTA. Los artículos 494 y 495 de la LEC han sido modificados por el Real Decreto-ley 6/2023, de 19 de diciembre, con dicha reforma se limita el recurso de queja únicamente contra la resolución de denegación de la tramitación del recurso de casación, eliminando tal posibilidad para los recursos de apelación y extraordinario por infracción procesal. Esta modificación entra en vigor el 20 de marzo de 2024.

Cumplidos, en relación con el escrito de preparación, todos los requisitos exigidos en el artículo 89.2 de la LJCA, la sala de instancia, mediante auto, motivando suficientemente la concurrencia de aquellos, tendrá por preparado el recurso de casación y ordenará el emplazamiento de las partes para que comparezcan en el plazo de 15 días ante la Sala de lo Contencioso-administrativo del Tribunal Supremo, remitiendo a esta los autos originales y del expediente administrativo. Asimismo, si lo estima oportuno, podrá emitir opinión sucinta y fundada sobre el interés objetivo del recuso para la formación de jurisprudencia, que se unirá al oficio de remisión (art. 89.5 de la LJCA).

A TENER EN CUENTA. El artículo 89.5 de la LJCA ha sido **modificado por el Real Decreto-ley 5/2023**, de 28 de junio, con efectos desde el 29 de julio de 2023, de modo que, el **plazo para comparecer ante la Sala de lo Contencioso-administrativo del Tribunal Supremo tras la preparación del recurso de casación se reduce de 30 días a 15 días**.

No cabe recurso frente al auto que tenga por preparado el recurso, solo oposición a su admisión cuando se comparezca ante el TS en el plazo establecido (art. 89.6 de la LJCA).

A efectos de posible ejecución provisional de la sentencia recurrida, el LAJ debe dejar testimonio bastante de los autos y de la resolución recurrida (artículo 91.4 de la LJCA).

A TENER EN CUENTA. Respecto a la competencia del órgano judicial de instancia sobre el escrito de preparación del recurso de casación, destacamos el ATS, rec. 110/2016, de 2 de febrero de 2017, ECLI:ES:TS:2017:349A:

«Acierta la parte recurrente al denunciar que el Tribunal a quo se ha excedido en sus funciones, *pues, efectivamente,* no corresponde al órgano judicial de instancia determinar si concurre o no el interés objetivo casacional puesto de manifiesto en el escrito de preparación. *Conforme a lo dispuesto en el art. 89.4 de la Ley de esta Jurisdicción* lo que atañe a la Sala o Juzgado de instancia es la verificación de si el escrito de preparación cumple con las exigencias *previstas en el art. 89.2 LJCA. Le incumbe, en particular y desde una perspectiva formal, el análisis sobre el cumplimiento de los requisitos de plazo, legitimación y recurribilidad de la resolución, así como la constatación de que en el escrito de preparación hay un esfuerzo argumentativo tendente a la justificación de la relevancia de la infracción denunciada y su carácter determinante del fallo y también, en especial, si se contiene una argumentación específica, con singular referencia al caso, de la concurrencia de alguno o algunos de los supuestos que, conforme a los apartados 2 y 3 del art. 88 LJCA, permiten apreciar el interés casacional objetivo.*

No le compete, en cambio, enjuiciar si concurre o no la infracción de fondo alegada por el recurrente, *como hace aquí la Sala de instancia, ni pronunciarse*

> *sobre la efectiva concurrencia de ese interés objetivo casacional que determina la admisión del recurso, pues esa es una función que corresponde en exclusiva a esta Sala (arts. 88 y 90.2 LJCA). Todo ello sin perjuicio de que el tribunal pueda, si lo considera oportuno, emitir el informe previsto en el art. 89.5 de la LJ».*

Admisión a trámite del recurso de casación en el orden contencioso-administrativo

En cuanto a la admisión a trámite del recurso de casación, hay que estar a lo previsto en el **artículo 90 de la LJCA.**

Así, en primer lugar, respecto de la **competencia para decidir sobre la admisión o inadmisión** a trámite, el artículo 90.2 de la LJCA señala que lo decidirá **una sección de la Sala de lo Contencioso-administrativo del Tribunal Supremo. Pero ¿cómo se compone dicha sección?** Estará integrada por el presidente de la Sala y al menos un magistrado de cada una de las restantes secciones existentes. Salvo el presidente, los integrantes de la sección se renovarán por mitad transcurrido un año desde la fecha de la primera constitución y, sucesivamente, cada seis meses, renovación que se acordará por la Sala de Gobierno del Tribunal Supremo que determinará sus integrantes para cada uno de los citados periodos y lo publicará en la página web del Poder Judicial.

La sección, una vez recibidos los autos originales y el expediente administrativo, excepcionalmente y si el asunto lo aconseja, podrá acordar **oír a las partes personadas por un plazo común de 20 días** acerca de si el recurso presenta interés casacional objetivo para la formación de jurisprudencia (art. 90.1 de la LJCA).

> **A TENER EN CUENTA.** El plazo de 20 días previsto para oír a las partes sobre si el recurso presenta interés casacional objetivo para la formación de jurisprudencia, es consecuencia de la **modificación operada por el Real Decreto-ley 5/2023, de 28 de junio, en vigor desde el 29 de julio de 2023,** que sustituye el anterior plazo de 30 días por el referido plazo de 20 días.

¿Qué forma adoptará la resolución sobre la admisión o inadmisión del recurso de casación? En este sentido, distingue el artículo 90.3 de la LJCA, según se trate de:

1. **Casos en que se aprecie interés casacional objetivo para la formación de jurisprudencia previstos en el artículo 88.2 de la LJCA.** En estos supuestos, se admitirá a trámite del recurso mediante auto, el cual precisará la cuestión o cuestiones en las que se entiende que existe interés casacional objetivo e identificará la norma o normas jurídicas que en principio serán objeto de interpretación, sin perjuicio de que la sentencia haya de extenderse a otras si así lo exigiere el debate finalmente trabado en el recurso.

Y ¿qué sucede en caso de inadmisión? Pues bien, en este caso la resolución revestirá la forma de providencia sucintamente motivada. No obstante, cuando el órgano que dicte la resolución que se recurre haya emitido en el trámite del artículo 89.5 de la LJCA opinión fundada y favorable a la admisión del recurso, la inadmisión deberá hacerse mediante auto motivado.

> **A TENER EN CUENTA.** La exigencia de que la providencia sea sucintamente motivada ha sido introducida por la reforma llevada a cabo por el Real Decreto-ley 5/2023, de 28 de junio, en vigor desde el 29 de julio de 2023.

CUESTIÓN

¿Cuál es el contenido de las providencias de inadmisión?

Las providencias de inadmisión, conforme al artículo 90.4 de la LJCA, solo indicarán si en el recurso de casación concurren alguna de las siguientes circunstancias:

– Ausencia de los requisitos reglados de plazo, legitimación o recurribilidad de la resolución impugnada.

– Incumplimiento de cualquiera de las exigencias que el artículo 89.2 de la LJCA respecto del escrito de preparación.

– No ser relevante y determinante del fallo ninguna de las infracciones denunciadas.

– Carencia en el recurso de interés casacional objetivo para la formación de jurisprudencia.

2. Casos en que se presume la existencia de interés casacional objetivo para la formación de jurisprudencia previstos en el artículo 88.3 de la LJCA. En estos supuestos, la inadmisión a trámite se acordará mediante auto motivado en el que se justificará que concurren las salvedades previstas en el artículo 88.3 de la LJCA.

> **A TENER EN CUENTA.** El artículo 88.3 letra b) de la LJCA ha sido modificado por el Real Decreto-ley 5/2023, de 28 de junio, en vigor desde el 29 de julio de 2023.

CUESTIONES

1. ¿Cabe recurso contra las resoluciones de admisión o inadmisión?

No, conforme al artículo 90.5 de la LJCA, contra las providencias y los autos de admisión o inadmisión no cabrá recurso alguno.

2. ¿Cuál es el régimen de publicidad del auto de admisión del recurso de casación?

Conforme al artículo 90.7 de la LJCA, los autos de admisión del recurso de casación se publicarán en la página web del Tribunal Supremo. Su Sala de lo Contencioso-administrativo, semestralmente, publicará en aquella y en el BOE el listado de recursos de casación admitidos a trámite con mención sucinta de la norma o normas que serán objeto de interpretación y de la programación para su resolución.

En cuanto a las formas de inadmisión, mediante providencia o auto motivado, el Tribunal Supremo ha venido determinando que el uso de uno u otro viene marcado por el supuesto sobre el que resuelva, en función de la aplicabilidad del artículo 88.2 o del 88.3 de la LJCA, esto es, según se trate de apreciación o de presunción de interés casacional objetivo, en este sentido resulta interesante el **auto del Tribunal Supremo, rec. 3214/2022, de 27 de abril de 2023, ECLI:ES:TS:2023:5228A,** conforme al cual:

> «(...) la recurrente invocó en su escrito de preparación como supuestos de interés casacional objetivo para la formación de jurisprudencia, los pre-

vistos en las letras a) y c) del apartado 2 del artículo 88 de la Ley 29/1998, de 13 de julio, reguladora de la Jurisdicción Contencioso-Administrativa (BOE de 14 de julio) ["LJCA"], así como la presunción recogida en el artículo 88.3.a) LJCA, lo cual nos permite dar respuesta a la argumentación de la recurrente de que la inadmisión del recurso fue acordada por providencia cuando debería haber adoptado la forma de auto motivado, planteamiento que debe ser objetado pues de ninguna manera cabe aceptar que la utilización de la forma de providencia sea en sí misma anómala y generadora de indefensión. Muy al contrario, la regla general es que la inadmisión del recurso de casación ha de adoptar la forma de providencia —artículo 90.3.a) LJCA— siendo exigible la forma de auto únicamente en los supuestos específicos a los que se refieren el propio artículo 90.3.a) in fine [cuando el tribunal de instancia hubiese emitido la "opinión" a que se refiere el artículo 89.5 en su último inciso] y el artículo 90.3.b) de la misma Ley [esto es, en los supuestos del artículo 88.3 LJCA en los que se presume la existencia de interés casacional objetivo]. Fuera de estos casos la forma legalmente prevista para acordar la inadmisión es la providencia. Y no es ésta una resolución carente de motivación, pues el artículo 90.4 LJCA señala las indicaciones que ha de contener la providencia para explicar las razones de la inadmisión, si bien la propia norma determina que la motivación sea sucinta ("Las providencias de inadmisión únicamente indicarán...")».

Asimismo, señala el artículo 90.8 de la LJCA, como consecuencia de la **inadmisión a trámite** del recurso de casación, la **imposición de costas** a la parte recurrente, si bien dicha imposición podrá ser limitada a una parte de las mismas o hasta una cifra máxima.

Finalmente, adoptada la resolución que corresponda, admisión o inadmisión, el LAJ la comunicará inmediatamente a la sala de instancia y, en caso de inadmisión, le devolverá las actuaciones procesales y el expediente administrativo recibidos.

¿Cómo ha de procederse ante la concurrencia de numerosos recursos sustancialmente iguales?

Tras la reforma operada por el Real Decreto-ley 5/2023, de 28 de junio, en vigor, en este punto, desde el 29 de julio de 2023, se contempla el supuesto de la **concurrencia de un gran número de recursos que susciten cuestiones jurídicas sustancialmente iguales** en el nuevo **artículo 94 de la LJCA**, el cual ha sido dotado nuevamente de contenido por la referida norma modificadora.

Así pues, en caso de que la sección de admisión de la Sala de lo Contencioso-administrativo del Tribunal Supremo constate la existencia de un gran número de recursos que susciten cuestiones jurídicas sustancialmente iguales, podrá aquella acordar la admisión de uno o varios de los citados recursos siempre que cumplan las exigencias del escrito de preparación del artículo 89.2 de la LJCA y presenten interés casacional objetivo. La tramitación y resolución de los recursos así admitidos será preferente y se suspenderá el trámite de admisión de los demás entre tanto no se dicte sentencia en el primero o primeros.

> **A TENER EN CUENTA.** En relación con el artículo 94 de la LJCA y su nuevo contenido, no puede obviarse lo que respecto de su aplicación se contiene en la disposición transitoria décima apartado tercero del Real Decreto-ley 5/2023, de 28 de junio, que señala que lo previsto en aquel precepto se aplicará «(…) a los recursos de casación que se hubieran preparado y estuvieran pendientes de admisión a la entrada en vigor de este real decreto-ley». Asimismo, a los efectos anteriores, permite acordar, de oficio o a instancia de parte, la suspensión del trámite de admisión de aquellos recursos en atención a cualquiera de los recursos de casación que ya se hubieran admitido antes de la entrada en vigor del real decreto-ley (esto es, el 30/06/2023), los cuales serán declarados de tramitación y resolución preferente por concurrir los requisitos del propio artículo 94 de la LJCA.

Dicho esto, una vez recaída sentencia de fondo se llevará testimonio de la misma a los recursos suspendidos y se notificará a los interesados que se hayan visto afectados por la suspensión, a los cuales se les dará un plazo de 10 días para alegaciones de modo que puedan:

- **Desistir** del recurso.
- **Interesar la continuación** del trámite de su recurso, en cuyo caso valorarán la incidencia que la sentencia de fondo del TS tiene sobre aquel.

Si no se ha desistido, una vez hechas las alegaciones pueden darse dos casos:

- **Sentencia impugnada en casación coincidente en el fallo y razón de decidir con la sentencia o sentencias del TS:** inadmisión mediante providencia de los recursos de casación pendientes.
- **Sentencia impugnada en casación no coincidente en el fallo y razón de decidir con la sentencia o sentencias del TS:** se dicta auto de admisión y se remite el conocimiento del asunto a la sección que corresponda, para lo cual el escrito de preparación ha de ajustarse a lo previsto en el artículo 89.2 de la LJCA y ha de presentar interés casacional objetivo.

En este último caso, ¿qué sucede tras la remisión de las actuaciones? Pues que la sección ha de resolver, o bien, continuar la tramitación prevista en el artículo 92 de la LJCA, o bien, dictar sentencia sin más trámite, en cuyo caso se remitirá a lo acordado en la sentencia de referencia y adoptará los demás pronunciamientos que considere necesarios.

2.3.6. La ejecución provisional de la sentencia recurrida en casación en el orden contencioso

Dispone el **artículo 91 de la LJCA** que la **preparación del recurso de casación no impide la ejecución provisional de la sentencia** recurrida por las partes favorecidas en la sentencia.

Si de tal ejecución se pudieran derivar daños o perjuicios pueden adoptarse medidas adecuadas para paliar o evitar tales daños o puede exigirse la prestación de caución o garantía a fin de garantizar una respuesta resarcitoria ante el suceso de tales daños.

En este punto, como bien fija el citado artículo 91 de la LJCA, debemos consultar el **artículo 133.2 de la LJCA** que, en lo que respecta a la constitución de la caución, permite que adopte cualquiera de las formas admitidas en derecho. Asimismo, las medidas no se podrán llevar a cabo hasta que la caución o garantía o la medida se constituya y acredite en autos, y ello será, a su vez, requisito de cumplimiento para llevar a efecto la ejecución provisional.

JURISPRUDENCIA

Sentencia del Tribunal Supremo, rec. 7110/1999, de 24 de abril de 2002, ECLI:ES:TS:2002:2942

«(...) La irreversibilidad de la situación a que se refiere el artículo 91 de la Ley Jurisdiccional como óbice a la ejecución provisional ha de ser contemplada en el propio proceso en que se invoca, por lo que una sentencia favorable al actor en el recurso de casación produciría el efecto inmediato de que el acto anulado por la sentencia de instancia recuperase toda su fuerza ejecutiva, y los actos posteriores realizados como consecuencia de la ejecución provisional perderían su eficacia (...)».

Sentencia del Tribunal Supremo, rec. 2462/2007, de 9 de febrero de 2009, ECLI:ES:TS:2009:766, que remite a STS, rec. 3483/2005, de 28 de diciembre de 2007, ECLI:ES:TS:2007:8812

«En efecto, (...) cabe recordar aquí, a modo de síntesis, lo declarado por esta Sala en sentencia de 28 de diciembre de 2007 (casación 3483/2005), que se expresa en los siguientes términos: (...) "las previsiones del artículo 132 de la Ley de la Jurisdicción referidas a que 'las medidas cautelares estarán en vigor hasta que recaiga sentencia firme' y a que 'no podrán modificarse o revocarse las medidas cautelares en razón de los distintos avances que se vayan haciendo durante el proceso respecto al análisis de las cuestiones formales o de fondo que configuran el debate, y tampoco, en razón de la modificación de los criterios de valoración que el Juez o Tribunal aplicó a los hechos al decidir el incidente cautelar', no constituyen obstáculo alguno para poder aplicar, en el modo que proceda, las previsiones que sobre ejecución provisional de sentencias se contienen en los artículos 84 y 91 de la misma Ley. Cuando se insta dicha ejecución provisional, su régimen normativo se superpone, desplazándolo, al propio de las medidas cautelares, pudiendo así acordarse en ejecución provisional una situación, un estado de cosas distinto e incluso contrario al que en su día se acordó en el incidente cautelar"».

La **excepción a la ejecución provisional** será cuando tal ejercicio cree situaciones irreversibles o cause perjuicios de difícil reparación, en cuyo caso el tribunal puede denegar la ejecución provisional y, frente a tal decisión, conforme a lo dispuesto en el artículo 87.1 d) de la LJCA, puede formularse el correspondiente recurso de casación.

A TENER EN CUENTA. Es importante en lo relativo a ejecución provisional de sentencias, consultar los artículos 103 y siguientes de la LJCA; en concreto el artículo **106 de la LJCA** que regula la ejecución cuando la sentencia sea condenatoria a pago de cantidad líquida por la Administración, para cuyos casos la ley contempla la imposición del interés legal sobre la cantidad objeto de ejecución junto con las salvedades para el caso de que se produzca un grave daño a su hacienda.

2.3.7. Formalidades del recurso de casación en el orden contencioso y su resolución

Tramitación y resolución del recurso de casación en el orden contencioso-administrativo

Siguiendo lo establecido en el **artículo 92 de la LJCA**, el procedimiento de tramitación del recurso de casación será el siguiente:

- Una vez se admita el recurso, **el LAJ de la sección de admisión** (configurada conforme a lo dispuesto en el artículo 90.2 de la LJCA) de la Sala de lo Contencioso-administrativo del TS, **dicta diligencia de ordenación remitiendo actuaciones** a la sección de la sala competente para tramitar y decidir el recurso y da a la parte recurrente un plazo de 30 días, desde la notificación de la diligencia, para **presentar en la secretaría de la sección competente el escrito de interposición del recurso de casación con disposición de las actuaciones procesales y expediente administrativo en la oficina judicial.**

- Transcurridos 30 días, si no se ha presentado el escrito, el LAJ declarará desierto el recurso y devolverá las actuaciones a la sala de la que procedan, contra lo cual cabe interponer **recurso de reposición y recurso directo de revisión** conforme al artículo 102 bis de la LJCA.

¿Qué formalidades debe cumplir el escrito de interposición del recurso de casación? En apartados separados, con epígrafe en cada uno que exprese sobre lo que tratan, el escrito de interposición debe (art. 92.3 de la LJCA):

1. **Exponer razonadamente por qué han sido infringidas las normas o la jurisprudencia que como tales se identificaron en el escrito de preparación** —únicamente las que se hayan identificado en el escrito de preparación— y analizar las sentencias del Tribunal Supremo que se alegan como jurisprudencia infringida, así como su aplicabilidad al caso. En relación con este punto resulta particularmente interesante el **auto aclaratorio del Tribunal Supremo, rec. 6187/2017, de 12 de junio de 2018, ECLI:ES:TS:2018:6980AA**, conforme al cual:

> «4. Dada tal configuración del recurso de casación, el artículo 92.3.a) LJCA exige del recurrente que en el escrito de interposición exponga "razonadamente por qué han sido infringidas las normas o la jurisprudencia que como tales se identificaron en el escrito de preparación, sin poder extenderse a otra u otras no consideradas entonces". Repárese en que el precepto no se refiere a las normas cuya infracción ha determinado la admisión del recurso por presentar la cuestión o cuestiones suscitadas en torno a ella interés casacional objetivo para la formación de la jurisprudencia, sino a las identificadas en el escrito de preparación. Y por ello, el artículo 93.1, después de indicar que la sentencia fijará la interpretación de aquellas normas estatales o la que tenga por establecida o clara de las de la Unión Europea sobre las que, en el auto de admisión a trámite,

87

se consideró necesario un pronunciamiento del Tribunal Supremo, precisa que, con arreglo a tal interpretación y a las restantes normas que fueran aplicables, "resolverá las cuestiones y pretensiones deducidas en el proceso". 5. De esta previsión, a falta de mayores especificaciones en el texto rituario, no debe inferirse la carencia de interés casacional objetivo de todas aquellas infracciones y pretensiones sobre las que la Sección de Admisión no se hubiere pronuncia en el Auto de admisión, y que sin embargo hubieran sido planteadas por la recurrente en su escrito de preparación. Nada impide, por tanto, que el quejoso, en el trámite de interposición del artículo 92 LJCA, pueda articular en su escrito las pretensiones que ahora estima indebidamente ignoradas, cuya prosperabilidad deberá valorar, en su caso, la Sección de Enjuiciamiento».

2. Precisar el sentido de las pretensiones del recurso y los pronunciamientos que se interesan.

¿Qué sucede en caso de incumplimiento de los requisitos anteriores? Pues que la sección de la sala de lo contencioso competente para tramitar o decidir, dará audiencia a la parte recurrente sobre el incumplimiento detectado y dictará sentencia inadmitiendo el recurso si, una vez oída la parte recurrente, entendiera como cierto el incumplimiento imponiéndole a aquella las costas, pudiendo limitarlas a una cifra máxima o una parte.

Si se cumplieran los requisitos, **la sección competente para decidir dará traslado del escrito de interposición a la parte o partes recurridas o personadas para oposición** (no puede solicitarse inadmisión del recurso) en plazo común de 30 días, estando durante ese tiempo a su disposición las actuaciones procesales y expediente administrativo en la oficina judicial por medios electrónicos. En el escrito de oposición pueden solicitar la celebración de vista pública.

Transcurridos los 30 días para formalizar oposición, preséntese o no la misma, la sección competente para la decisión del recurso, de oficio o a petición de las partes, acordará la celebración de la vista (para cuyo señalamiento atenderá a la antigüedad del recurso) salvo que apreciase que la índole del asunto hiciera innecesaria la vista: en ese caso declarará concluso el recurso y señalará día para votación y fallo, siguiendo a tal efecto criterios de antigüedad de los asuntos.

A TENER EN CUENTA. El artículo 92.5 de la LJCA ha sido modificado por el Real Decreto-ley 6/2023, de 19 de diciembre. En el mismo, se ha concretado que estarán por medios electrónicos de manifiesto las actuaciones procesales y el expediente administrativo en la Oficina judicial. Tal modificación entra en vigor el 20 de marzo de 2024.

Concluye el **artículo 92, apartado 7, de la LJCA** contemplando:

«Cuando la índole del asunto lo aconsejara, el Presidente de la Sala de lo Contencioso-administrativo del Tribunal Supremo, de oficio o a petición de la mayoría de los Magistrados de la Sección antes indicada, podrá acordar que los actos de vista pública o de votación y fallo tengan lugar ante el Pleno de la Sala».

En cualquiera de los casos anteriores, la **sentencia** será dictada en el **plazo de diez días** desde que termine la deliberación para votación y fallo, y en ella se resolverá el recurso de casación atendiendo a los criterios dispuestos en el **artículo 93 de la LJCA**, a saber:

 – Debe **fijar la interpretación de aquellas normas estatales o la que tenga por establecida o clara de las de la Unión Europea sobre las que, en el auto de admisión a trámite, se consideró necesario el pronunciamiento del Tribunal Supremo**. Con arreglo a esas normas y a las restantes aplicables, resolverá las cuestiones y pretensiones deducidas en el proceso, anulando la sentencia o auto recurrido, en todo o en parte, o confirmándolos.

 – **Podrá, cuando sea necesario, ordenar la retroacción de actuaciones a un momento determinado** del procedimiento de instancia para que siga el curso ordenado por la ley hasta su culminación.

 – **En caso de apreciar falta de jurisdicción o competencia del orden contencioso-administrativo, si esta falta se da en lo relativo al conocimiento y resolución de las pretensiones del recurso de casación**, la sentencia anulará la resolución recurrida e indicará el concreto orden jurisdiccional que estima competente, con los efectos que prevé el artículo 5.3 de la LJCA, es decir, si la persona recurrente se persona en el órgano competente que se le indica en plazo de un mes, se entenderá efectuada la personación en la fecha en que se inició el plazo para interponer el recurso contencioso-administrativo, si este se formulara siguiendo las indicaciones de la notificación del acto o la notificación fuese defectuosa.

 – **En caso de apreciar que el órgano judicial de instancia no era competente**, remitirá las actuaciones al órgano judicial competente.

 – **Puede integrar en los hechos admitidos como probados por la sala de instancia aquellos que,** habiendo sido omitidos por esta, **estén suficientemente justificados según las actuaciones y cuya toma en consideración resulte necesaria para apreciar la infracción alegada** de las normas del ordenamiento jurídico o de la jurisprudencia, incluso la desviación de poder.

 – **Resolverá sobre las costas de la instancia** imponiéndolas a la parte que haya visto rechazadas sus pretensiones, salvo que se aprecien serias dudas de hecho o de derecho en el caso concreto.

 – **Resolverá las costas del recurso de casación** disponiendo que cada parte abone las causadas a su instancia y las comunes por mitad, salvo que se aprecie temeridad o mala fe por una de las partes e imponga a esta la totalidad de las costas o una cifra máxima.

A título ilustrativo en este punto, podemos citar la **sentencia del Tribunal Supremo n.º 1646/2018, de 20 de noviembre, ECLI:ES:TS:2018:4018**:

> «SÉPTIMO: A la vista de lo acontecido, resulta patente que la parte, ahora recurrente, no ha obtenido de la Sala de instancia respuesta expresa a sus objeciones formales a la admisión del recurso en la instancia, sin

que tampoco, se haya hecho referencia a dicha cuestión en el Auto de la sala de admisión, lo cual no impide que podamos entrar a conocer de la misma, dado que la Sala sentenciadora puede entrar a resolver de todas las cuestiones precisas para decidir acerca de la pretensión o pretensiones formuladas en la instancia.

En este caso, **resulta patente que la sentencia de instancia no ha dado respuesta a una de las pretensiones planteadas, la cual se conectaba directamente con la posibilidad de poder entrar o no a conocer del fondo del asunto, por lo que apreciándose tal vicio, solo nos cabe estimar el recurso interpuesto,** declarando la nulidad de la sentencia de instancia, para que con retroacción del procedimiento proceda a dictar sentencia dando expresa respuesta a las cuestiones planteadas por la parte.

OCTAVO: **No ha lugar a la imposición de las costas de este recurso al no apreciarse temeridad o mala fe en las partes,** de manera que, como determina el art. 93.4 de la Ley jurisdiccional, cada parte abonara las causadas a su instancia y las comunes por mitad».

2.4. Revisión de sentencias firmes

El recurso de revisión de sentencias, como recoge el *Diccionario español jurídico de la RAE y del CGPJ*, es un «proceso de carácter excepcional y extraordinario dirigido contra sentencias firmes y fundado en alguno o algunos de los motivos taxativamente señalados en la ley», así como un «instrumento o procedimiento autónomo, que no constituye propiamente un recurso, que permite la invalidación de las sentencias que han devenido en firmes, cuando se justifiquen dentro del plazo legal estipulado, alguno de los motivos tasados determinados en la norma procesal, o a través de los cuales se pone en conocimiento del tribunal hechos desconocidos, durante su enjuiciamiento, que revelarían que la sentencia recaída sería injusta».

En el mismo sentido, se pronuncia la **sentencia del Tribunal Supremo n.º 687/2021, de 17 de mayo, ECLI:ES:TS:2021:2005**, que señala, «según ha declarado esta Sala una y otra vez, el procedimiento extraordinario de revisión de sentencias firmes opera como un remedio de carácter excepcional y extraordinario de rescisión de las sentencias por la aparición de determinadas causas sobrevenidas, graves y extrínsecas al proceso mismo que dio lugar a la sentencia. En función de su naturaleza ha de ser, consecuentemente, objeto de una aplicación restrictiva. Además, ha de circunscribirse, en cuanto a su fundamento, a los casos o motivos taxativamente señalados en el artículo 102 de la LJCA. El recurso de revisión debe tener, pues, un exacto encaje en alguno de los concretos casos en que se autoriza legalmente su interposición».

JURISPRUDENCIA

Sentencia del Tribunal Constitucional n.º 50/1982, de 15 de julio, ECLI:ES:TC:1982:50

«(...) sí que puede afirmarse que la revisión es instrumento que sirve al ejercicio del derecho a obtener la invalidación de la Sentencia que ha ganado firmeza, en los casos que el legislador, en esa colisión comprometida entre seguridad y justicia, abre vías

para rescindir un proceso anterior. Instituida la revisión, alcanza a ella las garantías fundamentales contenidas en el art. 24.1 de la Constitución Española y, por tanto, las de acceso a la revisión y al conocimiento de la pretensión revisora en el proceso debido, asegurando el contenido esencial de este derecho instrumental».

Sentencia del Tribunal Supremo, rec. 10/2006, de 12 de junio de 2009, ECLI:ES:TS:2009:5736

«TERCERO.- La doctrina general entiende que el recurso de revisión es un recurso de carácter excepcional y extraordinario en cuanto supone desviación de las normas generales. En función de su naturaleza ha de ser objeto de aplicación restrictiva, además de circunscribirse, en cuanto a su fundamento, a los casos o motivos taxativamente señalados en la Ley. El recurso de revisión debe tener un exacto encaje en alguno de los concretos casos en que se autoriza su interposición.

(...)

CUARTO.- Por su propia naturaleza, el recurso de revisión no permite su transformación en una nueva instancia, ni ser utilizado para corregir los defectos formales o de fondo que puedan alegarse. Es el carácter excepcional del recurso el que no permite reabrir un proceso decidido por sentencia firme para intentar una nueva resolución sobre lo ya alegado y decidido para convertir el recurso en una nueva y posterior instancia contra sentencia firme. El recurso de revisión no es, en definitiva, una tercera instancia que permita un nuevo replanteamiento de la cuestión discutida en la instancia ordinaria anterior, al margen de la propia perspectiva del recurso extraordinario de revisión. De ahí la imposibilidad de corregir, por cualquiera de sus motivos, la valoración de la prueba hecha por la sentencia firme impugnada, o de suplir omisiones o insuficiencia de prueba en que hubiera podido incurrirse en la primera instancia jurisdiccional. Quiere decirse con lo expuesto que este recurso extraordinario de revisión no puede ser concebido siquiera como una última o suprema instancia en la que pueda plantearse de nuevo el caso debatido ante el Tribunal a quo, ni tampoco como un medio de corregir los errores en que, eventualmente, hubiera podido incurrir la sentencia impugnada».

Sentencia del Tribunal Supremo n.º 1620/2018, de 15 de noviembre, ECLI:ES:TS:2018:3925

«El recurso de revisión es un medio de impugnación de sentencias firmes por razones o circunstancias extrínsecas al proceso en el que fueron dictadas que, en el caso de alcanzar éxito, lleva consigo la rescisión de la sentencia impugnada y la devolución de los autos al tribunal de que procedan para que las partes usen de su derecho, según les convenga, en el juicio correspondiente (artículo 516 LEC)».

Sentencia del Tribunal Supremo n.º 1330/2018, de 19 de julio, ECLI:ES:TS:2018:2802, que recoge doctrina de las SSTS del Tribunal Supremo n.º 1830/2016, de 18 de julio, ECLI:ES:TS:2016:3743, y n.º 2667/2016, de 19 de diciembre, ECLI:ES:TS:2016:5705

«PRIMERO. Como han recordado las sentencias de 18 de julio de 2016 (Revisión núm. 42/2015) y de 19 de diciembre de 2016 (Revisión núm. 16/2016), la jurisprudencia de esta Sala entiende que el procedimiento de revisión —antes recurso de revisión— es un remedio de carácter excepcional y extraordinario en cuanto supone desviación de las normas generales. En función de su naturaleza ha de ser objeto de una aplicación restrictiva. Además, ha de circunscribirse, en cuanto a su fundamento, a los casos o motivos taxativamente señalados en la Ley pues el procedimiento de revisión debe tener un exacto encaje en alguno de los concretos casos en que se autoriza su interposición.

Lo anterior exige un enjuiciamiento inspirado en criterios rigurosos de aplicación, al suponer dicho proceso una excepción al principio de intangibilidad de la cosa juz-

> *gada. Por ello solo es procedente cuando se den los presupuestos que la Ley de la Jurisdicción señala y se cumpla alguno de los motivos fijados en la ley.*
>
> *En definitiva, el procedimiento de revisión ha de basarse, para ser admisible, en alguno de los tasados motivos previstos por el legislador, a la luz de una interpretación forzosamente estricta, con proscripción de cualquier tipo de interpretación extensiva o analógica de los supuestos en los que procede, que no permite la apertura de una nueva instancia ni una nueva consideración de la litis que no tenga como soporte alguno de dichos motivos.*
>
> *Por su propia naturaleza, el procedimiento de revisión no permite su transformación en una nueva instancia, ni ser utilizado para corregir los defectos formales o de fondo que puedan alegarse. Es el carácter excepcional del mismo el que no permite reabrir un proceso decidido por sentencia firme para intentar una nueva resolución sobre lo ya alegado y decidido para convertir el procedimiento en una nueva y posterior instancia contra sentencia firme».*

En la Ley 29/1998, de 13 de julio, se encuadra el recurso de revisión de sentencias en el **título IV, capítulo III, en la sección 6.ª**, dedicada en exclusiva a su se regulación a través del artículo 102.

La aplicación del recurso de revisión de sentencias en el orden contencioso

Conforme al **artículo 102 de la LJCA** el recurso de revisión cabe contra:

Sentencias firmes cuando, después de pronunciadas, se recobraren documentos decisivos en la elaboración del fallo de tal resolución, que no fueron aportados por motivos de fuerza mayor o por culpa de la parte que se veía favorecida con la sentencia dictada. No se incluyen como documentos recobrados las sentencias dictadas posteriormente.

Marca doctrina la **sentencia del Tribunal Supremo n.º 1820/2016, de 18 de julio, ECLI:ES:TS:2016:3850**, que recoge otras resoluciones como las SSTS, **rec. 19/2004, de 27 de diciembre de 2005, ECLI:ES:TS:2005:7837; rec. 20/2004, de 12 julio de 2006, ECLI:ES:TS:2006:5027, y rec. 23/2010, de 12 de enero de 2012, ECLI:ES:TS:2012:359**:

> «En efecto, la revisión basada en un documento recobrado —artículo 102.1.a) LRJCA—, exige la concurrencia de los siguientes motivos:
>
> A) Que los documentos hayan sido "recobrados" con posterioridad al momento en que haya precluido la posibilidad de aportarlos al proceso;
>
> B) Que tales documentos sean "anteriores" a la data de la sentencia firme objeto de la revisión, habiendo estado "retenidos" por fuerza mayor o por obra o acto de la parte favorecida con la resolución firme; y,
>
> C) Que se trate de documentos "decisivos" para resolver la controversia, en el sentido de que, mediante una provisional apreciación, pueda inferirse que, de haber sido presentados en el litigio, la decisión recaída tendría un sesgo diferente (por lo que el motivo no puede prosperar y es inoperante si el fallo cuestionado no variaría aun estando unidos aquellos a los autos —juicio ponderativo que debe realizar, prima facie, el Tribunal al decidir sobre la procedencia de la revisión entablada—).

A mayor abundamiento, cabe añadir que el citado art. 102.1.a) se refiere a los documentos mismos, es decir, al soporte material que los constituye y no, de entrada, a los datos en ellos constatados; de modo que los que han de estar ocultados o retenidos por fuerza mayor o por obra de la contraparte a quien favorecen son los papeles, no sus contenidos directos o indirectos, que pueden acreditarse por cualquier otro medio de prueba —cuya potencial deficiencia no es posible suplir en vía de revisión—. (Sentencia, entre otras, de 12 de Julio de 2006, RR 10/2005).

Por último, y como indica el Fiscal en su informe, esta Sala del Tribunal Supremo ya se ha pronunciado en reiteradas ocasiones en el sentido de que una sentencia de cualquier Tribunal de fecha posterior no puede considerarse como documento a efectos del artículo 102.1.a) de la LRJCA, "incluso —que no es el caso— aunque proceda del Tribunal de Justicia de las Comunidades Europeas, sin perjuicio de las consecuencias que puedan derivarse" (entre otras, Sentencia de 11 de octubre de 2007, cit., FD Tercero; en el mismo sentido, Sentencias de 27 de diciembre de 2005 (rec. rev. núm. 19/2004), FD Segundo; de 12 de julio de 2006 (rec. rev. núm. 20/2004), FD Tercero; y de 2 de julio de 2008, cit., FD Tercero) (FD segundo de la STS de 12 de enero de 2012, RR 23/2010)».

En el mismo sentido y de fecha reciente, recogiendo lo dispuesto en las sentencias anteriores, la **STS n.º 95/2019, de 31 de enero, ECLI:ES:TS:2019:271.**

Sentencias recaídas en base a documentos que fuesen declarados falsos después de dictarse. No se exige que se declare la falsedad por la vía penal. Como ejemplo cabe citar la sentencia del Tribunal Supremo n.º 1330/2018, de 19 de julio, ECLI:ES:TS:2018:2802, que reza:

«Tal como tiene establecido esta Sala (por todas, sentencia de 19 de septiembre de 2003, recurso de revisión n.º 8/2002, F.J. 2.º), [el] artículo 510 de la Ley 1/2000, de 7 de Enero, de Enjuiciamiento Civil, exige en la causa 2.ª de revisión que el documento haya sido declarado falso en un proceso penal, cuya falsedad se declarase después penalmente; en cambio el artículo 102, apartado 1, causa b) de la Ley 29/1998, de 13 de Julio, Jurisdiccional Contencioso-Administrativo, no exige que la falsedad sea declarada en un proceso penal, de ahí que la jurisprudencia de esta Sala Tercera haya aceptado la falsedad en procesos civiles e incluso la "retractación" del órgano administrativo, si se tratase de documentos expedidos por él, es decir el reconocimiento de que ha existido falsedad intelectual o material».

Sentencias cuyo fundamento tuvo en cuenta la declaración de testigos, condenados posteriormente por falso testimonio. No ha de confundirse con el mero error en que puede incurrir, por ejemplo, un perito a la hora de elaborar un informe. Cabe destacar lo dispuesto en la **sentencia del Tribunal Supremo, rec. 32/2013, de 2 de septiembre de 2014, ECLI:ES:TS:2014:3627:**

«TERCERO.- Por último, y solo a mayor abundamiento, el Ayuntamiento recurrente funda el recurso de revisión en el motivo recogido en la letra c) del citado art. 102.1 LJCA —según el cual habrá lugar a la revisión de una sentencia firme "Si habiéndose dictado en virtud de prueba testifical, los testigos hubieren sido condenados por falso testimonio dado en las declaraciones que sirvieron de fundamento a la sentencia"—. Pues bien, abstracción hecha de si la citada causa de revisión incluye o no la condena por falsedad de los peritos (la Ley de la Jurisdicción Contencioso-Administrativa solo se refiere a los testigos, a diferencia de la Ley de Enjuiciamiento Civil), las sentencias de esta Sala del Tribunal Supremo en que la parte recurrente funda el recurso de revisión, consideran que la Sala de instancia erró al recoger los valores resultantes del dictamen pericial (al no ir referidos los mismos al momento del inicio del expediente de justiprecio), lo cual, tal como antes anunciábamos, no puede, en ningún caso, equipararse a una condena por falsedad, que es lo que exige el motivo de revisión invocado, el cual tampoco incluye las meras dudas del Ayuntamiento de Almendralejo sobre la imparcialidad del Arquitecto autor del Informe pericial practicado en la instancia».

También a modo de ejemplo cabe volver a citar la **sentencia del Tribunal Supremo n.º 687/2021, de 17 de mayo, ECLI:ES:TS:2021:2005,** en la que los magistrados entienden que no se da el presupuesto recogido en el artículo 102.1 c) de la LJCA, pues en este caso la propia parte recurrente reconoce que las actuaciones penales sobre falso testimonio se hallan en trámite, y por ende no han culminado por sentencia firme:

«**No hay**, por tanto, **sentencia firme alguna dictada en el orden penal que haya condenado por falso testimonio a los testigos que declararon en el proceso contencioso-administrativo en el que se dictó la sentencia contra la que se ha formulado esta demanda de revisión**».

Sentencias dictadas en virtud de **cohecho, prevaricación, violencia o maquinación fraudulenta.**

JURISPRUDENCIA

Sentencia del Tribunal Supremo, rec. 1034/2000, de 18 de abril de 2005, ECLI:ES:TS:2005:2346

Respecto a la maquinación fraudulenta.

«La maquinación fraudulenta tiene un carácter residual y comprensivo de las demás conductas integradas en el mismo motivo, y ha sido objeto de una interpretación restrictiva y estricta por parte de la jurisprudencia de esta Sala, que puede concretarse en los siguientes puntos: (...) Maquinación es el resultado de una asechanza artificiosa, esto es producida con arte y habilidad, pero de modo disimulado, para obtener un resultado que perjudica a otro, de ahí que la Ley añada el adjetivo fraudulento, que en nuestro Derecho significa engaño».

Sentencia del Tribunal Supremo, rec. 3/2008, de 30 de abril de 2009, ECLI:ES:TS:2009:2867

Los requisitos para hablar de maquinación fraudulenta.

«a) Que se haya llevado a cabo una irrefutable demostración de que se ha llegado al fallo recurrido por medio de ardides, argucias o artificios, dolosos e intencionados, encaminados a impedir la defensa de la otra parte.

b) Que tales maquinaciones hayan torcido erróneamente la voluntad del juzgador.

c) Que la sentencia recaída sea injusta, existiendo un eficiente nexo causal entre el proceder malicioso y la resolución judicial.

d) Que no es factible identificar, sin más, la maquinación con un vicio de procedimiento, por grave que aparezca, o con el simple quebrantamiento de las formas de juicio, siquiera sean las esenciales, y cuya omisión provoque la indefensión, para las cuales no existe este medio impugnatorio rigurosamente extraordinario, sino el régimen de los recursos ordinarios y demás vías impugnatorias (si son todavía factibles).

e) En todo caso, es necesario que la maquinación fraudulenta alegada tenga relevancia para la determinación del fallo producido en la sentencia que se recurre».

Sentencia del Tribunal Supremo n.º 721/2018, de 3 de mayo, ECLI:ES:TS:2018:1644, que recoge doctrina de las SSTS, rec. 19/2006, de 14 de septiembre de 2007, ECLI:ES:TS:2007:6209; rec. 21/2007, de 21 de octubre de 2008, ECLI:ES:TS:2008:7310; rec. 14/2006, de 11 de diciembre de 2007, ECLI:ES:TS:2007:8492, y rec. 21/2008, de 30 de abril de 2009, ECLI:ES:TS:2009:4265

«SEXTO.- La parte demandante invoca, como segunda causa de revisión, la existencia de una maquinación fraudulenta, lo que nos conduce al apartado d) del artículo 102.1 LJCA, que señala que habrá lugar a la revisión de una sentencia firme si se hubiere dictado sentencia "(...) en virtud de cohecho, prevaricación, violencia u otra maquinación fraudulenta".

Esta Sala ha señalado que el mencionado precepto "contempla supuestos de conductas ilícitas aptas para viciar el resultado del proceso, dentro de las cuales, algunas son delictivas (cohecho y prevaricación), mientras que otras, siendo ilegítimas, no presentan necesariamente los caracteres de delictivos (violencia o maquinación fraudulenta)"; y que si bien "la apreciación de las primeras, ya que de delitos se trata, exige la previa declaración de un tribunal penal (...) las segundas incluyen supuestos de violencia moral o intimidación y de actuaciones dirigidas intencionadamente a falsear ilegítimamente el resultado del proceso", siendo preciso para ser apreciadas "acreditar la realidad de la conducta maliciosa de la parte beneficiada con la sentencia, tendente a conseguir mediante argucias, artificios o ardides una ventaja o lesión de la contraria" [Sentencia de 17 de noviembre de 2006 (rec. rev. núm. 3/2004), FD Séptimo]. También hemos señalado, en la misma línea, que para que prospere este motivo "es preciso probar la realidad o certidumbre de haberse realizado maquinaciones fraudulentas o engañosas; que tales maquinaciones hayan torcido erróneamente la conciencia o voluntad del Juzgador, y que la sentencia sea injusta" [Sentencias de 14 de septiembre de 2007 (rec. rev. núm. 19/2006), FD Tercero; y de 21 de octubre de 2008 (rec. rev. núm. 21/2007), FD Quinto]; y, en fin, que es necesario en todo caso "que se haya llevado a cabo una irrefutable demostración de que se ha llegado al fallo recurrido por medio de ardides, argucias o artificios, dolosos e intencionados, encaminados a impedir la defensa de la otra parte" [Sentencia de 11 de diciembre de 2007 (rec. rev. núm. 14/2006), FD Cuarto]. En el mismo sentido se expresa más recientemente la Sentencia de 30 de abril de 2009 (revisión n.º 21/2008)».

En el **apartado 2 del artículo 102 de la LJCA se añade que el recurso de revisión también se podrá interponer frente a resoluciones judiciales firmes cuando el Tribunal Europeo de Derechos Humanos haya declarado que dicha resolución ha sido dictada en violación de alguno de los derechos reconocidos en el Convenio Europeo para la Protección de los Derechos Humanos y Libertades Fundamentales y sus Protocolos**, siempre que la violación, por su naturaleza y gravedad, entrañe efectos que persistan y no puedan cesar de ningún otro modo que no sea mediante esta revisión, sin que la misma pueda perjudicar los derechos adquiridos de buena fe por terceras personas.

JURISPRUDENCIA

Sentencia del Tribunal Supremo n.º 77/2017, de 23 de enero, ECLI:ES:TS:2017:147

«QUINTO.- Ha comparecido como parte recurrida la Administración General del Estado, representada por el abogado del Estado, quien solicita la desestimación del recurso. A su juicio, no se trata de "documentos anteriores cuya falsedad declarada se ignoraba o de documentos cuya falsedad se reconoce o declare después". Además, en relación con la invocación del art. 102.2 LJCA, tras la reforma operada por la Ley Orgánica 7/2015, de 21 de julio, estima que "tampoco se da este supuesto, puesto que no hay en este caso una declaración del Tribunal Europeo de Derechos Humanos relativa a la posible relación de alguno de los derechos reconocidos en el Convenio Europeo para la protección de los derechos humanos".

(...)

CUARTO.- Por tanto, en el caso que examinamos no concurren los requisitos exigidos para la prosperabilidad del recurso, dado que, en efecto, no cabe reputar que una sentencia integre el concepto "documento falso" en el sentido del artículo 102.1.b) LJCA. Y el actual art. 102.2 LJCA nada añade al respecto, en la medida en que regula un supuesto distinto: el recurso de revisión contra una resolución judicial firme, siempre que el Tribunal Europeo de Derechos Humanos —y solo este Tribunal— haya declarado que dicha resolución ha sido dictada en violación de alguno de los derechos reconocidos en el Convenio Europeo. El ámbito de aplicación de este supuesto se encuentra restringido a los elementos subjetivo y objetivo en él contenidos. No cabe, por tanto, realizar una interpretación analógica o extensiva en el sentido pretendido por la recurrente.

La recurrente basa su pretensión en una sentencia recaída después de aquella que es ahora objeto del recurso y que, entiende, hubiera determinado un fallo distinto de haberse conocido con anterioridad. Lo cierto es que no solo una sentencia no puede integrar el contenido del artículo 102.1.b) como documento "falso", tal y como ha quedado indicado, sino que, además, la parte tuvo oportunidad de atacar ante esta Sala la prueba practicada por la CNC para la imposición de la sanción y no lo hizo, de modo que no puede utilizarse ahora un procedimiento, el de revisión, con la finalidad de alegar aquello que en su día no se planteó mediante los instrumentos procesales oportunos».

La revisión en materia de responsabilidad contable procede conforme lo recogido en la Ley de Funcionamiento del Tribunal de Cuentas. Para estos casos, la **LFTC establece en su artículo 83** que cabe recurso de revisión contra sentencias firmes en una **relación de supuestos**, similares a los establecidos en el artículo 102 de la LJCA, y que son los siguientes:

«1. Si después de pronunciada la sentencia apareciesen documentos nuevos que resultaran decisivos para adoptar los pronunciamientos de la sentencia.

2. Cuando se descubra que en las cuentas que hayan sido objeto de la sentencia definitiva existieron errores trascendentales, omisiones de cargos importantes o cualquier otra anomalía de gran entidad.

3. Si la sentencia hubiere recaído en virtud de documentos declarados falsos o cuya falsedad se reconociese o declarase después.

4. Si la sentencia firme se hubiera ganado injustamente en virtud de prevaricación, cohecho, violencia u otra maquinación fraudulenta.

5. Cuando la sentencia se funde en lo resuelto respecto a una cuestión prejudicial que posteriormente fuere contradicha por sentencia firme del orden jurisdiccional correspondiente.

6. Si los órganos de la jurisdicción contable hubieren dictado resoluciones contrarias entre sí, o con sentencias del Tribunal Supremo en materia de responsabilidad contable, respecto a los mismos litigantes u otros diferentes en idéntica situación, donde, en mérito a hechos, fundamentos y pretensiones sustancialmente iguales, se llegue a pronunciamientos distintos».

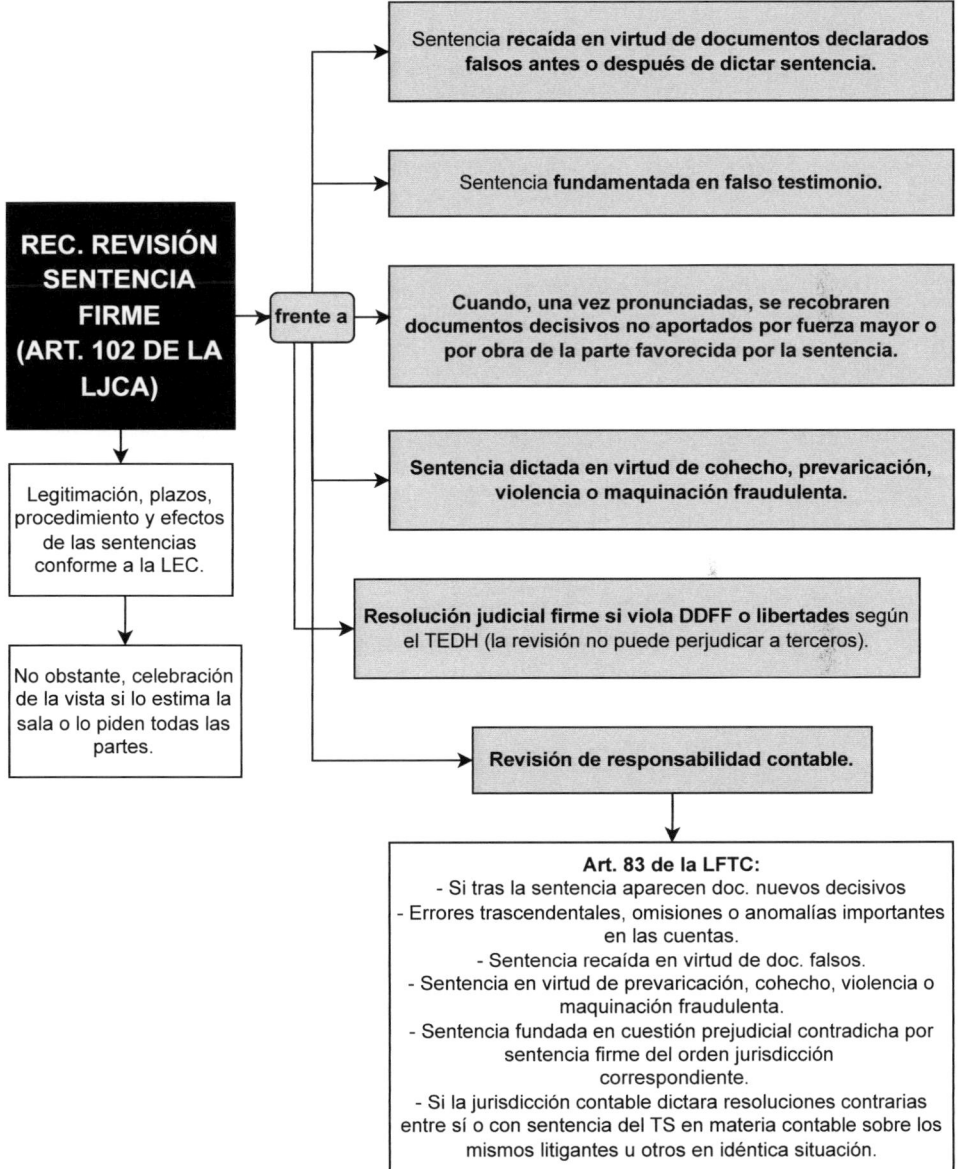

REC. REVISIÓN SENTENCIA FIRME (ART. 102 DE LA LJCA)

frente a

Sentencia **recaída en virtud de documentos declarados falsos antes o después de dictar sentencia.**

Sentencia **fundamentada en falso testimonio.**

Cuando, una vez pronunciadas, se recobraren documentos decisivos no aportados por fuerza mayor o por obra de la parte favorecida por la sentencia.

Sentencia **dictada en virtud de cohecho, prevaricación, violencia o maquinación fraudulenta.**

Resolución judicial firme si viola DDFF o libertades según el TEDH (la revisión no puede perjudicar a terceros).

Revisión de responsabilidad contable.

Legitimación, plazos, procedimiento y efectos de las sentencias conforme a la LEC.

No obstante, celebración de la vista si lo estima la sala o lo piden todas las partes.

Art. 83 de la LFTC:
- Si tras la sentencia aparecen doc. nuevos decisivos
- Errores trascendentales, omisiones o anomalías importantes en las cuentas.
- Sentencia recaída en virtud de doc. falsos.
- Sentencia en virtud de prevaricación, cohecho, violencia o maquinación fraudulenta.
- Sentencia fundada en cuestión prejudicial contradicha por sentencia firme del orden jurisdicción correspondiente.
- Si la jurisdicción contable dictara resoluciones contrarias entre sí o con sentencia del TS en materia contable sobre los mismos litigantes u otros en idéntica situación.

A raíz de la reforma operada por el Real Decreto-ley 6/2023, de 19 de diciembre, establece que, salvo en aquellos procedimientos en que alguna de las partes esté representada y defendida por el abogado del Estado, **el letrado o la letrada de la Administración de Justicia dará traslado a la Abogacía General del Estado de la presentación de la demanda de revisión, así como de la decisión sobre su admisión**, en los supuestos del artículo 510.2 de la LEC. Asimismo, **en tales supuestos la Abogacía del Estado podrá intervenir, sin tener la condición de parte, por propia iniciativa o a instancia del órgano judicial, mediante la aportación de información o presentación de observaciones escritas** sobre cuestiones relativas a la ejecución de la Sentencia del Tribunal Europeo de Derechos Humanos (art. 514.5 de la LEC).

También cuando se dé el supuesto del artículo 510.2 de la LEC el letrado o letrada de la Administración de Justicia notificará igualmente la decisión a la Abogacía General del Estado. Devueltos los autos al tribunal del que procedan conforme a lo dispuesto en el art. 516.1 de la LEC, **el letrado o letrada de la Administración de Justicia de dicho tribunal informará a la Abogacía del Estado de las principales actuaciones que se lleven a cabo como consecuencia de la revisión** (art. 516.4 de la LEC).

> **A TENER EN CUENTA.** Se añade un nuevo apartado 5 al artículo 514 de la LEC y un nuevo apartado 4 al artículo 516 de la LEC por el Real Decreto-ley 6/2023, de 19 de diciembre, que entran en vigor el 20 de marzo de 2024.

2.4.1. Requisitos procesales en el recurso de revisión de sentencias

Respecto a los requisitos procesales para el recurso de revisión, la LJCA nos remite a la LEC. Únicamente establece como particularidad que la vista solo tendrá lugar si todas las partes así lo solicitan o la sala lo estima necesario.

En cuanto a la **competencia**, corresponde a la sala de lo contencioso-administrativo de los tribunales superiores de justicia conocer de los recursos de revisión interpuestos contra sentencias firmes de los juzgados de lo contencioso-administrativo, como se regula en el **artículo 10, apartado 3, de la LJCA**. También conocerá la Sala de lo Contencioso-Administrativo del Tribunal Supremo de los recursos de revisión contra las resoluciones dictadas por el Tribunal de Cuentas (LFTC) y de los recursos de revisión contra sentencias firmes dictadas por las salas de lo contencioso-administrativo de los TSJ, de la AN y del TS, salvo lo dispuesto en la LOPJ, en concreto en lo previsto en el artículo 61. Todo ello en relación con el **artículo 58, apartado segundo, de la LOPJ**. Las salas de lo contencioso-administrativo de los TSJ también conocen de los recursos de revisión contra sentencias firmes de los juzgados del contencioso-administrativo (art. 74.3 de la LOPJ).

Así mismo, dispone el **artículo 18, apartado 1, de la LOPJ**, que la interposición del recurso de revisión puede dejar sin efecto la sentencia recurrida.

Acudiendo a los artículos 512 a 516 de la LEC debe destacarse:

- Respecto al plazo de interposición, se establece un **máximo de 5 años desde la fecha de publicación de sentencia. Fuera de este plazo, se rechaza (art. 512 de la LEC y art. 128 de la LJCA)**. Concurre una peculiaridad a este plazo cuando se trate de **recursos de revisión motivados en una sentencia del TEDH,** en cuyo caso el plazo será de un año desde la firmeza de la sentencia del TEDH. No obstante, dentro de estos plazos no se podrá exceder el tiempo de **3 meses desde que se descubriera el documento, hecho delictivo o similar que motivara el recurso.**

> **JURISPRUDENCIA**
>
> **Sentencia del Tribunal Supremo n.º 210/2018, de 13 de febrero, ECLI:ES:TS:2018:427**
>
> *«Pues bien, entendemos que el plazo quinquenal a que se refiere el artículo 512 de la Ley de Enjuiciamiento Civil no ha sido rebasado por la recurrente, toda vez que su cómputo debe arrancar rectamente desde la fecha en que la sentencia cuya rescisión se preconiza fue objeto de rectificación mediante auto fechado el 1 de septiembre de 2012 que, además, accedió a la rectificación pedida. Es tal momento desde el que ha de computarse el plazo de cinco años, pues la aclaración o rectificación de la sentencia son actos procesales que forman parte indisociable y unitaria del contenido de esta, en la que se integran, como lo prueba que los plazos para la interposición de los recursos que procedieran frente a la resolución objeto de aclaración o rectificación "(...) comenzarán a computarse desde el día siguiente a la notificación del auto o decreto que reconociera o negase la omisión del pronunciamiento y acordase o denegara remediarla". Todo ello sin perjuicio de las dudas que nos suscita, a efectos de la extemporaneidad suplicada, el hecho de que la firmeza de la sentencia no fue obtenida con la publicación de la dictada por el Tribunal de instancia que ahora se pretende revisar, sino solo como consecuencia de la pronunciada por esta Sala el 18 de septiembre de 2013, en que quedó desestimado el recurso de casación para unificación de doctrina.*
>
> *Por otra parte, aunque el respeto al segundo de los plazos legales es de más dudosa apreciación, la Sala considera que tal cuestión, el de si se han rebasado los tres meses "(...) desde el día en que se descubrieren los documentos decisivos, el cohecho, la violencia o el fraude, o en que se hubiere reconocido o declarado la falsedad (...)", está íntimamente relacionada con la procedencia del derecho de fondo que se promueve, pues no solo sucede que la parte recurrente, cuyo planteamiento de la revisión de sentencia ha sido ciertamente descuidado, no nos indica la fecha de obtención, recuperación o recobro de los documentos que ahora aporta —lo que de suyo convertiría en extemporánea la demanda, a falta de alegación de que su interposición lo hubiera sido dentro del plazo legal desde el descubrimiento— sino que presenta unos documentos que, además del inconveniente temporal, son manifiestamente inidóneos, como seguidamente veremos, para sustentar en ellos la acción de nulidad pretendida».*

- En cuanto al **depósito para recurrir, será de 300 euros a entregar en 5 días.** De no hacer el depósito, la demanda se rechazará de plano. La cuantía del depósito será devuelta si se estima el recurso de revisión.

- La sustanciación del procedimiento es simple. **Las actuaciones serán remitidas al tribunal y se emplazará a las partes para contestar en el plazo de 20 días la demanda,** y durante su tramitación no se suspenderá la ejecución de las sentencias que lo motiven (véase el artículo de la 566 de la LEC).

– Si el recurso de revisión es **estimado, la sentencia recurrida será rescindida** por el tribunal, mandando expedir certificación del fallo y devolución de los autos al tribunal. De darse la **desestimación del recurso, se condenará en costas al demandante y perderá el depósito,** no cabiendo recurso alguno frente a este último fallo.

2.5. Recursos contra las resoluciones del letrado de la Administración de Justicia

Los **recursos contra las resoluciones del letrado de la Administración de Justicia** se regulan en la **sección 7.ª, capítulo III, título IV, de la Ley 29/1998, de 13 de julio, artículo 102 bis de la LJCA.** Dentro de estos recursos hay que distinguir entre el recurso de reposición y el recurso de revisión.

El párrafo primero, apartado 2, del artículo 102 bis de la LJCA fue declarado nulo e inconstitucional por la **sentencia del Tribunal Constitucional n.º 58/2016, de 17 de marzo, ECLI:ES:TC:2016:58,** que resolvía la cuestión de inconstitucionalidad planteada en relación con el art. 102 bis. 2 y decretaba:

> «En suma, el párrafo primero del art. 102 bis. 2 LJCA, redactado por la Ley 13/2009 ("Contra el decreto resolutivo de la reposición no se dará recurso alguno, sin perjuicio de reproducir la cuestión al recurrir, si fuere procedente, la resolución definitiva"), incurre en insalvable inconstitucionalidad al crear un espacio de inmunidad jurisdiccional incompatible con el derecho fundamental a la tutela judicial efectiva y la reserva de jurisdicción a los Jueces y Tribunales integrantes del poder judicial. El precepto cuestionado, en cuanto excluye del recurso judicial a determinados decretos definitivos del Letrado de la Administración de Justicia (aquellos que resuelven la reposición), cercena, como señala el ATC 163/2013, FJ 2, el derecho del justiciable a someter a la decisión última del Juez o Tribunal, a quien compete de modo exclusivo la potestad jurisdiccional, la resolución de una cuestión que atañe a sus derechos e intereses y legítimos, pudiendo afectar incluso a otro derecho fundamental: a un proceso sin dilaciones indebidas. Ello implica que tal exclusión deba reputarse lesiva del derecho a la tutela judicial efectiva que a todos garantiza el art. 24.1 CE y del principio de exclusividad de la potestad jurisdiccional (art. 117.3 CE).
>
> Nuestro fallo ha de declarar, por tanto, **la inconstitucionalidad y nulidad del primer párrafo del art. 102 bis. 2 LJCA, debiendo precisarse que, en tanto el legislador no se pronuncie al respecto, el recurso judicial procedente frente al decreto del Letrado de la Administración de Justicia resolutivo de la reposición ha de ser el directo de revisión al que se refiere el propio art. 102 bis. 2 LJCA».**

Tras esta sentencia y pasados los años, este artículo 102 bis de la LJCA se ha visto reformado por el Real Decreto-ley 6/2023, de 19 de diciembre, con entrada en vigor el 20 de marzo de 2024, contemplando que contra el decreto resolutivo de reposición y recurso directo de revisión contra los decretos por los que se ponga fin al procedimiento o impidan su continuación cabrá recurso de revisión, adaptando así la redacción a la referida sentencia del TC.

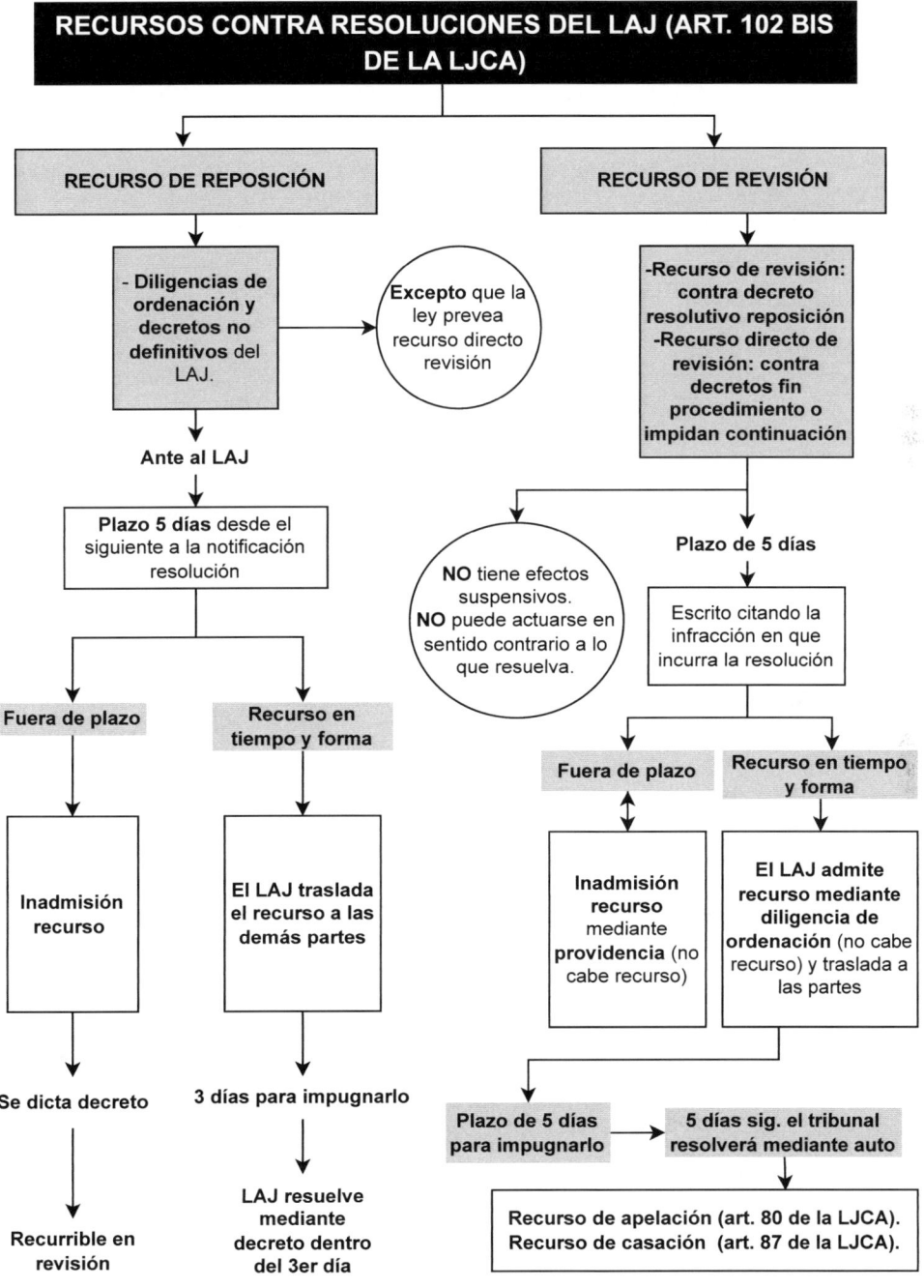

RECURSOS CONTRA RESOLUCIONES DEL LAJ (ART. 102 BIS DE LA LJCA)

RECURSO DE REPOSICIÓN

- Diligencias de ordenación y decretos no definitivos del LAJ.

Excepto que la ley prevea recurso directo revisión

Ante al LAJ

Plazo 5 días desde el siguiente a la notificación resolución

Fuera de plazo

Recurso en tiempo y forma

Inadmisión recurso

El LAJ traslada el recurso a las demás partes

Se dicta decreto

3 días para impugnarlo

Recurrible en revisión

LAJ resuelve mediante decreto dentro del 3er día

RECURSO DE REVISIÓN

-**Recurso de revisión:** contra decreto resolutivo reposición
-**Recurso directo de revisión:** contra decretos fin procedimiento o impidan continuación

NO tiene efectos suspensivos. **NO** puede actuarse en sentido contrario a lo que resuelva.

Plazo de 5 días

Escrito citando la infracción en que incurra la resolución

Fuera de plazo

Recurso en tiempo y forma

Inadmisión recurso mediante **providencia** (no cabe recurso)

El LAJ admite recurso mediante diligencia de ordenación (no cabe recurso) y traslada a las partes

Plazo de 5 días para impugnarlo

5 días sig. el tribunal resolverá mediante auto

Recurso de apelación (art. 80 de la LJCA). Recurso de casación (art. 87 de la LJCA).

Recurso de reposición contra resoluciones dictadas por el LAJ en el procedimiento contencioso-administrativo

El recurso de reposición que se contempla en la LJCA, artículo 102 bis, confluye con lo establecido en los artículos 451 y siguientes de la LEC reguladores del recurso de reposición y revisión.

Para la interposición del recurso de reposición contra diligencias de ordenación y decretos no definitivos del letrado de la Administración de Justicia, el plazo establecido es de cinco días desde el siguiente a la notificación de la resolución impugnada, y se formulará frente al propio LAJ que dictó la resolución recurrida.

El incumplimiento del plazo de cinco días conlleva la inadmisión del recurso mediante decreto recurrible en revisión (para el recurso de revisión se dispone de plazo de cinco días —art. 454 bis de la LEC—). Si, por el contrario, el recurso de reposición se presentara en los cinco días establecidos y cumple los requisitos, el LAJ lo trasladará a las demás partes, dándoles un plazo común de 3 días para impugnar y el LAJ resolverá dentro del tercer día mediante decreto.

> **RESOLUCIONES RELEVANTES**
>
> **Auto del Tribunal Supremo, rec. 1440/2014, de 14 de febrero de 2018, ECLI:ES:TS:2018:1364A**
>
> *«No puede objetarse a lo concluido que la mencionada sentencia está referida al artículo 102 bis de nuestra Ley procesal, en tanto que la prohibición del recurso contra el Decreto poniendo fin al incidente de jura de cuentas, se regula en la Ley de Enjuiciamiento Civil. En primer lugar, porque la remisión que se hace a la aplicación supletoria de la Ley procesal general ha de serlo partiendo de las especialidades que establece la Ley jurisdiccional, en este caso, el régimen establecido en el mencionado artículo 102 bis (...)».*
>
> **Auto del Tribunal Supremo, rec. 2446/2017, de 13 de diciembre, de 2018, ECLI:ES:TS:2018:14332A**
>
> *«SEGUNDO.- En este caso, las alegaciones de la parte recurrente no desvirtúan el contenido del Decreto de 21 de junio, sino que viene a reconocer que en el recurso de reposición omitió la cita de los preceptos infringidos, vulnerando lo dispuesto en art. 102 bis LJCA en relación con el artículo 452.1 de la LEC, tratando de salvar dicho obstáculo procesal con ocasión del recurso de revisión ahora interpuesto. Aparte de que no citó precepto alguno —lo que, en puridad, podría haber llevado a su inadmisión, dado el tenor literal del precepto—, es que no combate el contenido de la resolución recurrida que reconoce que el error en la fecha es un error subsanable que la propia recurrente conocía, limitándose a reiterar sucintamente el recurso de reposición contra la diligencia de ordenación de 7 de junio de 2018 con el propósito de dilatar innecesariamente el proceso».*

Recurso directo de revisión contra decretos del LAJ en el procedimiento contencioso-administrativo

El recurso directo de revisión podrá formalizarse frente a decretos que pongan fin a un procedimiento o impidan su continuación o frente a otros decretos que se prevea expresamente. Este **no produce efectos suspensivos** «sin que, en ningún caso, proceda actuar en sentido contrario a lo que se hubiese resuelto».

Para la interposición del recurso de revisión se dispondrá del plazo de cinco días, que se formulará por escrito constando la infracción en que la resolución incurre.

La **admisión del recurso se hará mediante diligencia de ordenación por el LAJ** y concederá a las partes personadas en el proceso el **plazo común de cinco días** para su **impugnación, resolviendo**, a diferencia del recurso de reposición, el tribunal o juez **mediante auto frente al que, por norma general, no cabe recurso alguno. No obstante**, el artículo 102. bis, apartado 4, de la LJCA dispone una serie de casos donde cabrá recurso de apelación y de casación (artículos 80 y 87 de la LJCA).

RESOLUCIONES RELEVANTES

Auto del Tribunal Supremo, rec. 1562/2015, de 25 de abril de 2018, ECLI:ES:TS:2018:4717A

«ÚNICO.- El artículo 102 bis.3 de la LJCA impone al recurrente en revisión la carga procesal de citar "la infracción en que la resolución hubiera incurrido", en este caso el decreto de 13 de febrero pasado y basta estar al citado recurso de don Aquilino para constatar que no alega precepto alguno, sino que reproduce las consideraciones generales que planteó al impugnar la tasación de costas. La desatención de dicha carga procesal lleva a la inadmisión del recurso de revisión conforme al artículo 102 bis 3.2.º de la LJCA».

Auto del Tribunal Supremo, rec. 625/2017, de 21 de febrero de 2018, ECLI:ES:TS:2018:2308A

«Entre los requisitos de admisibilidad del recurso de revisión conforme el art. 102. bis.2 de la LJCA se cuenta el que en el recurso "deberá citarse la infracción en que la resolución hubiera incurrido". (...) La recurrente en su recurso de revisión prescinde de justificar la infracción en la que ha podido incurrir el citado Decreto, alegando genéricamente con carácter instrumental, sin justificación seria y suficiente, que se infringe el art. 24 de la CE pues pretende interponer recurso de amparo contra el auto de 21 de diciembre de 2017 que desestimó el recurso de queja, sin que en aquella interposición se derive la suspensión que solo puede acordar el propio Tribunal Constitucional, art. 43.3 Ley Orgánica del Tribunal Constitucional 2/1979, de 3 de octubre.

La carga procesal que impone al recurrente el art. 102. bis. 2 LJCA es simplemente la de citar la infracción que hubiera incurrido, y desde luego no se cumple con la misma cuando se obvia absolutamente el concreto precepto aplicado, base de lo resuelto, y sin dar razón seria y suficiente se alega la vulneración de un Derecho Fundamental sin más, con carácter meramente instrumental, como es el caso pues carece del menor rigor jurídico pretender la suspensión de lo dispuesto legalmente por la mera intención de interponer un recurso de amparo que carece de virtualidad per se para suspender el curso procedimental legalmente dispuesto».

ANEXO.
FORMULARIOS

Escrito de subsanación de defectos de comparecencia o en la interposición del recurso contencioso-administrativo

AL JUZGADO DE LO CONTENCIOSO-ADMINISTRATIVO DE [LOCALIDAD]

Don/Doña [NOMBRE PROCURADOR], procurador/a de los tribunales, actuando en nombre y representación de [NOMBRE], mayor de edad, con DNI [DNI]con domicilio a efectos de notificaciones en [DIRECCIÓN], cuya representación acredito por medio de escritura pública de poder y cuya copia acompaño para su unión a los autos (**documento n.º** [NÚMERO]) mediante testimonio con devolución del original, bajo la asistencia letrada de **don/doña** [NOMBRE_ABOGADO_CLIENTE], abogado del Ilustre Colegio de [LOCALIDAD], ante el juzgado comparezco y como mejor proceda en derecho,

DIGO

Con fecha [FECHA] este órgano, en virtud de lo dispuesto en el artículo 45, apartado 3, de la Ley 29/1998, de 13 de julio, reguladora de la Jurisdicción Contencioso-administrativa, me ha requerido para que en el plazo de diez días, en aplicación del mismo precepto, desde dicha comunicación proceda a subsanar los defectos observados en mi comparecencia (1), consistentes en [ESPECIFICAR], por lo que vengo a formular las siguientes,

ALEGACIONES

ÚNICA.- Evacuando el trámite que se me ha conferido al efecto de subsanar los mencionados defectos, acompaño a este escrito los documentos que se enumeran a continuación: [ESPECIFICAR].

En virtud de todo lo expuesto anteriormente,

SUPLICO AL JUZGADO:

Que teniendo por presentado este escrito, junto a los documentos que le acompañan, se sirva admitirlo a trámite y tenga por formuladas las alegaciones en relación con los defectos de la comparecencia y declare la validez de la misma, teniendo en su caso por subsanados los defectos que hubiera podido tener la misma y que continúe con la tramitación del procedimiento.

Por ser justicia que se pide en [LOCALIDAD], a [DÍA] de [MES] de [AÑO].

Letrado/a don/doña [NOMBRE]   Procurador/a don/doña [NOMBRE]
[NÚMERO_COLEGIADO ABOGADO_   [NÚMERO_COLEGIADO_
CLIENTE]   PROCURADOR_CLIENTE]

_____

(1) O en el escrito de interposición del recurso.

Demanda de recurso contencioso-administrativo contra reglamento o disposición general

AL [ÓRGANO] (1)

Don/Doña [NOMBRE_PROCURADOR/A_CLIENTE], procurador/a de los tribunales de [LUGAR], actuando en nombre y representación de **don/doña** [NOMBRE_CLIENTE], representación que consta acreditada en autos de referencia, bajo la dirección técnica de **don/doña** [NOMBRE_ABOGADO/A_CLIENTE], comparezco y como mejor proceda en derecho (2),

DIGO

Atendiendo la diligencia de ordenación de ese órgano del día [FECHA] y dentro del plazo de 20 días que establece el artículo 52, apartado 1, de la Ley 29/1998, de 13 de julio, reguladora de la Jurisdicción Contencioso-Administrativa (3), mediante el presente escrito vengo a formalizar **DEMANDA** contencioso-administrativa, en solicitud de anulación de la disposición reglamentaria de carácter general de la Administración [ESPECIFICAR], publicada en el Boletín Oficial de [ESPECIFICAR], de fecha [FECHA], demanda que baso en los siguientes hechos y fundamentos de derecho.

HECHOS

PRIMERO.- En [FECHA] se ha publicado en el Boletín Oficial de [ESPECIFICAR], de fecha [FECHA], en desarrollo de la Ley [ESPECIFICAR], el [ESPECIFICAR], disposición reglamentaria llamada a tratar la materia antes referida.

SEGUNDO.- Al entender contrarias a derecho varias partes del citado reglamento, esta parte interpuso, dentro del plazo legal, el oportuno recurso contencioso-administrativo destinado a impugnarlo (3).

TERCERO.- Una vez admitido el recurso por el letrado de Administración de Justicia del órgano jurisdiccional al que me dirijo, se acordó dirigirse a este recurrente a los efectos de que dedujese la demanda que el presente escrito materializa (3).

FUNDAMENTOS DE DERECHO

PRIMERO.- COMPETENCIA

Es competente el órgano al que me dirijo en virtud de lo dispuesto en el artículo [NÚMERO] (1), de la LJCA.

SEGUNDO.- CUANTÍA

A los efectos de lo dispuesto en el artículo 42 de la LJCA, la cuantía del presente recurso contencioso-administrativo directo contra disposición reglamentaria general se reputará como indeterminada.

TERCERO.- TRAMITACIÓN Y PROCEDIMIENTO

Los trámites procedimentales que habrán de seguirse son los establecidos en los artículos 45 y siguientes de la LJCA.

CUARTO.- LEGITIMACIÓN

La legitimación activa la ostenta esta parte en su condición de titular de un interés legítimo al afectar la disposición reglamentaria general objeto de impugnación a [ESPECIFICAR].

La legitimación pasiva la ostenta la Administración demandada como autora de la disposición que se recurre.

QUINTO.- FONDO DEL ASUNTO

Ya es común en la doctrina administrativa señalar que la potestad reglamentaria se encuentra limitada. La Administración ha de observar y respetar, en todo caso, a la hora de redactar las disposiciones generales a las que habilita la ley, los siguientes límites: la titularidad de dicha potestad reglamentaria, el procedimiento de elaboración legalmente establecido, la materia sobre la que versa el reglamento, el respeto a los principios generales del Derecho y los principios de no arbitrariedad e irretroactividad.

Así, traemos a colación la STS, rec. 304/2010, de 13 de octubre de 2011, ECLI:ES:TS:2011:6451, que reza como sigue:

> «Y es que, como recuerda también la doctrina, en la elaboración de las disposiciones reglamentarias, la observancia del procedimiento tiene un carácter formal ad solemnitatem, de modo que la omisión o defectuoso cumplimiento del mismo arrastra la nulidad de la disposición que se dicte, según jurisprudencia reiterada. El procedimiento constituye así un límite importante al ejercicio de la potestad reglamentaria».

Concluimos, por tanto, que no puede ser válido ningún reglamento que sea dictado por un órgano que no es el competente, como es el caso. Esto es así, por cuanto que, la Ley [ESPECIFICAR], en su artículo [NÚMERO] señala que «[ESPECIFICAR]», siendo entonces claro que la competencia para dictar dicha disposición pertenece a [ESPECIFICAR].

Se solicita también la nulidad de la disposición por la existencia de irregularidades formales en el procedimiento de su elaboración que se reputan trascendentales por contradecir el procedimiento que la Ley [ESPECIFICAR] establece en sus artículos [NÚMERO] y, en concreto:

- [ESPECIFICAR].

La ley habilitante de la potestad administrativa marca los siguientes límites en cuanto a la materia sobre la que versa la disposición reglamentaria: [ESPECIFICAR].

Se excede la disposición reglamentaria en la redacción en cuanto a [ESPECIFICAR].

Por tanto, he aquí otro motivo para la nulidad de dicha disposición por cuanto que, tal como señala el tenor literal de la **STC n.º 99/1987, de 11 de junio, ECLI:ES:TC:1987:99**:

> «[...] habrá de ser solo la ley la fuente introductora de las normas reclamadas por la Constitución, con la consecuencia de que la potestad reglamentaria no podrá desplegarse aquí innovando o sustituyendo a la disciplina legislativa, no siéndole tampoco posible al legislador disponer de la reserva misma a través de remisiones incondicionadas o carentes de límites ciertos y estrictos, pues ello entrañaría un desapoderamiento del Parlamento en favor de la potestad reglamentaria que sería contrario a la norma constitucional creadora de la reserva. Incluso con relación a los ámbitos reservados por la Constitución a la regulación por Ley no es, pues, imposible una intervención auxiliar o complementaria del reglamento, pero siempre —como se dijo en el fundamento jurídico 4.º de la STC 83/1984, de 24 de julio—, que estas remisiones "sean tales que restrinjan, efectivamente, el ejercicio de esa potestad (reglamentaria) a un complemento de la regulación legal, que sea indispensable por motivos técnicos o para optimizar el cumplimiento de las finalidades propuestas por la Constitución o por la propia Ley", de tal modo que no se llegue a "una total abdicación por parte del legislador de su facultad para establecer reglas limitativas, transfiriendo esta facultad al titular de la potestad reglamentaria, sin fijar ni siquiera cuáles son los fines u objetivos que la reglamentación ha de perseguir"».

En un sentido similar, añade la **STS n.º 349/2020, de 10 de marzo, ECLI:ES:TS:2020:732** que reza:

> «Desde una perspectiva general, porque una disposición reglamentaria ha de respetar toda norma de rango superior y, por tanto, en principio, todas las leyes que puedan afectarle, y no solo aquella de la que sea directo desarrollo. En este sentido, la prevalente relación entre una disposición reglamentaria y la ley que desarrolla no excluye la necesidad de que el reglamento no incurra en vulneraciones de otras normas del ordenamiento de rango superior que puedan incidir en la materia regulada (...)».

Por lo anteriormente expuesto,

SOLICITO:

Que, habiendo por presentado este escrito, y los documentos que se acompañan, junto con copia de todo ello, se sirva admitirlo, tenga por formulada demanda de recurso contra la disposición general identificada y, tras los trámites legales pertinentes, dicte sentencia por la que, con estimación del presente recurso contencioso-administrativo, se declare la disconformidad a derecho de la disposición y su consecuente plena nulidad.

Por ser de justicia que pido,

En [LOCALIDAD], a [DÍA] de [MES] de [AÑO].

Letrado/a don/doña [NOMBRE]   Procurador/a don/doña [NOMBRE]

[NÚMERO_COLEGIADO ABOGADO_   [NÚMERO_COLEGIADO_
CLIENTE]   PROCURADOR_CLIENTE]

---

(1) Vendrá determinado en función de las normas de competencia establecidas en los **artículos 8, 9, 10, 11 y 12 de la Ley 29/1998, de 13 de julio, reguladora de la Jurisdicción Contencioso-Administrativa**.

(2) Ante órganos unipersonales, las partes podrán conferir su representación a un procurador/a y serán asistidas, en todo caso, por abogado; ante órganos colegiados, las partes deberán conferir su representación a un procurador y ser asistidas por abogado. (*Cfr.* artículo 23 de la **Ley 29/1998, de 13 de julio, reguladora de la Jurisdicción Contencioso-Administrativa**).

(3) Nótese que en virtud de lo dispuesto en el artículo 45, apartado 5, de la **Ley 29/1998, de 13 de julio, reguladora de la Jurisdicción Contencioso-Administrativa**, el recurso contra una disposición general podría iniciarse directamente a través de demanda (sin necesidad, por tanto, de escrito de interposición previo) cuando no existan terceros interesados.

Demanda de recurso contencioso-administrativo contra denegación de licencia de apertura de establecimientos

AL JUZGADO DE LO CONTENCIOSO-ADMINISTRATIVO DE [ESPECIFICAR]

Don / Doña. [NOMBRE PROCURADOR], Procurador/a de los Tribunales, actuando en nombre y representación de [NOMBRE], mayor de edad, con DNI [DNI]con domicilio a efectos de notificaciones en [DIRECCIÓN], cuya representación acredito por medio de escritura pública de poder y cuya copia acompaño para su unión a los autos (Documento n.º. 1) mediante testimonio con devolución del original, bajo la asistencia letrada de **Don/Doña** [NOMBRE_ABOGADO_CLIENTE], abogado del Ilustre Colegio de [LOCALIDAD], ante el juzgado comparezco y como mejor proceda en derecho,

DIGO

Que, a través del presente escrito, en virtud de lo dispuesto en los artículos 45 y siguientes de la Ley 29/1998, de 13 de julio, reguladora de la Jurisdicción Contencioso-administrativa (LRJCA) y, en el plazo de veinte días, establecido al efecto en el artículo 52 del mismo texto legal vengo a interponer demanda contra el Ayuntamiento de [LOCALIDAD] por haber dictado una resolución denegatoria de una licencia de apertura de establecimiento, con base en los siguientes

HECHOS

PRIMERO.- Mi representado es propietario de un [ESPECIFICAR] **(1)** sito en [DIRECCIÓN], perteneciente al Ayuntamiento de [ESPECIFICAR], a cuyos efectos probatorios adjunto certificación expedida por el correspondiente Registro de la Propiedad (Documento n.º 2)

SEGUNDO.- Que en fecha [FECHA], presentó en las instalaciones de ese Ayuntamiento la correspondiente solicitud, debidamente cumplimentada, a fin de obtener la licencia correspondiente para el ejercicio de la actividad de [ESPECIFICAR] en el referenciado [ESPECIFICAR] **(1)**. Para justificar tal acto adjunto a este escrito de demanda copia de la mencionada solicitud (Documento n.º 3).

TERCERO.- Que en fecha fue comunicada la resolución de denegación de dicha solicitud de licencia bajo el argumento de que [ESPECIFICAR]. Se acompaña como Documento n.º 4 copia de la mencionada resolución.

CUARTO.- Que dicha Resolución denegatoria no resulta ajustada a Derecho porque [ESPECIFICAR] y para que ello resulte probado se adjuntan los siguientes documentos [ESPECIFICAR].

A los anteriores hechos les resultan de aplicación los siguientes,

FUNDAMENTOS DE DERECHO

PRIMERO.-JURISDICCIÓN Y COMPETENCIA

Corresponde el conocimiento de esta cuestión a la jurisdicción contencioso-administrativa en virtud de lo establecido en el artículo 1 de la LRJCA que dispone que «los Juzgados y Tribunales del orden contencioso-administrativo conocerán de las pretensiones que se deduzcan en relación con la actuación de las Administraciones públicas sujeta al Derecho Administrativo, con las disposiciones generales de rango inferior a la Ley y con los Decretos legislativos cuando excedan los límites de la delegación».

Además, resulta competente el órgano al que me dirijo puesto que el artículo 8 de la LJCA dispone que «Los Juzgados de lo Contencioso-administrativo conocerán, en única o primera instancia según lo dispuesto en esta ley, de los recursos que se deduzcan frente a los actos de las entidades locales o de las entidades y corporaciones dependientes o vinculadas a las mismas, excluidas las impugnaciones de cualquier clase de instrumentos de planeamiento urbanístico».

Asimismo, resulta competente territorialmente el órgano al que me dirijo puesto que el artículo 14 de la LRJCA establece al respecto que «Con carácter general, será competente el órgano jurisdiccional en cuya circunscripción tenga su sede el órgano que hubiere dictado la disposición o el acto originario impugnado».

SEGUNDO.-LEGITIMACIÓN Y CAPACIDAD

La legitimación activa en este caso corresponde a mi representado, en aplicación de lo dispuesto en el artículo 19 de la LRJCA, ya que ostenta un derecho o interés legítimo, al verse perjudicado por no poder desempeñar la actividad para la cual solicita licencia en [ESPECIFICAR] (1) de su propiedad.

La legitimación pasiva corresponde al Ayuntamiento de [LOCALIDAD] por ser la entidad local que ha dictado la resolución frente a la cual se interpone demanda a través de este escrito.

Por otra parte, mi representado tiene capacidad procesal ante el orden jurisdiccional contencioso-administrativo porque también la tiene en virtud de lo dispuesto en la LEC (artículo 18 de la LJCA). En virtud de esta norma legal mi representado tiene tanto capacidad para ser parte (artículo 6.1.1.° de la LEC) en el presente proceso como para comparecer en juicio (artículo 7 de la LEC) al ser persona física, mayor de edad, en pleno ejercicio de sus derechos civiles y acude debidamente representado por procurador (artículo 23 de la LEC) y asesorado por abogado (artículo 31 de la LEC).

Resulta parte demandada en virtud del artículo 21 de la LJCA, el Ayuntamiento de [LOCALIDAD] en virtud de lo dispuesto en el artículo 21 de la LJCA.

TERCERO.- OBJETO DEL RECURSO

El objeto del presente recurso es un acto expreso dictado por el Ayuntamiento de [LOCALIDAD] que pone fin a la vía administrativa y, por lo tanto, es susceptible de ser recurrido a través de la interposición de un recurso contencioso-administrativo, en aplicación de lo dispuesto en el artículo 25 y siguientes de la LJCA.

CUARTO.- CUANTÍA DEL RECURSO

En aplicación de lo dispuesto en el artículo 40.1 de la LJCA se fija la cuantía del presente recurso en indeterminada.

QUINTO.- FONDO

[ESPECIFICAR] (2)

La **STSJ Andalucía n.° 912/2044, de 30 de junio, ECLI:TSJAND:2004:3845**, dispone que «la licencia urbanística puede ser considerada como una autorización municipal de carácter reglado que, sin perjuicio de tercero, permite la ejecución de obras o utilización del suelo que los instrumentos urbanísticos han previsto en cada terreno. Se trata de una técnica de intervención administrativa basada en el control de los actos de edificación y otros usos, para garantizar su adecuación o sometimiento a la legalidad y planeamiento urbanístico. Así pues la concesión o denegación de licencias es una potestad absolutamente reglada en base al planeamiento urbanístico vigente al tiempo de resolver, siempre que se resuelva en plazo de dos meses (R.S.C.L., artículo 9) pues en otro caso se aplicaría el vigente al tiempo de la solicitud. Como el Tribunal Supremo ha precisado en diversas sentencias (por todas, la de 14 de abril de

1.993) "las licencias urbanísticas constituyen un acto debido en cuanto que necesariamente deben otorgarse o denegarse según que la adecuación pretendida se adapte o no a la ordenación aplicable (...)"».

Resulta de aplicación a los procedimientos de otorgamiento de licencias de apertura lo dispuesto en la STS rec. 9067/1995, de 31 de enero de 2001, ECLI:ES:TS:2001:5819, que expresa: «en el procedimiento de otorgamiento de la licencia de apertura no se pueden traer a colación los problemas derivados de la licencia de obras, que han de tener su tratamiento en el expediente específico destinado a otorgar aquélla licencia. En segundo lugar, la falta de concordancia entre los planos presentados y la realidad no debe provocar la denegación de la licencia sino el requerimiento para que se lleve a cabo la rectificación pertinente. Finalmente, y como se ha dicho, la eventual realización de obras sin licencia tiene un tratamiento legal específico, pero no puede ser el motivo de denegación de la licencia de apertura que es lo que hace el acto impugnado».

Por tanto se concluye que la resolución denegatoria de apertura de establecimiento no resulta ajustada a Derecho por lo que habrá de ser anulada.

En virtud de todo lo expuesto anteriormente,

SUPLICO AL JUZGADO:

Que tenga por presentado el presente escrito, junto a los documentos que lo acompañan, lo admita a trámite y declare que la resolución referenciada no resulta ajustada a Derecho y, en consecuencia, proceda a su anulación y declare el derecho de mi representado a la obtención de la licencia de apertura de establecimiento en el inmueble sito en [DIRECCIÓN], que resulta de su propiedad.

PRIMER OTROSÍ DIGO, que en aplicación de lo dispuesto en el artículo 60 de la LRJCA solicito al juzgado que acuerde el recibimiento de pleito a prueba y a estos efectos se propone la adopción de los siguientes medios de prueba [ESPECIFICAR].

SEGUNDO OTROSÍ DIGO, que en aplicación de lo establecido en el artículo 62 de la LRJCA solicito al Juzgado que [ESPECIFICAR] **(3)**

NUEVAMENTE SUPLICO:

Que se tengan por hechas las anteriores manifestaciones a los efectos oportunos.

Por ser justicia que pido en [LOCALIDAD], a [DÍA] de [MES] de [AÑO].

FDO. [FIRMA]

---

(1) Inmueble, local, nave...

(2) Habrá que relatar los preceptos que resulten aplicables al caso concreto, pues la legislación que se aplique a efectos de considerar que el establecimiento cuya apertura se pretende variará en función de cual sea la actividad que se vaya a realizar en el mismo.

(3) Según el artículo 62 de la LJCA «Las partes podrán solicitar que se celebre vista, que se presenten conclusiones o que el pleito sea declarado concluso, sin más trámites, para sentencia».

Demanda de recurso contencioso-administrativo (procedimiento abreviado)

AL [ÓRGANO] **(1)**

Don/Doña [NOMBRE_PROCURADOR_CLIENTE], procurador/a de los tribunales de [LUGAR], con n.º de colegiado [NÚMERO_COLEGIADO_PROCURADOR_CLIENTE] actuando en nombre y representación de **don/doña** [NOMBRE_CLIENTE], con [NIF_CIF_DNI_CLIENTE], representación que debidamente acredito con la copia de poder notarial que adjunto documento n.º [NÚMERO] **(2)**, bajo la dirección técnica letrada de **don/doña** [NOMBRE_ABOGADO_CLIENTE], abogado/a con número de colegiado [NÚMERO_COLEGIADO_ABOGADO_CLIENTE] del Iltre. Colegio de Abogados de [LOCALIDAD], comparezco y como mejor proceda en derecho **(3)**,

DIGO

Mediante el presente escrito, y en virtud de lo dispuesto en el artículo 78 de la Ley 29/1998, de 13 de julio, reguladora de la Jurisdicción Contencioso-administrativa **(4)**, formulo **DEMANDA DE RECURSO CONTENCIOSO-ADMINISTRATIVO**, a tramitar por el cauce del procedimiento abreviado, contra la resolución **(5)** de fecha [FECHA] por la que [ESPECIFICAR], en base a los siguientes,

HECHOS

PRIMERO.- [ESPECIFICAR].

SEGUNDO.- [ESPECIFICAR].

A los hechos antecedentes resultan de aplicación los siguientes,

FUNDAMENTOS DE DERECHO

I.- JURISDICCIÓN Y COMPETENCIA

El artículo 1, apartado 1 de la LJCA indica que los juzgados y tribunales del orden contencioso-administrativo conocerán de las pretensiones que se deduzcan en relación con la actuación de las Administraciones públicas sujetas a derecho administrativo. Por su parte, corresponde el conocimiento de la presente pretensión al órgano al que me dirijo por [ESPECIFICAR].

II.- TRAMITACIÓN

El procedimiento adecuado para su tramitación es el abreviado, establecido en el artículo 78 de la LJCA.

III.- LEGITIMACIÓN Y POSTULACIÓN

El artículo 19, apartado 1 letra a) de la LJCA legitima activamente ante esa jurisdicción a las personas que ostenten un interés legítimo y el artículo 21, apartado 1.a) de la misma ley atribuye legitimación pasiva a la Administración contra la que se dirija el recurso. Por lo que respecta a la postulación, esta parte se encuentra representada por procurador y asistida técnicamente por abogado **(3)**.

IV.- CUANTÍA DEL RECURSO

Por aplicación de lo dispuesto en el artículo 42 de la LJCA se hace constar que la cuantía de este recurso es de [CANTIDAD] €.

V.- FONDO DEL ASUNTO

[DESCRIPCIÓN].

Por lo expuesto,

SUPLICO AL [ÓRGANO] **(1):**

Que tenga por presentado este escrito con los documentos que acompaño y copia de todo ello, admita a trámite la presente demanda y tenga por interpuesto recurso contencioso-administrativo contra la resolución **(5)** [ESPECIFICAR] de fecha [FECHA] por la que [ESPECIFICAR] y, previos los trámites legales oportunos, dicte en su día sentencia por la que se declare [DESCRIPCIÓN]. Todo ello con expresa imposición de costas a la Administración demandada.

En [LOCALIDAD], a [DÍA] de [MES] de [AÑO].

Letrado/a don/doña [NOMBRE]   Procurador/a don/doña [NOMBRE]

[NÚMERO_COLEGIADO ABOGADO_   [NÚMERO_COLEGIADO_
CLIENTE]   PROCURADOR_CLIENTE]

---

(1) Juzgados de lo contencioso-administrativo o, en su caso, los juzgados centrales de lo conten-cioso-administrativo (**artículo 78, apartado 1, de la Ley 29/1998, de 13 de julio, reguladora de la Jurisdicción Contencioso-administrativa**). En el supuesto de fundamentarse en la vía del **artículo 29, apartado 2 de la Ley 29/1998, de 13 de julio, reguladora de la Jurisdic-ción Contencioso-administrativa**, el órgano jurisdiccional competente para conocer del acto firme no ejecutado.

(2) O mediante apoderamiento *apud acta*.

(3) Ante órganos unipersonales, las partes podrán conferir su representación a un procurador y serán asistidas, en todo caso, por abogado; ante órganos colegiados, las partes deberán conferir su representación a un procurador y ser asistidas por abogado (**artículo 23 de la Ley 29/1998, de 13 de julio, reguladora de la Jurisdicción Contencioso-administrativa**).

(4) En su caso, cítese el **artículo 29, apartado 2 de la Ley 29/1998, de 13 de julio**.

(5) En su caso, cualquier actividad impugnable resultante de la consideración conjunta de los **artículos 25 y 29 de la Ley 29/1998, de 13 de julio**.

Escrito de interposición de recurso de apelación contra sentencias (orden contencioso-administrativo)

A TENER EN CUENTA. El RD-ley 6/2023, de 19 de diciembre, modifica el artículo 81 de la LJCA con entrada en vigor el 20/03/2024.

AL [JUZGADO] **(1) PARA** [JUZGADO] **(2)**

Don/Doña [NOMBRE_PROCURADOR_CLIENTE], procurador de los tribunales de [LUGAR], actuando en nombre y representación de **don/doña** [NOMBRE_CLIENTE], esta última ya acreditada en recurso contencioso-administrativo n.º [NÚMERO], bajo la dirección técnica letrada de **don/doña** [NOMBRE_ABOGADO_CLIENTE], ante el juzgado comparezco y como mejor proceda en derecho, **(3)**

DIGO

Con fecha [FECHA] se me ha notificado la sentencia recaída en estos autos en la cual no se accede a nuestros pedimentos y, entendiendo que es perjudicial para los intereses de mi representado/a, al amparo de los artículos 81 **(4)** y siguientes de la Ley 29/1998, de 13 de julio, reguladora de la Jurisdicción Contencioso-administrativa, formulo **RECURSO DE APELACIÓN** en ambos efectos, que se fundamenta en las siguientes,

ALEGACIONES

PRIMERA.- [DESCRIPCIÓN].

SEGUNDA.- [DESCRIPCIÓN].

TERCERA.- [DESCRIPCIÓN].

Es por ello que,

SUPLICO:

Que se tenga por presentado este escrito y por interpuesto recurso de apelación contra dicha sentencia, se admita en ambos efectos y se remita los autos a [JUZGADO] **(2)** previo emplazamiento de las partes para que comparezcan ante el mismo.

En [LOCALIDAD] a [DÍA] de [MES] de [AÑO].

Letrado/a don/doña [NOMBRE] Procurador/a don/doña [NOMBRE]
[NÚMERO_COLEGIADO ABOGADO_ CLIENTE] [NÚMERO_COLEGIADO_ PROCURADOR_CLIENTE]

OTROSÍ DIGO: se solicita que se celebre vista.

SUPLICO:

Que se tenga por realizada la manifestación anterior a los efectos oportunos.

En fecha y lugar ut supra.

Letrado/a don/doña [NOMBRE] Procurador/a don/doña [NOMBRE]
[NÚMERO_COLEGIADO ABOGADO_ CLIENTE] [NÚMERO_COLEGIADO_ PROCURADOR_CLIENTE]

OTROSÍ SEGUNDO DIGO: se solicita el recibimiento a prueba para la práctica de la siguiente que fue denegada:

-[ESPECIFICAR]

-[ESPECIFICAR]

-[ESPECIFICAR]

SUPLICO:

Que se tenga por realizada la manifestación anterior a los efectos oportunos.

En fecha y lugar *ut supra*.

Letrado/a don/doña [NOMBRE]   Procurador/a don/doña [NOMBRE]

[NÚMERO_COLEGIADO ABOGADO_   [NÚMERO_COLEGIADO_
CLIENTE]   PROCURADOR_CLIENTE]

---

(1) Se presenta ante el juzgado que dictó la sentencia que se apele (Juzgados de lo Contencioso-administrativo o los Juzgados Centrales de lo Contencioso-administrativo).

(2) Bien la sala de lo contencioso-administrativo del TSJ correspondiente (apdo. 2 del artículo 10 de la Ley 29/1998, de 13 de julio) o bien la Sala de lo Contencioso-administrativo de la Audiencia Nacional (apdo. 2 del artículo 11 de la Ley 29/1998, de 13 de julio).

(3) En su caso, en base a lo previsto en el apartado 1 del artículo 23 de la Ley 29/1998, de 13 de julio: «**Don/Doña** [NOMBRE_ABOGADO_CLIENTE], abogado/a colegiado [NÚMERO_COLEGIADO_ABOGADO_CLIENTE] del Colegio de abogados de [ESPECIFICAR], actuando en nombre y representación de **don/doña** [NOMBRE_CLIENTE], esta última ya acreditada en recurso contencioso-administrativo, ante el juzgado comparezco y como mejor proceda en derecho.»

(4) El RD-ley 6/2023, de 19 de diciembre, modifica el artículo 81 de la LJCA con entrada en vigor el 20/03/2024.

Recurso de apelación contra expulsión del territorio nacional

> **A TENER EN CUENTA.** Los artículos 81 y 85 de la LJCA se han visto modificados por el Real Decreto-ley 6/2023, de 19 de diciembre, con entrada en vigor el 20/03/2024.

AL [JUZGADO] PARA LA SALA DE LO CONTENCIOSO-ADMINISTRATIVO DE [CIUDAD]

Don/Doña [NOMBRE_PROCURADOR_CLIENTE], procurador/a de los tribunales de [LUGAR], actuando en nombre y representación de **don/doña** [NOMBRE_CLIENTE], esta última ya acreditada en recurso contencioso-administrativo n.º [NÚMERO], bajo la dirección técnica de **don/doña** [NOMBRE_ABOGADO_CLIENTE], ante el juzgado comparezco y como mejor proceda en derecho,

DIGO

Con fecha [FECHA] se me ha notificado la sentencia recaída en estos autos mediante la que se desestima el recurso contencioso-administrativo formulado contra la resolución [ESPECIFICAR] que acordó la sanción de expulsión de territorio nacional de nuestro representado, con prohibición de entrada por un periodo de [AÑOS], por la comisión de la infracción prevista en el artículo 53 [ESPECIFICAR_LETRA] de **la Ley Orgánica 4/2000, de 11 de enero** y, entendiendo que es perjudicial para nuestro cliente al haber sido dictada vulnerando el principio de proporcionalidad al amparo de los artículos 81 y siguientes de la Ley reguladora de la Jurisdicción Contencioso-administrativa, formulo recurso de apelación en ambos efectos, que se fundamenta en las siguientes,

ALEGACIONES

PRIMERA.- El **artículo 53** de la **Ley Orgánica 4/2000, de 11 de enero** establece que son infracciones graves: [DESCRIPCIÓN DEL APARTADO QUE RECOGE LA INFRACCIÓN QUE HA MOTIVADO LA EXPULSIÓN].

SEGUNDA.- El artículo 55, apartado 1, letra b) de la LO 4/2000, de 11 de enero, regula las sanciones, señalando que las infracciones graves se sancionarán con multa de 501 hasta 10.000 euros.

El artículo 57, apartado 1, de la mencionada LO 4/2000, de 11 de enero dispone que:

> «Cuando los infractores sean extranjeros y realicen conductas de las tipificadas como muy graves, o conductas graves de las previstas en los apartados a), b), c), d) y f) del artículo 53.1 de esta Ley Orgánica, podrá aplicarse, en atención al principio de proporcionalidad, en lugar de la sanción de multa, la expulsión del territorio español, previa la tramitación del correspondiente expediente administrativo y mediante la resolución motivada que valore los hechos que configuran la infracción».

TERCERA.- Las circunstancias concurrentes en el presente caso son las siguientes: [DESCRIPCIÓN].

Dichas circunstancias acreditan el arraigo de nuestro mandante, fundamentándose asimismo como circunstancias que constituyen hechos objetivos de la estabilidad tanto personal como económica de este en España, resultando, en consecuencia desproporcionada la imposición de la sanción de expulsión de territorio nacional y Schengen durante el plazo de [AÑOS], vulnerándose a todas luces el principio de proporcionalidad en cuanto a la imposición de la sanción ya que no concurren circunstancias suficientes como para justificar la expulsión del territorio español, correspondiendo imponer al apelante sanción de multa.

CUARTA.- A mayor abundamiento, la imposición por la autoridad gubernativa de la sanción de expulsión en relación con el referido tipo infractor grave requiere de una motivación específica y distinta o complementaria de la mera apreciación de una situación fáctica [CIRCUNSTANCIA QUE MOTIVA LA EXPULSIÓN]. Debiéndose a este efecto consignar en la resolución administrativa o, al menos, ofrecerse una debida constancia en el expediente administrativo de cuáles sean las razones de proporcionalidad, de grado de antijuridicidad y de culpabilidad, de daño o riesgo derivado de la infracción y, en general, cuáles sean las circunstancias jurídicas o fácticas que dotan de fundamento proporcional a la sanción de expulsión frente a la sanción de multa.

Entre los factores que introducen ese necesario plus de gravedad que justifica la expulsión, la **sentencia del TSJ del País Vasco n.º 555/2008, de 10 de septiembre, ECLI:ES:TSJPV:2008:3231**, recaída en el recurso de apelación n.º 361/2007, señala, recopilando la jurisprudencia del Tribunal Supremo, la existencia de una previa orden de salida obligatoria incumplida **(STS, rec. 9560/2003, de 22 de febrero de 2007, ECLI:ES:TS:2007:1230)**; el hallarse, además, indocumentado, e ignorarse cuándo y por dónde entró en España **(SSTS, rec. 1624/2004, de 23 de octubre de 2007, ECLI:ES:TS:2007:6962, y rec. 1060/2004, de 5 de julio de 2007, ECLI:ES:TS:2007:4767)**; disponer de documentación falsa **(STS, rec. 2260/2004, de 25 de octubre de 2007, ECLI:ES:TS:2007:6969)**; constar una previa prohibición de entrada **(STS, rec. 2244/2004, de 4 de octubre de 2007, ECLI:ES:TS:2007:6676)**; e invocar una falsa nacionalidad **(STS, rec. 2448/2004, de 8 de noviembre de 2007, ECLI:ES:TS:2007:7390)**, sin que en el caso concreto que hoy nos ocupa concurran datos negativos relevantes en la conducta o circunstancias de nuestro representado, encontrándonos, en consecuencia, ante una orden de expulsión desproporcionada en el que ni en la resolución hoy recurrida ni en el expediente administrativo existan específicamente justificadas las razones por las cuales la Administración impuso la sanción de expulsión y no la general de multa que prevé el ordenamiento jurídico.

QUINTA.- Por todo ello resultando, de un lado desproporcional la imposición de la sanción de expulsión de territorio nacional y Schengen durante el plazo de [AÑOS] ante las circunstancias concretas de nuestro representado y de otro, encontrándonos ante una absoluta insuficiencia fundamentación jurídica de las circunstancias jurídicas o fácticas que doten de proporcionalidad a la sanción de expulsión procede imponer a nuestro representado la multa de [CUANTÍA] prevista en el artículo 55, apartado 1, letra b) de la Ley 4/2000, de 11 de enero.

Por ello,

SUPLICO:

Que se tenga por presentado este escrito y por interpuesto recurso de apelación contra la sentencia de [FECHA], dictada por el Juzgado de lo Contencioso Administrativo [NÚMERO] de [LUGAR] y en su virtud, la sala acuerde:

1.º La revocación de la sentencia apelada.

2.º Anular y dejar sin efecto la resolución administrativa recurrida.

3.º Se imponga al apelante la sanción de multa de (proposición).

En [LOCALIDAD] a [DÍA] de [MES] de [AÑO].

Letrado/a don/doña [NOMBRE] Procurador/a don/doña [NOMBRE]

[NÚMERO_COLEGIADO ABOGADO_   [NÚMERO_COLEGIADO_
CLIENTE]   PROCURADOR_CLIENTE]

Escrito solicitando la adopción de medidas cautelares para asegurar la ejecución de la sentencia (o auto) apelada

> **A TENER EN CUENTA.** El RD-ley 6/2023, de 19 de diciembre, modifica los apartados 3 y 4 del artículo 85 de la LJCA con entrada en vigor el 20/03/2024.

AL JUZGADO DE LO CONTENCIOSO-ADMINISTRATIVO DE [LOCALIDAD]

Don/Doña [NOMBRE PROCURADOR], procurador/a de los tribunales, actuando en nombre y representación de [NOMBRE], con DNI [DNI] con domicilio a efectos de notificaciones en [DIRECCIÓN], cuya representación acredito por medio de escritura pública de poder y cuya copia acompaño para su unión a los autos **documento n.º** [NÚMERO] mediante testimonio con devolución del original, bajo la asistencia letrada de **don/doña** [NOMBRE_ABOGADO_CLIENTE], abogado/a del Ilustre Colegio de [LOCALIDAD], ante el juzgado comparezco y como mejor proceda en derecho,

DIGO

Por medio del presente escrito y en virtud de lo dispuesto en el **artículo 83**, apartado 2, de la Ley 29/1998, de 13 de julio, reguladora de la Jurisdicción Contencioso-administrativa (LJCA), vengo a solicitar la adopción de medidas cautelares para asegurar la eficacia de la sentencia **(1)** recaída en el procedimiento y que ha sido recurrida en apelación, con base en los siguientes,

MOTIVOS

PRIMERO.- En este procedimiento ha recaído sentencia [NÚMERO] del juzgado al que me dirijo en fecha [FECHA].

SEGUNDO.- En resolución de fecha [FECHA] resultó admitido a trámite el **recurso de apelación** contra la mencionada sentencia, en aplicación de lo dispuesto en el **artículo 85** de la LJCA:

«1. El recurso de apelación se interpondrá ante el Juzgado que hubiere dictado la sentencia que se apele, dentro de los quince días siguientes al de su notificación, mediante escrito razonado que deberá contener las alegaciones en que se fundamente el recurso. Transcurrido el plazo de quince días sin haberse interpuesto el recurso de apelación, el Secretario judicial declarará la firmeza de la sentencia.

2. Si el escrito presentado cumple los requisitos previstos en el apartado anterior y se refiere a una sentencia susceptible de apelación, el Secretario judicial dictará resolución admitiendo el recurso, contra la que no cabrá recurso alguno, y dará traslado del mismo a las demás partes para que, en el plazo común de quince días, puedan formalizar su oposición. En otro caso, lo pondrá en conocimiento del Juez que, si lo estima oportuno, denegará la admisión por medio de auto, contra el que podrá interponerse recurso de queja, que se sustanciará en la forma establecida en la Ley de Enjuiciamiento Civil.

3. En los escritos de interposición del recurso y de oposición al mismo las partes podrán pedir el recibimiento a prueba para la práctica de las que hubie-

ran sido denegadas o no hubieran sido debidamente practicadas en primera instancia por causas que no les sean imputables.

4. En el escrito de oposición, la parte apelada, si entendiera admitida indebidamente la apelación, deberá hacerlo constar, en cuyo caso el letrado o letrada de la Administración de Justicia dará vista a la apelante, por cinco días, de esta alegación. También podrá el apelado, en el mismo escrito, impugnar la sentencia apelada en lo que le resulte desfavorable, razonando los puntos en que crea que le es perjudicial la sentencia, y en este caso el letrado o letrada de la Administración de Justicia dará traslado al apelante del escrito de oposición por plazo de diez días, al solo efecto de que pueda oponerse a la impugnación.

5. Transcurridos los plazos a que se refieren los apartados 2 y 4 anteriores, el Juzgado elevará los autos y el expediente administrativo, en unión de los escritos presentados, ordenándose el emplazamiento de las partes para su comparecencia en el plazo de treinta días ante la Sala de lo Contencioso-administrativo competente, que resolverá, en su caso, lo que proceda sobre la discutida admisión del recurso o sobre el recibimiento a prueba.

6. Cuando la Sala estime procedente la prueba solicitada, su práctica tendrá lugar con citación de las partes.

7. Las partes, en los escritos de interposición y de oposición al recurso, podrán solicitar que se celebre vista, que se presenten conclusiones o que el pleito sea declarado concluso, sin más trámites, para sentencia.

8. El Secretario judicial acordará la celebración de vista, en cuyo caso hará el oportuno señalamiento, o la presentación de conclusiones si lo hubieren solicitado todas las partes o si se hubiere practicado prueba. La Sala también podrá acordar que se celebre vista, que señalará el secretario, o que se presenten conclusiones escritas cuando lo estimare necesario, atendida la índole del asunto. Será de aplicación a estos trámites lo dispuesto en los artículos 63 a 65.

Celebrada la vista o presentadas las conclusiones, el Secretario judicial declarará que el pleito ha quedado concluso para sentencia.

9. La Sala dictará sentencia en el plazo de diez días desde la declaración de que el pleito está concluso para sentencia.

10. Cuando la Sala revoque en apelación la sentencia impugnada que hubiere declarado la inadmisibilidad del recurso contencioso-administrativo, resolverá al mismo tiempo sobre el fondo del asunto». (2)

TERCERO.- Con el fin de asegurar la eficacia de la sentencia recaída y que ha sido recurrida, resulta necesaria la adopción de medidas cautelares de conformidad con el artículo 129 de la LJCA que establece: «Los interesados podrán solicitar en cualquier estado del proceso la adopción de cuantas medidas aseguren la efectividad de la sentencia», puesto que, de no adoptarse de manera inmediata se producirían perjuicios de difícil e imposible reparación puesto que [ESPECIFICAR]. A efectos probatorios de los perjuicios que se podrían causar se adjuntan los siguientes documentos: [ESPECIFICAR].

Las medidas cautelares que se interesan son: [ESPECIFICAR].

Por todo lo expuesto anteriormente,

SUPLICO AL JUZGADO:

Que teniendo por presentado este escrito, así como los documentos que lo acompañan, se sirva admitirlo a trámite y acuerde la adopción de las medidas cautelares antes indicadas, de aplicación mientras no se resuelva sobre el recurso de apelación y la completa ejecución de la sentencia (1).

Por ser justicia que pido en [LOCALIDAD], a [DÍA] de [MES] de [AÑO].

Letrado/a don/doña [NOMBRE]

[NÚMERO_COLEGIADO ABOGADO_
CLIENTE]

Procurador/a don/doña [NOMBRE]

[NÚMERO_COLEGIADO_
PROCURADOR_CLIENTE]

---

(1) O auto.

(2) El RD-ley 6/2023, de 19 de diciembre, se modifican los apartados 3 y 4 del artículo 85 de la LJCA con entrada en vigor el 20/03/2024. El extracto mostrado en este formulario constituye la versión vigente desde esa fecha. Hasta la misma la versión vigente sería:

«3. En los escritos de interposición del recurso y de oposición al mismo las partes podrán pedir el recibimiento a prueba para la práctica de las que hubieran sido denegadas o no hubieran sido debidamente practicadas en primera instancia por causas que no les sean imputables. En dichos escritos, los funcionarios públicos, en los procesos a que se refiere el artículo 23.3, designarán un domicilio para notificaciones en la sede de la Sala de lo Contencioso-administrativo competente.

4. En el escrito de oposición, la parte apelada, si entendiera admitida indebidamente la apelación, deberá hacerlo constar, en cuyo caso el Secretario judicial dará vista a la apelante, por cinco días, de esta alegación. También podrá el apelado, en el mismo escrito, adherirse a la apelación, razonando los puntos en que crea que le es perjudicial la sentencia, y en este caso el Secretario dará traslado al apelante del escrito de oposición por plazo de diez días, al solo efecto de que pueda oponerse a la adhesión».

Escrito de oposición a la admisión del recurso de casación contencioso-administrativo

> **A TENER EN CUENTA.** Este formulario se encuentra actualizado a las modificaciones introducidas por el Real Decreto-ley 5/2023, de 28 de junio, con entrada en vigor el 29/07/2023.

CARÁTULA

Destinatario:

Recurrente: [NOMBRE], [DNI] **(1)**

Procurador/a: [NOMBRE_PROCURADOR_CLIENTE] [NÚMERO_COLEGIADO_PROCURADOR_CLIENTE]

Letrado/a: [NOMBRE_ABOGADO_CLIENTE] [NÚMERO_COLEGIADO_ABOGADO_CLIENTE]

Resolución recurrida: **(2)**

Escrito que se presenta: escrito de oposición a la admisión del recurso de casación

Asunto: [DESCRIPCIÓN] **(3)**

A LA SALA TERCERA DEL TRIBUNAL SUPREMO (4)

Don/Doña [NOMBRE_PROCURADOR/A_CLIENTE], procurador/a de los tribunales de [LUGAR] con n.º de colegiado/a [NÚMERO_COLEGIADO/A_PROCURADOR/A_CLIENTE], actuando en nombre y representación de **don/doña** [NOMBRE_CLIENTE], [DNI] representación que acredito mediante [DOCUMENTO] y que presento como documento n.º [NÚMERO] y bajo la dirección técnica de **don/doña** [NOMBRE_ABOGADO/A_CLIENTE] con [NÚMERO_COLEGIADO/A_ABOGADO/A_CLIENTE], como mejor proceda en derecho,

DIGO

Por medio del presente escrito, y dentro del término de comparecencia ante esa Sala al que se refiere el **artículo 89, apartado 5 de la Ley 29/1998, reguladora de la Jurisdicción Contencioso-administrativa (5)** conferido por auto de [ÓRGANO] de [FECHA], en virtud de lo dispuesto en el **artículo 89, apartado 6, de la Ley 29/1998, reguladora de la Jurisdicción Contencioso-administrativa**, vengo a oponerme a la admisión del recurso de casación de [SENTENCIA_RECURRIDA_EN_CASACIÓN].

FUNDAMENTOS DE DERECHO DE ORDEN PROCESAL

PRIMERO.- EN CUANTO AL PLAZO

Este escrito se presenta dentro de plazo de 15 días prevenido en el **artículo 89, apartado 5 de la Ley 29/1998, reguladora de la jurisdicción Contencioso-administrativa, (5)** cumpliendo así con lo establecido en el **artículo 89, apartado 6 del mismo cuerpo legal**.

SEGUNDO.- EN CUANTO A LA LEGITIMIDAD

Mi representado/a está legitimado/a para interponer oposición al recurso de casación por su condición de demandado/a en el recurso contencioso-administrativo.

FUNDAMENTOS DE DERECHO DE ORDEN MATERIAL

MOTIVOS DE OPOSICIÓN

PRIMERO.- Esta parte entiende, de conformidad con el artículo 86, apartado 1 de la Ley 29/1998, de 13 de julio, reguladora de la Jurisdicción Contencioso-administrativa, que la sentencia anteriormente referida, no es susceptible de recurso de casación por referirse a [DESCRIPCIÓN].

SEGUNDO.- Igualmente, se hace constar que el recurso presentado carece de interés casacional objetivo para la formación de jurisprudencia, en los términos del artículo 88 de la Ley 29/1998, de 13 de julio, reguladora de la Jurisdicción Contencioso-administrativa, por cuanto [DESCRIPCIÓN] **(6)**.

Por todo lo cual,

SUPLICO A LA SALA:

Que tenga por presentado este escrito, lo admita y en consecuencia declare la inadmisión del recurso de casación formulado por don/doña [NOMBRE].

Es Justicia que pido, a [DÍA] de [MES] de [AÑO].

Letrado/a don/doña [NOMBRE]   Procurador/a don/doña [NOMBRE]

[NÚMERO_COLEGIADO ABOGADO_   [NÚMERO_COLEGIADO_
CLIENTE]   PROCURADOR_CLIENTE]

---

(1) Pasaporte, NIE (en el caso de extranjeros) o NIF (en el caso de personas jurídicas). En el supuesto de tratarse de una Administración pública, basta con la identificación de la misma.

(2) Deberá identificarse la sentencia recurrida en casación, con expresión del tribunal, sala y sección de procedencia, en su caso, y el número de procedimiento.

(3) Se incorporará una ventana con el rótulo «Asunto», «Objeto» o similar, en la que se hará una brevísima descripción de la materia sobre la que verse el litigio, a los simples efectos de su pronta identificación. Por ejemplo: propiedad industrial. Patente. Caducidad.

(4) En su caso, y en el supuesto previsto en **el artículo 86, apartado 3, párrafo 2.º, de la Ley 29/1998, de 13 de julio, reguladora de la Jurisdicción Contencioso-administrativa** ante una sección de la sala de lo contencioso-administrativo que tenga su sede en el Tribunal Superior de Justicia compuesta por el presidente de dicha sala, que la presidirá, por el presidente o presidentes de las demás salas de lo contencioso-administrativo y, en su caso, de las secciones de las mismas, en número no superior a dos, y por los magistrados de la referida sala o salas que fueran necesarios para completar un total de cinco miembros.

(5) El artículo 89.5 de la LJCA ha sido modificado por el Real Decreto-ley 5/2023, de 28 de junio, con entrada en vigor el 29 de julio de 2023, de modo que el plazo para comparecer ante la Sala de lo Contencioso-administrativo del Tribunal Supremo pasa de ser de 30 días a 15 días. Asimismo, tener en cuenta conforme a la DT 10.ª, apartado 3, del Real Decreto-ley 5/2023, de 28 de junio que el régimen del recurso de casación establecido con esta modificación se aplicará a las resoluciones de los juzgados y tribunales del orden contencioso-administrativo dictadas después de su entrada en vigor, esto es, 30 de junio de 2023.

(6) En cuanto al interés casacional objetivo el artículo 88 de la LJCA contempla los casos en que puede apreciarse y los casos en que se presume su existencia, en cuanto a estos últimos se ha modificado la letra b) del apartado 3 del artículo 88 de la LJCA por el Real Decreto-ley 5/2023, de 28 de junio, vigente desde el 29 de julio de 2023.

Solicitud de ejecución provisional de sentencia contencioso-administrativa

[JUZGADO][DIRECCIÓN]

Teléfono [NÚMERO]

NIG (1): [NÚMERO]

Procedimiento: [NÚMERO]

Demandante: [NOMBRE]

Representante don/doña: [NOMBRE]

Demandado: [NOMBRE]

Representante: [NOMBRE]

AL [ÓRGANO]

Don/Doña [NOMBRE_PROCURADOR_CLIENTE], procurador/a de los tribunales de [LUGAR], actuando en nombre y representación de **don/doña** [NOMBRE_CLIENTE], esta última ya acreditada en autos, bajo la dirección técnica letrada de don/doña [NOMBRE_ABOGADO_CLIENTE], ante el juzgado comparezco y como mejor proceda en derecho, **(2)**

DIGO

PRIMERO.- Como se sabe, la sentencia recaída en los autos de referencia declaró no conforme a derecho y la nulidad consiguiente de [DESCRIPCIÓN], condenando a [NOMBRE_PARTE_CONTRARIA] a [DESCRIPCIÓN].

SEGUNDO.- La referida sentencia fue recurrida en [APELACIÓN/CASACIÓN] **(3)** por la contraria.

TERCERO.- Al amparo del artículo 84 **(4)** de la Ley 29/1998, de 13 de julio, reguladora de la Jurisdicción Contencioso-administrativa, se interesa por esta parte, en su condición de parte favorecida por la sentencia recaída y recurrida en apelación **(3)**, la EJECUCIÓN PROVISIONAL de la misma, manifestando que de tal ejecución no pueden derivarse situaciones irreversibles o causarse perjuicios de imposible reparación, y, en cualquier caso, se ofrece la constitución de aval o fianza para garantizar eventuales perjuicios **(5)**.

Favorable a la ejecución provisional, se manifiesta la STSJ de la Comunidad Valenciana, n.º 347/2019, de 14 de junio, ECLI:ES:TSJCV:2019:4567 al afirmar que:

> «(...) la ejecución provisional de las sentencias dictadas por los Juzgados de lo Contencioso-Administrativo que se hallen pendientes de recurso de apelación son en principio ejecutables (STSJ Comunidad Valenciana de 8 de febrero de 2012). Esta es la doctrina general que indiscutiblemente ha de primar en relación con la ejecución provisional de sentencias, y que se halla en congruencia perfecta con la presunción de veracidad y acierto que ha de atribuirse a las resoluciones judiciales en la instancia y sin que ello vulnere el derecho fundamental a la tutela judicial efectiva que reconoce el artículo 24 apartado 1 de la Constitución (...)».

En su virtud,

SUPLICO AL [ÓRGANO]:

Que teniendo por presentado este escrito, se sirva admitirlo, se tenga por solicitada la EJECUCIÓN PROVISIONAL de la sentencia n.º [NÚMERO] de fecha [DÍA] de [MES] de [AÑO] dictada por este [ÓRGANO] y, tras los trámites de rigor, se acuerde llevar a efecto la misma.

En [LOCALIDAD], a [DÍA] de [MES] de [AÑO].

Letrado/a don/doña [NOMBRE]   Procurador/a don/doña [NOMBRE]

[NÚMERO_COLEGIADO ABOGADO_   [NÚMERO_COLEGIADO_
CLIENTE]   PROCURADOR_CLIENTE]

---

(1) Número de identificación general del procedimiento.

(2) En su caso, en base a lo previsto en el artículo 23, apartado 1, de la Ley 29/1998, de 13 de julio, reguladora de la Jurisdicción Contencioso-administrativa: Don/Doña [NOMBRE_ABOGADO/A_CLIENTE], abogado/a colegiado [NÚMERO_COLEGIADO/A_ABOGADO/A_CLIENTE] del Colegio de abogados de [ESPECIFICAR], actuando en nombre y representación de don/doña [NOMBRE_CLIENTE], esta última ya acreditada en autos, ante el [ÓRGANO] comparezco y como mejor proceda en Derecho (...).

(3) Apelación o casación, según corresponda.

(4) Si se trata del recurso de casación, la referencia debe entenderse hecha al artículo 91, de la Ley 29/1998, de 13 de julio, reguladora de la Jurisdicción Contencioso-Administrativa.

(5) En su caso.

Escrito de oposición a recurso de apelación en orden contencioso-administrativo

> **A TENER EN CUENTA.** El RD-ley 6/2023, de 19 de diciembre, modifica el artículo los artículos 85 de la LJCA con entrada en vigor el 20/03/2024.

AL JUZGADO [ESPECIFICAR] **(1) PARA LA SALA DE LO CONTENCIOSO-ADMINISTRATIVO DE** [ESPECIFICAR] **(2)**

Don/Doña [NOMBRE_PROCURADOR_CLIENTE], procurador/a de los tribunales de [LOCALIDAD], actuando en nombre y representación de Don/Doña [NOMBRE_CLIENTE], esta última ya acreditada en recurso contencioso-administrativo n.º [NÚMERO], bajo la dirección técnica de don/doña [NOMBRE_ABOGADO_CLIENTE], ante el juzgado comparezco y como mejor proceda en derecho, DIGO **(3)**:

Habiéndome dado traslado del mismo, por medio del presente formulo escrito de oposición al recurso de apelación interpuesto por [ESPECIFICAR] contra la sentencia [ESPECIFICAR], conforme al artículo 85 de la **Ley 29/1998, de 13 de julio**, reguladora de la jurisdicción contencioso-administrativa, oposición que fundamento en las siguientes **(4)**,

ALEGACIONES

PRIMERA.- Los argumentos que se presentan en la apelación son una reproducción exacta de los aducidos en el recurso contencioso-administrativo, los cuales fueron ya desestimados por la sentencia de [FECHA] que se trata de apelar.

SEGUNDA.- La sentencia que ofrece la resolución al asunto de fondo discutido hace una interpretación de la norma y aplicación al asunto, totalmente razonada y debida.

TERCERA.- Esta parte, en último término, entiende admitida indebidamente la apelación, ya que el fondo del asunto ha sido resuelto por sentencia.

CUARTA.- [DESCRIPCIÓN].

Por todo lo expuesto,

SUPLICO:

Tenga por presentado este escrito de oposición al recurso de apelación contra sentencia de [FECHA], me tenga por personado/a y, previos los trámites procesales necesarios, traslade los autos a la Sala de lo Contencioso-Administrativo de [ESPECIFICAR] **(2)** para que resuelva la inadmisión del recurso y confirme la sentencia objeto de impugnación.

Por ser justicia que pido en [FECHA].

OTROSÍ DIGO: esta parte se opone a la práctica de la prueba puesto que ya ha quedado debidamente demostrada la pretensión en primera instancia, y las que se proponen carecen de relevancia pues no aportan nada nuevo.

En su virtud,

SUPLICO:

Se tenga por realizada la manifestación anterior a los efectos oportunos.

Por ser justicia que pido en lugar y fecha *ut supra*.

Letrado/a don/doña [NOMBRE]

[NÚMERO_COLEGIADO ABOGADO_
CLIENTE]

Procurador/a don/doña [NOMBRE]

[NÚMERO_COLEGIADO_
PROCURADOR_CLIENTE]

---

(1) Se presenta ante el juzgado que dictó la sentencia que se apele (Juzgados de lo Contencioso-administrativo o los Juzgados Centrales de lo Contencioso-administrativo).

(2) Bien la Sala de lo Contencioso administrativo del TSJ correspondiente (apdo. 2 del artículo 10 de la Ley 29/1998, de 13 de julio) o bien la Sala de lo Contencioso-administrativo de la Audiencia Nacional (apdo. 2 del artículo 11 de la Ley 29/1998, de 13 de julio).

(3) En su caso, en base a lo previsto en el apdo. 1 del artículo 23 de la Ley 29/1998, de 13 de julio: «Don/Doña [NOMBRE_ABOGADO_CLIENTE], abogado/a colegiado/a [NÚMERO_COLEGIADO_ABOGADO_CLIENTE] del Colegio de abogados de [ESPECIFICAR], actuando en nombre y representación de don/doña [NOMBRE_CLIENTE], esta última ya acreditada en recurso contencioso-administrativo, ante el juzgado comparezco y como mejor proceda en Derecho, DIGO (...)».

(4) El RD-ley 6/2023, de 19 de diciembre, modifica el art. 85 LJCA con entrada en vigor el 20/03/2024. Hasta esa fecha, el precepto se sigue aplicando conforme a su redacción anterior.

Escrito de preparación del recurso de casación contra autos en el orden contencioso-administrativo

> **A TENER EN CUENTA.** Este formulario se encuentra actualizado a las modificaciones introducidas por el Real Decreto-ley 5/2023, de 28 de junio, con entrada en vigor el 29/07/2023.

CARÁTULA:

Destinatario: (1)

Recurrente: [NOMBRE], [DNI] (2)

Procurador/a: [NOMBRE_PROCURADOR_CLIENTE] [NUMEROCOLEGIADO_PROCURADOR_CLIENTE]

Letrado/a: [NOMBRE_ABOGADO/A_CLIENTE] [NUMERO_COLEGIADO_ABOGADO/A_CLIENTE]

Resolución recurrida: (3)

Escrito que se presenta: Escrito de preparación de recurso de casación

Asunto: [DESCRIPCION] (4)

AL [ÓRGANO] (1) PARA LA SALA TERCERA DEL TRIBUNAL SUPREMO (5)

Don/Doña [NOMBRE_PROCURADOR_CLIENTE], procurador/a de los tribunales de [LUGAR] con n.º de colegiado/a [NUMEROCOLEGIADO_PROCURADOR_CLIENTE], actuando en nombre y representación de don/doña [NOMBRE_CLIENTE], [DNI] representación que acredito mediante [DOCUMENTO] y que presento como documento n.º [NÚMERO] y bajo la dirección técnica de **don/doña** [NOMBRE_ABOGADO_CLIENTE] con [NÚMEROCOLEGIADO_ABOGADO_CLIENTE], como mejor proceda en derecho,

DIGO

En fecha [FECHA] me fue notificado auto de [ÓRGANO] de fecha [FECHA] por el que [DESCRIPCION] y que, al amparo del artículo 87, apartado 1, de la Ley de la Jurisdicción Contencioso-Administrativa, por no estimar el anterior ajustado a derecho, presento ESCRITO DE PREPARACIÓN DE RECURSO DE CASACIÓN frente al mencionado auto, y en orden al cumplimiento de lo establecido en el artículo 89, apartado 2, de la Ley de la Jurisdicción Contencioso-Administrativa, el presente escrito hace referencia a lo siguiente:

PRIMERO.- PLAZO

Este escrito se presenta dentro del plazo de 30 días, computado desde el siguiente al de la notificación del auto que se recurre.

SEGUNDO.- LEGITIMIDAD

Mi representado está legitimado para interponer recurso de casación por su condición de parte en el recurso contencioso-administrativo del que el auto recurrido forma parte.

TERCERO.- RECURRIBILIDAD DE LA RESOLUCIÓN QUE SE IMPUGNA

De conformidad con el artículo 87, apartado 1, de la Ley 29/1998, el expresado auto, dictado por [ESPECIFICAR], es susceptible de recurso de casación, y no le afectan las excepciones que mencionan los apartados 2 y 3 del artículo 86 de la LJCA por referirse a [DESCRIPCIÓN]. Igualmente, se hace constar que, previamente a este recurso se ha interpuesto el recurso de reposición al que se refiere el 87, apartado 2, de la norma jurisdiccional.

CUARTO.- NORMAS Y JURISPRUDENCIA INFRINGIDA (6)

QUINTO.- INTERÉS CASACIONAL Y CONVENIENCIA DE PRONUNCIAMIENTO (7)

Por todo ello y de conformidad con los artículos 87 y concordantes de la Ley de la Jurisdicción Contencioso-Administrativa,

SUPLICO:

Que se tenga por presentado este escrito y se tenga por preparado en tiempo y forma escrito de preparación de recurso de casación contra el auto de [ÓRGANO] **(1)** de fecha [FECHA] y que, previa la admisión a trámite del mismo, se den traslado al Tribunal Supremo **(5)** los autos originales, emplazando a las partes para su oportuna comparecencia **(8)**.

Es justicia que se pide en [LOCALIDAD] a día [DÍA] de [MES] de [AÑO].

Letrado/a don/doña [NOMBRE]   Procurador/a don/doña [NOMBRE]

[NÚMERO_COLEGIADO ABOGADO_   [NÚMERO_COLEGIADO_
CLIENTE]   PROCURADOR_CLIENTE]

---

(1) Órgano autor del auto que se pretende recurrir en casación (apartado 1 del artículo **87 de la Ley 29/1998, de 13 de julio**).

(2) O Pasaporte, NIE (en el caso de extranjeros) o NIF (en el caso de personas jurídicas). En el supuesto de tratarse de una Administración pública, basta con la identificación de la misma.

(3) Deberá identificarse el auto recurrido en casación, con expresión del tribunal, sala y sección de procedencia, en su caso, y el número de procedimiento.

(4) Se incorporará una ventana con el rótulo «Asunto», «Objeto» o similar, en la que se hará una brevísima descripción de la materia sobre la que verse el litigio, a los simples efectos de su pronta identificación. Por ejemplo: propiedad industrial. Patente. Caducidad.

(5) En su caso, y en el supuesto previsto en el párrafo 2.º del apdo. 3 del artículo **86 de la Ley 29/1998, de 13 de julio** ante una sección de la sala de lo contencioso-administrativo que tenga su sede en el Tribunal Superior de Justicia compuesta por el presidente de dicha sala, que la presidirá, por el presidente o presidentes de las demás salas de lo contencioso-administrativo y, en su caso, de las secciones de las mismas, en número no superior a dos, y por los magistrados de la referida sala o salas que fueran necesarios para completar un total de cinco miembros.

(6) Según las letras b, c, d y e del apartado 2 del artículo **89 de la Ley 29/1998, de 13 de julio** se debe:

- Identificar con precisión las normas o la jurisprudencia que se consideran infringidas, justificando que fueron alegadas en el proceso, o tomadas en consideración por la sala de instancia, o que ésta hubiera debido observarlas aun sin ser alegadas.

- Acreditar, si la infracción imputada lo es de normas o de jurisprudencia relativas a los actos o garantías procesales que produjo indefensión, que se pidió la subsanación de la falta o transgresión en la instancia, de haber existido momento procesal oportuno para ello.

- Justificar que la o las infracciones imputadas han sido relevantes y determinantes de la decisión adoptada en la resolución que se pretende recurrir.

- Justificar, en el caso de que ésta hubiera sido dictada por la Sala de lo Contencioso-administrativo de un Tribunal Superior de Justicia, que la norma supuestamente infringida forma parte del Derecho estatal o del de la Unión Europea.

(7) Como señala la letra f) del apartado 2 del artículo **89 de la Ley 29/1998, de 13 de julio**, el escrito debe fundamentar, con singular referencia al caso, que concurren alguno o algunos de los supuestos que, con arreglo a los apartados 2 y 3 del artículo 88 de la **Ley 29/1998, de 13 de julio**, permiten apreciar el interés casacional objetivo y la conveniencia de un pronunciamiento de la Sala de lo Contencioso-administrativo del Tribunal Supremo.

(8) El artículo 89.5 de la LJCA ha sido modificado por el Real Decreto-ley 5/2023, de 28 de junio, con entrada en vigor el 29 de julio de 2023, de modo que el plazo para comparecer ante la Sala de lo Contencioso-administrativo del Tribunal Supremo pasa de ser de 30 días a 15 días. Asimismo, tener en cuenta conforme a la DT 10.ª, apartado 3, del Real Decreto-ley 5/2023, de 28 de junio que el régimen del recurso de casación establecido con esta modificación se aplicará a las resoluciones de los juzgados y tribunales del orden contencioso-administrativo dictadas después de su entrada en vigor, esto es, 30 de junio de 2023.

Recurso de reposición contra auto declaratorio de falta de jurisdicción

AL JUZGADO DE LO CONTENCIOSO-ADMINISTRATIVO DE [LOCALIDAD]

Don/Doña [NOMBRE PROCURADOR], procurador/a de los tribunales, actuando en nombre y representación de don/doña [NOMBRE], con DNI [DNI] con domicilio a efectos de notificaciones en [DIRECCIÓN], cuya representación acredito por medio de escritura pública de poder y cuya copia acompaño para su unión a los autos **(documento n.º 1)** mediante testimonio con devolución del original, bajo la asistencia letrada de **don/doña** [NOMBRE_ABOGADO/A_CLIENTE], abogado/a del Ilustre Colegio de [LOCALIDAD], ante el juzgado comparezco y como mejor proceda en derecho,

DIGO

Por medio del presente escrito, en el plazo de cinco días, en virtud de lo establecido en el artículo 79 de la Ley 29/1998, de 13 de julio, reguladora de la Jurisdicción Contencioso-administrativa se viene a interponer **RECURSO DE REPOSICIÓN**, contra el auto n.º [NÚMERO] dictado por [ÓRGANO] en el cual se declara la falta de jurisdicción en atención a lo dispuesto en el artículo 5 de la LJCA, en base a los siguientes,

FUNDAMENTOS

PRIMERO.- En los artículos 1, 2 y 4 de la LJCA se establece sobre qué pretensiones conocerá la jurisdicción contencioso-administrativa y, en virtud de lo establecido en dichos preceptos también corresponde a dicha jurisdicción la causa que se sustancia en este procedimiento ya que consiste en [ESPECIFICAR].

SEGUNDO.- No resulta aplicable al presente caso ninguna de las excepciones al conocimiento por parte de la jurisdicción contencioso-administrativa que se recogen en el artículo 3 de la LJCA.

Por todo lo expuesto anteriormente,

SUPLICO AL JUZGADO:

Que teniendo por presentado este escrito, junto a los documentos que lo acompañan, se sirva admitirlo a trámite y tenga por interpuesto, en tiempo y forma, **RECURSO DE REPOSICIÓN** contra el auto n.º [NÚMERO] dictado por [ÓRGANO] por el que se acordaba la falta de jurisdicción del orden contencioso-administrativo para el conocimiento del presente caso y, asimismo, dé traslado de las copias de este escrito a las demás partes personadas en el término de tres días y, una vez hechos dichos trámites, dicte auto por el que anule el auto que se impugna, declare la jurisdicción y acuerde el procedimiento por sus trámites.

Por ser justicia que pido en [LOCALIDAD], a [DÍA] de [MES] de [AÑO].

Letrado/a don/doña [NOMBRE]
[NÚMERO_COLEGIADO ABOGADO_CLIENTE]

Procurador/a don/doña [NOMBRE]
[NÚMERO_COLEGIADO_PROCURADOR_CLIENTE]

PRIMER OTROSÍ DIGO: solicito al juzgado que exprese, en virtud de lo dispuesto en el artículo 5, apartado 3, de la LJCA, el orden jurisdiccional que estime competente y me otorgue un plazo de un mes para poder personarse ante la misma.

Por ello,

SUPLICO AL JUZGADO:

Que tenga por realizada la anterior manifestación.

Mismo lugar y fecha.

Letrado/a don/doña [NOMBRE]   Procurador/a don/doña [NOMBRE]

[NÚMERO_COLEGIADO ABOGADO_   [NÚMERO_COLEGIADO_
CLIENTE]   PROCURADOR_CLIENTE]

SEGUNDO OTROSÍ DIGO: a este escrito se acompaña documento acreditativo del pago de 25 euros, de acuerdo a lo dispuesto en la disposición adicional decimoquinta de la LOPJ.

Por ello,

SUPLICO AL JUZGADO:

Que tenga por realizada la anterior manifestación.

Mismo lugar y fecha.

Letrado/a don/doña [NOMBRE]   Procurador/a don/doña [NOMBRE]

[NÚMERO_COLEGIADO ABOGADO_   [NÚMERO_COLEGIADO_
CLIENTE]   PROCURADOR_CLIENTE]

Escrito solicitando la acumulación de autos en procedimiento contencioso administrativo

> **A TENER EN CUENTA.** El artículo 37, apartado 2, párrafo segundo, ha sido añadido por el Real Decreto-ley 5/2023, de 28 de junio, con entrada en vigor el 29/07/2023. Esta modificación será de aplicación a todos los procedimientos en trámite en los que no se haya dictado sentencia a 30/06/2023 (DT 10.ª del Real Decreto-ley 5/2023, de 28 de junio).

AL [ÓRGANO]

Don/Doña [NOMBRE PROCURADOR], procurador/a de los tribunales, actuando en nombre y representación de [NOMBRE], mayor de edad, con DNI [DNI] con domicilio a efectos de notificaciones en [DIRECCIÓN], cuya representación acredito por medio de escritura pública de poder y cuya copia acompaño para su unión a los autos **(documento n.º 1)** mediante testimonio con devolución del original, bajo la asistencia letrada de **don/doña** [NOMBRE_ABOGADO_CLIENTE], abogado/a del Ilustre Colegio de [LOCALIDAD], ante el juzgado comparezco y como mejor proceda en derecho,

DIGO

Por medio del presente escrito, en virtud de lo establecido en el artículo 34 de la Ley 29/1998, de 13 de julio, reguladora de la Jurisdicción Contencioso-administrativa, vengo a solicitar la acumulación de los autos n.º [NÚMERO] y n.º [NÚMERO], al objeto de que se sustancien en un mismo proceso y a través de un solo juicio, con base en las siguientes,

ALEGACIONES

PRIMERA.- Entre los autos número [NÚMERO], que se encuentra en estado procesal de [ESPECIFICAR] y los autos número [NÚMERO], que se encuentra en estado procesal de [ESPECIFICAR], ambos seguidos ante este órgano al que me dirijo, concurre la relación consistente en [ESPECIFICAR] **(1)**.

SEGUNDA.- El procedimiento en el que esta parte formula solicitud es el más antiguo de todos los expuestos pues, conforme al artículo 79 de la LEC, es en el que debe solicitarse la acumulación de procesos.

En virtud de todo lo expuesto anteriormente,

SOLICITO AL JUZGADO:

Que tenga por presentado este escrito, lo admita a trámite y acuerde de conformidad con lo que en él se solicita **(2)**.

En [LOCALIDAD], a [DÍA] de [MES] de [AÑO].

Letrado/a don/doña [NOMBRE]	Procurador/a don/doña [NOMBRE]
[NÚMERO_COLEGIADO ABOGADO_ CLIENTE]	[NÚMERO_COLEGIADO_ PROCURADOR_CLIENTE]

---

(1) Ha de ser alguna de las relaciones a las que se refiere el artículo 34 de la LJCA, es decir:
- Las pretensiones que se deducen guardan relación con un mismo acto, disposición o actuación.

- Existencia de conexión directa entre las pretensiones, aunque se refieren a varios actos, disposiciones o actuaciones.

(2) Tener presente la tramitación prevista en el artículo 37 de la LJCA, cuyo párrafo 2.º, apartado 2, ha sido añadido por el Real Decreto-ley 5/2023, de 28 de junio, con entrada en vigor el 29 de julio de 2023. Esta modificación, señala la DT 10.ª del Real Decreto-ley 5/2023, de 28 de junio, será de aplicación a todos los procedimientos en trámite en los que no se haya dictado sentencia a 30 de junio de 2023.

Formulario de demanda contencioso-administrativa en procedimiento ordinario (modelo genérico)

> **A TENER EN CUENTA.** El artículo 52.1 de la LJCA ha sido modificado por el Real Decreto-ley 6/2023, de 19 de diciembre, con entrada en vigor el 20/03/2024.

AL [ÓRGANO] (1)

Don/Doña [NOMBRE_PROCURADOR_CLIENTE], procurador/a de los tribunales de [LUGAR], con n.º de colegiado [NÚMERO_COLEGIADO_PROCURADOR_CLIENTE], actuando en nombre y representación de **don/doña** [NOMBRE_CLIENTE], con [NIF_CIF_DNI_CLIENTE], representación que consta acreditada en autos de referencia, bajo la dirección técnica de **don/doña** [NOMBRE_ABOGADO_CLIENTE], abogado con número de colegiado [NÚMERO_COLEGIADO_ABOGADO_CLIENTE] del Iltre. Colegio de Abogados de [LOCALIDAD], comparezco y como mejor proceda en derecho (2),

DIGO

Con fecha [FECHA] se me ha notificado la diligencia de ordenación de ese [ÓRGANO], del día [FECHA], por la que se me hace entrega del expediente administrativo a fin de que formalice la demanda en el plazo de los veinte días que establece el artículo 52.1 de la Ley 29/1998, de 13 de julio, reguladora de la Jurisdicción Contencioso-administrativa.

Dentro del indicado plazo y mediante el presente escrito, vengo a formalizar la demanda, que baso en los siguientes,

HECHOS

PRIMERO.- [DESCRIPCIÓN].

SEGUNDO.- [DESCRIPCIÓN].

TERCERO.- [DESCRIPCIÓN].

CUARTO.- [DESCRIPCIÓN].

A los anteriores hechos, son de aplicación los siguientes,

FUNDAMENTOS DE DERECHO

A) JURÍDICO-PROCESALES

I.- JURISDICCIÓN Y COMPETENCIA

El artículo 1, apartado 1 de la Ley 29/1998, de 13 de julio, reguladora de la Jurisdicción Contencioso-administrativa (en adelante, LJCA) indica que los juzgados y tribunales del orden contencioso-administrativo conocerán de las pretensiones que se deduzcan en relación con la actuación de las Administraciones públicas sujetas a derecho administrativo. Por su parte, corresponde el conocimiento de la presente pretensión al órgano al que me dirijo por [ESPECIFICAR].

II.- CAPACIDAD PROCESAL Y LEGITIMACIÓN

El artículo 19, apartado 1.a), de la LJCA legitima activamente ante esa jurisdicción a las personas que ostenten un interés legítimo y el artículo 21, apartado 1.a), de la misma ley, atribuye legitimación pasiva a la Administración contra la que se dirija el recurso.

III.- POSTULACIÓN

Por lo que respecta a la postulación, esta parte se encuentra representada por procurador/a y asistida técnicamente por letrado/a, de conformidad con lo establecido en el artículo 23 de la LJCA **(2)**.

IV.- AGOTAMIENTO DE LA VÍA ADMINISTRATIVA

El acto que se recurre ha puesto fin a la vía administrativa, y sostiene esta parte que esto es así en virtud de lo dispuesto en el artículo 114 de la Ley 39/2015, de 1 de octubre, del Procedimiento Administrativo Común de las Administraciones Públicas.

V.- OTROS REQUISITOS PROCESALES

Se cumplen todos y cada uno de los requisitos procesales exigidos por la ley, por lo que procede que, en su día, se dicte sentencia de conformidad con lo previsto en los artículos 67 y ss. de la Ley 29/1998, de 13 de julio, reguladora de la Jurisdicción Contencioso-administrativa.

B) JURÍDICOS-MATERIALES (3)

I.- [ESPECIFICAR].

II.- [ESPECIFICAR].

III.- [ESPECIFICAR].

Por lo anteriormente expuesto, al [ÓRGANO],

SUPLICO:

Que tenga por presentado este escrito y por formalizada la demanda en el recurso contencioso-administrativo n.º [NÚMERO], admita los documentos que se acompañan, y con estimación del mismo, acuerde [DESCRIPCIÓN].

En [LOCALIDAD], a [DÍA] de [MES] de [AÑO].

Letrado/a don/doña [NOMBRE]	Procurador/a don/doña [NOMBRE]
[NÚMERO_COLEGIADO ABOGADO_ CLIENTE]	[NÚMERO_COLEGIADO_ PROCURADOR_CLIENTE]

PRIMER OTROSÍ DIGO: de conformidad con lo previsto en el artículo 40 de la LJCA, esta parte estima que la cuantía del proceso es de [CANTIDAD] €.

SUPLICO:

Que se tenga por realizada la manifestación anterior a los efectos oportunos.

En fecha y lugar *ut supra*.

Letrado/a don/doña [NOMBRE]	Procurador/a don/doña [NOMBRE]
[NÚMERO_COLEGIADO ABOGADO_ CLIENTE]	[NÚMERO_COLEGIADO_ PROCURADOR_CLIENTE]

SEGUNDO OTROSÍ DIGO (4): de acuerdo con lo previsto en el artículo 60.1 de la LJCA, solicito el recibimiento del proceso a prueba, que habrá de versar sobre los siguientes extremos de hecho:

1.- [DESCRIPCIÓN].

2.- [DESCRIPCIÓN].

SUPLICO:

Que se tenga por realizada la manifestación anterior a los efectos oportunos.

En fecha y lugar *ut supra*.

Letrado/a don/doña [NOMBRE]   Procurador/a don/doña [NOMBRE]

[NÚMERO_COLEGIADO ABOGADO_   [NÚMERO_COLEGIADO_
CLIENTE]   PROCURADOR_CLIENTE]

TERCER OTROSÍ DIGO: conforme a lo exigido en el citado artículo 60.1 de la LJCA, y para acreditar los hechos antes indicados, propongo la práctica de los siguientes medios de prueba:

1.- [DESCRIPCIÓN].

2.- [DESCRIPCIÓN].

3.- [DESCRIPCIÓN].

SUPLICO:

Que se tenga por realizada la manifestación anterior a los efectos oportunos.

En fecha y lugar ut supra.

Letrado/a don/doña [NOMBRE]   Procurador/a don/doña [NOMBRE]

[NÚMERO_COLEGIADO ABOGADO_   [NÚMERO_COLEGIADO_
CLIENTE]   PROCURADOR_CLIENTE]

---

(1) Vendrá determinado en función de las normas de competencia establecida en los artículos 8, 9, 10, 11 y 12 de la LJCA.

(2) Según lo previsto en el artículo 23 de la LJCA, en sus actuaciones ante órganos unipersonales, las partes podrán conferir su representación a un procurador y serán asistidas, en todo caso, por abogado. Por otro lado, en sus actuaciones ante órganos colegiados, las partes deberán conferir su representación a un procurador y ser asistidas por abogado. Podrán, no obstante, comparecer por sí mismos los funcionarios públicos en defensa de sus derechos estatutarios, cuando se refieran a cuestiones de personal que no impliquen separación de empleados públicos inamovibles. En este caso, estarán obligados al empleo de los sistemas electrónicos existentes, tanto para la remisión de escritos, iniciadores o no, y demás documentos, como para la recepción de notificaciones, de forma tal que esté garantizada su autenticidad y quede constancia fehaciente de la remisión y la recepción íntegras, así como de la fecha en que éstas se hicieren.

En todo caso, la representación prevista en este artículo podrá conferirse electrónicamente a través de los medios establecidos para ello. (Nueva versión del art. 23 de la LJCA aplicable a partir del 20/03/2024, por la reforma realizada por el RD-ley 6/2023, de 19 de diciembre).

(3) Habrá que indicar aquí todos y cada uno de los argumentos jurídicos que sustenten la pretensión mantenida por el recurrente.

(4) Por otrosí podrá solicitarse también, en su caso, trámite de vista o conclusiones.

Escrito de comparecencia ante el TS en recurso de casación contencioso-administrativo

> **A TENER EN CUENTA.** Este formulario se encuentra actualizado a las modificaciones introducidas por el Real Decreto-ley 5/2023, de 28 de junio, con entrada en vigor el 29/07/2023.

CARÁTULA:

Destinatario:

Recurrente: [NOMBRE], [DNI] **(1)**

Procurador/a: [NOMBRE_PROCURADOR_CLIENTE] [NÚMERO_COLEGIADO_PROCURADOR_CLIENTE]

Letrado/a: [NOMBRE_ABOGADO/A_CLIENTE] [NÚMERO_COLEGIADO_ABOGADO/A_CLIENTE]

Resolución recurrida: **(2)**

Escrito que se presenta: Escrito de personación de recurso de casación

Asunto: [DESCRIPCIÓN] **(3)**

A LA SALA TERCERA DEL TRIBUNAL SUPREMO (4)

Don/Doña [NOMBRE_PROCURADOR/A_CLIENTE], procurador/a de los tribunales de [LUGAR], actuando en nombre y representación de **don/doña** [NOMBRE_CLIENTE], representación que acredito mediante poder/apud acta y que presento como documento n.º [NÚMERO] y bajo la dirección técnica letrada de **don/doña** [NOMBRE_ABOGADO/A_CLIENTE], ante la Sala Tercera del Tribunal Supremo (4), comparezco y como mejor proceda en derecho,

DIGO

En fecha [FECHA] por medio de auto dictado por [ÓRGANO] **(5)** se me ha notificado emplazamiento para que en plazo de 15 días **(6)** previsto en el artículo 89.5 de la LJCA comparezca ante esa Sala, en autos de recurso de casación contra [ESPECIFICAR]. **(2)**

Dentro del plazo establecido ME PERSONO ante esta Sala, y, por lo expuesto:

SUPLICO:

Que tenga por presentado este escrito, cédula de emplazamiento y escritura de poder, me tenga por personado en el recurso de casación y parte en el mismo en representación de don/doña [NOMBRE], mandando se entiendan conmigo las sucesivas diligencias.

En [LOCALIDAD] a [DÍA] de [MES] de [AÑO].

Letrado/a don/doña [NOMBRE]　　　　Procurador/a don/doña [NOMBRE]

[NÚMERO_COLEGIADO ABOGADO_CLIENTE]　　[NÚMERO_COLEGIADO_PROCURADOR_CLIENTE]

---

(1) O Pasaporte, NIE (en el caso de extranjeros) o NIF (en el caso de personas jurídicas). En el supuesto de tratarse de una Administración pública, basta con la identificación de la misma.

(2) Resolución (sentencia o auto) recurrida en casación, con expresión del tribunal, sala y sección de procedencia, en su caso, fecha y el número de procedimiento

(3) Materia sobre la que verse el litigio, a los simples efectos de su pronta identificación.

(4) En su caso, y en el supuesto previsto en el párrafo 2.º del apartado 3 del artículo 86 de la Ley 29/1998, de 13 de julio ante una Sección de la Sala de lo Contencioso-administrativo que tenga su sede en el Tribunal Superior de Justicia compuesta por el Presidente de dicha Sala, que la presidirá, por el Presidente o Presidentes de las demás Salas de lo Contencioso-administrativo y, en su caso, de las Secciones de las mismas, en número no superior a dos, y por los Magistrados de la referida Sala o Salas que fueran necesarios para completar un total de cinco miembros.

(5) Juzgado o Sala ante la que el recurrente preparó el recurso.

(6) El artículo 89.5 de la LJCA ha sido modificado por el Real Decreto-ley 5/2023, de 28 de junio, con entrada en vigor el 29 de julio de 2023, de modo que el plazo para comparecer ante la Sala de lo Contencioso-administrativo del Tribunal Supremo pasa de ser de 30 días a 15 días. Asimismo, tener en cuenta conforme a la DT 10.ª, apartado 3, del Real Decreto-ley 5/2023, de 28 de junio que el régimen del recurso de casación establecido con esta modificación se aplicará a las resoluciones de los juzgados y tribunales del orden contencioso-administrativo dictadas después de su entrada en vigor, esto es, 30 de junio de 2023.

Escrito de oposición al recurso de casación contencioso-administrativo

> **A TENER EN CUENTA.** El RD-ley 6/2023, de 19 de diciembre, modifica el artículo 92 de la LJCA con entrada en vigor el 20/03/2024.

CARÁTULA

Número del recurso de casación [ESPECIFICAR].

Sección [NUMERO] **de la Sala de lo Contencioso-administrativo del TS.**

Recurrente [NOMBRE] **con DNI** [NÚMERO].

[NOMBRE_PROCURADOR_CLIENTE], **con n.° de colegiado** [NÚMERO_COLEGIADO_PROCURADOR_CLIENTE].

[NOMBRE_ABOGADO_CLIENTE] **con n.° de colegiado** [NÚMERO_COLEGIADO_ABOGADO_CLIENTE].

Sentencia recurrida en casación [ESPECIFICAR].

Tipo de escrito que se presenta: escrito de oposición al recurso de casación.

A LA SECCIÓN [NÚMERO] DE LA SALA DE LO CONTENCIOSO-ADMINISTRATIVO DEL TRIBUNAL SUPREMO

Don/Doña [NOMBRE_PROCURADOR/A_CLIENTE], procurador/a de los tribunales de [LUGAR] con n.° de colegiado [NÚMERO_COLEGIADO/A_PROCURADOR/A_CLIENTE], actuando en nombre y representación de **don/doña** [NOMBRE_CLIENTE], [DNI] representación que ya consta acreditada en autos, y bajo la dirección técnica de **don/doña** [NOMBRE_ABOGADO_CLIENTE] con [NÚMERO_COLEGIADO_ABOGADO_CLIENTE], como mejor proceda en derecho,

DIGO

He recibido la diligencia de ordenación de [FECHA] del letrado de la Administración de Justicia de esa sección de la Sala de lo Contencioso-administrativo del Tribunal Supremo a la que me dirijo, donde se me da traslado del escrito de interposición del recurso de casación presentado por [NOMBRE] contra la sentencia de [ÓRGANO] y se me hace saber que dispongo de un plazo de treinta días, a contar desde la notificación de aquella, para presentar en la secretaría de esa sección el oportuno escrito de oposición al mismo.

En cumplimiento de lo anterior, y dentro del referido plazo legal, presento **ESCRITO DE OPOSICIÓN AL RECURSO DE CASACIÓN** contra la sentencia de fecha [FECHA] del [ÓRGANO], en base a las siguientes

De conformidad con el **artículo 92** de la LJCA:

> «1. Admitido el recurso, el letrado de la Administración de Justicia de la Sección de Admisión de la Sala de lo Contencioso-administrativo del Tribunal Supremo dictará diligencia de ordenación en la que dispondrá remitir las actuaciones a la Sección de dicha Sala competente para su tramitación y decisión y en la que hará saber a la parte recurrente que dispone de un plazo de treinta días, a contar desde la notificación de aquélla, para presentar en la Secretaría de esa Sección competente el escrito de interposición del recurso de casación. Durante este plazo, las actuaciones procesales y el expediente administrativo estarán de manifiesto en la Oficina judicial o por medios electrónicos.

2. Transcurrido dicho plazo sin presentar el escrito de interposición, el Letrado de la Administración de Justicia declarará desierto el recurso, ordenando la devolución de las actuaciones recibidas a la Sala de que procedieran. Contra tal declaración sólo podrán interponerse los recursos que prevé el **artículo 102 bis** de esta Ley.

3. El escrito de interposición deberá, en apartados separados que se encabezarán con un epígrafe expresivo de aquello de lo que tratan:

a) Exponer razonadamente por qué han sido infringidas las normas o la jurisprudencia que como tales se identificaron en el escrito de preparación, sin poder extenderse a otra u otras no consideradas entonces, debiendo analizar, y no sólo citar, las sentencias del Tribunal Supremo que a juicio de la parte son expresivas de aquella jurisprudencia, para justificar su aplicabilidad al caso; y

b) Precisar el sentido de las pretensiones que la parte deduce y de los pronunciamientos que solicita.

4. Si el escrito de interposición no cumpliera lo exigido en el apartado anterior, la Sección de la Sala de lo Contencioso-administrativo del Tribunal Supremo competente para la resolución del recurso acordará oír a la parte recurrente sobre el incumplimiento detectado y, sin más trámites, dictará sentencia inadmitiéndolo si entendiera tras la audiencia que el incumplimiento fue cierto. En ella, impondrá a dicha parte las costas causadas, pudiendo tal imposición ser limitada a una parte de ellas o hasta una cifra máxima.

5. En otro caso, acordará dar traslado del escrito de interposición a la parte o partes recurridas y personadas para que puedan oponerse al recurso en el plazo común de treinta días. Durante este plazo estarán de manifiesto las actuaciones procesales y el expediente administrativo en la Oficina judicial o por medios electrónicos. En el escrito de oposición no podrá pretenderse la inadmisión del recurso.

6. Transcurrido dicho plazo, háyanse presentado o no los escritos de oposición, la Sección competente para la decisión del recurso, de oficio o a petición de cualquiera de las partes formulada por otrosí en los escritos de interposición u oposición, acordará la celebración de vista pública salvo que entendiera que la índole del asunto la hace innecesaria, en cuyo caso declarará que el recurso queda concluso y pendiente de votación y fallo. El señalamiento del día en que haya de celebrarse la vista o en que haya de tener lugar el acto de votación y fallo respetará la programación que, atendiendo prioritariamente al criterio de mayor antigüedad del recurso, se haya podido establecer.

7. Cuando la índole del asunto lo aconsejara, el Presidente de la Sala de lo Contencioso-administrativo del Tribunal Supremo, de oficio o a petición de la mayoría de los Magistrados de la Sección antes indicada, podrá acordar que los actos de vista pública o de votación y fallo tengan lugar ante el Pleno de la Sala.

8. La Sección competente, o el Pleno de la Sala en el caso previsto en el apartado anterior, dictará sentencia en el plazo de diez días desde que termine la deliberación para votación y fallo». (3)

ALEGACIONES

PRIMERO.- ANÁLISIS DE LAS INFRACCIONES NORMATIVAS O JURISPRUDENCIALES ESGRIMIDAS POR LA CONTRARIA

Esta parte entiende, y sea dicho esto con todos los respetos, que ninguna de las infracciones normativas o de jurisprudencia expuestas por la contraria en su escrito de preparación se han producido en realidad, y ello por una deficiente y/o interesada interpretación de las misma. De este modo, y analizando separadamente cada una de ellas, resulta que **(1)**:

[DESCRIPCIÓN]

[DESCRIPCIÓN]

[DESCRIPCIÓN]

SEGUNDO.- PRETENSIONES Y PRONUNCIAMIENTOS QUE SE SOLICITAN

[DESCRIPCIÓN]

Por todo lo anterior,

SUPLICO A LA SALA:

Que tenga por presentado este escrito y proceda a desestimar el recurso de casación interpuesto por la adversa contra la sentencia de [FECHA] de [ÓRGANO] y haga expresa imposición de costas a la misma.

En [LOCALIDAD] a [DIA] de [MES] de [AÑO].

Letrado/a don/doña [NOMBRE]   Procurador/a don/doña [NOMBRE]

[NÚMERO_COLEGIADO ABOGADO_   [NÚMERO_COLEGIADO_
CLIENTE]   PROCURADOR_CLIENTE]

OTROSÍ DIGO: en caso de que no se estime la anterior manifestación esta parte recurrida solicita la celebración de vista pública. **(2)**

SUPLICO:

Que se tenga por realizada la manifestación anterior a los efectos oportunos.

En fecha y lugar *ut supra*.

Letrado/a don/doña [NOMBRE]   Procurador/a don/doña [NOMBRE]

[NÚMERO_COLEGIADO ABOGADO_   [NÚMERO_COLEGIADO_
CLIENTE]   PROCURADOR_CLIENTE]

---

(1) Los escritos de oposición, al igual que los de interposición, se estructurarán en apartados separados y debidamente numerados que se encabezarán con un epígrafe expresivo de aquello de lo que trata, y en concreto, reflejarán en el encabezamiento de cada apartado la cuestión que abordarán como respuesta a los contenidos en el escrito de personación o a los diferentes extremos controvertidos.

(2) El apartado 6 del artículo 92 LJCA señala que transcurrido el plazo para oponerse al recurso, se hayan presentado o no los escritos de oposición, la sección competente para la decisión del mismo, de oficio o a petición de cualquiera de las partes formulada por otrosí en los escritos de interposición u oposición, acordará la celebración de vista pública salvo que entendiera que la índole del asunto la hace innecesaria.

(3) El RD-ley 6/2023, de 19 de diciembre, modifica los apartados 1 y 5 del artículo 92 de la LJCA con entrada en vigor el 20/03/2024. El extracto mostrado en este formulario constituye la versión vigente desde esa fecha. Hasta la misma, la versión vigente sería:

«1. Admitido el recurso, el Letrado de la Administración de Justicia de la Sección de Admisión de la Sala de lo Contencioso-administrativo del Tribunal Supremo dictará diligencia de ordenación en la que dispondrá remitir las actuaciones a la Sección de dicha Sala competente para su tramitación y decisión y en la que hará saber a la parte recurrente que dispone de un plazo de treinta días, a contar desde la notificación de aquélla, para presentar en la Secretaría de esa Sección competente el escrito de interposición del recurso de casación. Durante este plazo, las actuaciones procesales y el expediente administrativo estarán de manifiesto en la Oficina judicial.

5. En otro caso, acordará dar traslado del escrito de interposición a la parte o partes recurridas y personadas para que puedan oponerse al recurso en el plazo común de treinta días. Durante este plazo estarán de manifiesto las actuaciones procesales y el expediente administrativo en la Oficina judicial. En el escrito de oposición no podrá pretenderse la inadmisión del recurso».

Formulario de recurso de casación ante la Sala de lo Contencioso-Administrativo del Tribunal Supremo

> **A TENER EN CUENTA.** El RD-ley 6/2023, de 19 de diciembre, modifica el artículo 92 de la LJCA, con entrada en vigor el 20/03/2024.

CARÁTULA

Destinatario:

Recurrente: [NOMBRE], [DNI] **(1)**

Procurador/a: [NOMBRE_PROCURADOR_CLIENTE] [NÚMERO_COLEGIADO_PROCURADOR_CLIENTE]

Letrado/a: [NOMBRE_ABOGADO_CLIENTE] [NÚMERO_COLEGIADO_ABOGADO_CLIENTE]

Resolución recurrida: **(2)**

Escrito que se presenta: escrito de interposición del recurso de casación

Asunto: [DESCRIPCIÓN] **(3)**

A LA SECCIÓN [NÚMERO] DE LA SALA DE LO CONTENCIOSO-ADMINISTRATIVO DEL TRIBUNAL SUPREMO

Don/Doña [NOMBRE_PROCURADOR_CLIENTE], procurador/a de los tribunales de [LUGAR] con n.º de colegiado [NUMEROCOLEGIADO_PROCURADOR_CLIENTE], actuando en nombre y representación de **don/doña** [NOMBRE_CLIENTE], [DNI] representación que ya consta acreditada en autos, y bajo la dirección técnica de **don/doña** [NOMBRE_ABOGADO_CLIENTE] con [NÚMERO_COLEGIADO_ABOGADO_CLIENTE], como mejor proceda en derecho,

DIGO

Habiendo sido admitido el recurso de casación por mí preparado frente a la sentencia de [FECHA] del [ÓRGANO], el [FECHA] he recibido la diligencia de ordenación de [FECHA] del letrado de la Administración de Justicia de la Sección de Admisión de la Sala de lo Contencioso-administrativo del Tribunal Supremo, donde se me hace saber que dispongo de un plazo de treinta días, a contar desde la notificación de aquella, para presentar en la secretaría de esa sección a la que me dirijo el oportuno escrito de interposición del recurso de casación.

En cumplimiento de lo anterior, y dentro del referido plazo legal, presento **ESCRITO DE INTERPOSICIÓN DEL RECURSO DE CASACIÓN** contra la sentencia de fecha [FECHA] del [ÓRGANO], con base en las siguientes

De conformidad con el **artículo 92** de la LJCA:

«1. Admitido el recurso, el letrado de la Administración de Justicia de la Sección de Admisión de la Sala de lo Contencioso-administrativo del Tribunal Supremo dictará diligencia de ordenación en la que dispondrá remitir las actuaciones a la Sección de dicha Sala competente para su tramitación y decisión y en la que hará saber a la parte recurrente que dispone de un plazo de treinta días, a contar desde la notificación de aquélla, para presentar en la Secretaría de esa Sección competente el escrito de interposición del recurso de casación. Durante este plazo, las actuaciones procesales y el expediente administrativo estarán de manifiesto en la Oficina judicial o por medios electrónicos.

2. Transcurrido dicho plazo sin presentar el escrito de interposición, el Letrado de la Administración de Justicia declarará desierto el recurso, ordenando la devolución de las actuaciones recibidas a la Sala de que procedieran. Contra tal declaración sólo podrán interponerse los recursos que prevé el artículo 102 bis de esta Ley.

3. El escrito de interposición deberá, en apartados separados que se encabezarán con un epígrafe expresivo de aquello de lo que tratan:

a) Exponer razonadamente por qué han sido infringidas las normas o la jurisprudencia que como tales se identificaron en el escrito de preparación, sin poder extenderse a otra u otras no consideradas entonces, debiendo analizar, y no sólo citar, las sentencias del Tribunal Supremo que a juicio de la parte son expresivas de aquella jurisprudencia, para justificar su aplicabilidad al caso; y

b) Precisar el sentido de las pretensiones que la parte deduce y de los pronunciamientos que solicita.

4. Si el escrito de interposición no cumpliera lo exigido en el apartado anterior, la Sección de la Sala de lo Contencioso-administrativo del Tribunal Supremo competente para la resolución del recurso acordará oír a la parte recurrente sobre el incumplimiento detectado y, sin más trámites, dictará sentencia inadmitiéndolo si entendiera tras la audiencia que el incumplimiento fue cierto. En ella, impondrá a dicha parte las costas causadas, pudiendo tal imposición ser limitada a una parte de ellas o hasta una cifra máxima.

5. En otro caso, acordará dar traslado del escrito de interposición a la parte o partes recurridas y personadas para que puedan oponerse al recurso en el plazo común de treinta días. Durante este plazo estarán de manifiesto las actuaciones procesales y el expediente administrativo en la Oficina judicial o por medios electrónicos. En el escrito de oposición no podrá pretenderse la inadmisión del recurso.

6. Transcurrido dicho plazo, háyanse presentado o no los escritos de oposición, la Sección competente para la decisión del recurso, de oficio o a petición de cualquiera de las partes formulada por otrosí en los escritos de interposición u oposición, acordará la celebración de vista pública salvo que entendiera que la índole del asunto la hace innecesaria, en cuyo caso declarará que el recurso queda concluso y pendiente de votación y fallo. El señalamiento del día en que haya de celebrarse la vista o en que haya de tener lugar el acto de votación y fallo respetará la programación que, atendiendo prioritariamente al criterio de mayor antigüedad del recurso, se haya podido establecer.

7. Cuando la índole del asunto lo aconsejara, el Presidente de la Sala de lo Contencioso-administrativo del Tribunal Supremo, de oficio o a petición de la mayoría de los Magistrados de la Sección antes indicada, podrá acordar que los actos de vista pública o de votación y fallo tengan lugar ante el Pleno de la Sala.

8. La Sección competente, o el Pleno de la Sala en el caso previsto en el apartado anterior, dictará sentencia en el plazo de diez días desde que termine la deliberación para votación y fallo». (4)

ALEGACIONES

PRIMERA.- EXPOSICIÓN RAZONADA DE POR QUÉ HAN SIDO INFRINGIDAS LAS NORMAS O LA JURISPRUDENCIA IDENTIFICADA EN EL ESCRITO DE PREPARACIÓN.

Como ya se ha dicho en el escrito de preparación del presente recurso de casación, la sentencia recurrida infringe lo siguiente (1)

[DESCRIPCIÓN].

[DESCRIPCIÓN].

[DESCRIPCIÓN].

SEGUNDA.- PRETENSIONES Y PRONUNCIAMIENTOS QUE SE SOLICITAN.

Por todo lo anterior, suplico a esa Sala que tenga por presentado este escrito y, con estimación del mismo proceda a anular la sentencia de [ÓRGANO] y [ESPECIFICAR] **(2)** con imposición de costas a la Administración demandada.

En su virtud,

A LA SALA SUPLICO:

Que tenga por presentado en tiempo y forma este escrito con sus copias, se sirva admitirlo, y, con arreglo al mismo me tenga por personado/a y por interpuesto **RE-CURSO DE CASACIÓN** frente a la sentencia [INDICAR_NÚMERO_RESOLUCION_Y_ÓRGANO], y en su día dicte sentencia, tras los trámites procesales oportunos, casando y anulando la sentencia recurrida, estimando plenamente el presente recurso en todas sus pretensiones y condenando a la recurrida a [ESPECIFICAR].

En [LOCALIDAD] a [DÍA] de [MES] de [AÑO].

Letrado/a don/doña [NOMBRE]   Procurador/a don/doña [NOMBRE]

[NÚMERO_COLEGIADO ABOGADO_   [NÚMERO_COLEGIADO_
CLIENTE]   PROCURADOR_CLIENTE]

OTROSÍ DIGO: que esta parte recurrente solicita la celebración de vista pública **(3)**.

Por lo expuesto,

A LA SALA SUPLICO:

Que tenga por realizada la anterior manifestación a los efectos oportunos.

En [LOCALIDAD] a [DIA] de [MES] de [AÑO].

Letrado/a don/doña [NOMBRE]   Procurador/a don/doña [NOMBRE]

[NÚMERO_COLEGIADO ABOGADO_   [NÚMERO_COLEGIADO_
CLIENTE]   PROCURADOR_CLIENTE]

---

(1) Exponer razonadamente por qué han sido infringidas las normas o la jurisprudencia que como tales se identificaron en el escrito de preparación, sin poder extenderse a otra u otras no consideradas entonces, debiendo analizar, y no solo citar, las sentencias del Tribunal Supremo que a juicio de la parte son expresivas de aquella jurisprudencia, para justificar su aplicabilidad al caso (letra a del **apartado 3 del artículo 92** de la LJCA).

(2) Precisar el sentido de las pretensiones que la parte deduce y de los pronunciamientos que solicita **(letra b del apartado 3 del artículo 92 LJCA)**.

(3) El **apartado 6 del artículo 92** LJCA señala que transcurrido el plazo para oponerse al recurso, se hayan presentado o no los escritos de oposición, la Sección competente para la decisión del mismo, de oficio o a petición de cualquiera de las partes formulada por otrosí en los escritos de interposición u oposición, acordará la celebración de vista pública salvo que entendiera que la índole del asunto la hace innecesaria.

(4) El RD-ley 6/2023, de 19 de diciembre, modifica el **artículo 92** de la LJCA con entrada en vigor el 20/03/2024. El extracto mostrado en este formulario constituye la versión vigente desde esa fecha. Hasta la misma, la versión aplicable sería:

«1. Admitido el recurso, el Letrado de la Administración de Justicia de la Sección de Admisión de la Sala de lo Contencioso-administrativo del Tribunal Supremo dictará diligencia de ordenación en la que dispondrá remitir las actuaciones a la Sección de dicha Sala competente para su tramitación y decisión y en la que hará saber a la parte recurrente que dispone de un plazo de treinta días, a contar desde la notificación de aquélla, para presentar en la Secretaría de esa Sección competente el escrito de interposición del recurso de casación. Durante este plazo, las actuaciones procesales y el expediente administrativo estarán de manifiesto en la Oficina judicial.

2. Transcurrido dicho plazo sin presentar el escrito de interposición, el Letrado de la Administración de Justicia declarará desierto el recurso, ordenando la devolución de las actuaciones recibidas a la Sala de que procedieran. Contra tal declaración sólo podrán interponerse los recursos que prevé el **artículo 102 bis** de esta Ley.

3. El escrito de interposición deberá, en apartados separados que se encabezarán con un epígrafe expresivo de aquello de lo que tratan:

a) Exponer razonadamente por qué han sido infringidas las normas o la jurisprudencia que como tales se identificaron en el escrito de preparación, sin poder extenderse a otra u otras no consideradas entonces, debiendo analizar, y no sólo citar, las sentencias del Tribunal Supremo que a juicio de la parte son expresivas de aquella jurisprudencia, para justificar su aplicabilidad al caso; y

b) Precisar el sentido de las pretensiones que la parte deduce y de los pronunciamientos que solicita.

4. Si el escrito de interposición no cumpliera lo exigido en el apartado anterior, la Sección de la Sala de lo Contencioso-administrativo del Tribunal Supremo competente para la resolución del recurso acordará oír a la parte recurrente sobre el incumplimiento detectado y, sin más trámites, dictará sentencia inadmitiéndolo si entendiera tras la audiencia que el incumplimiento fue cierto. En ella, impondrá a dicha parte las costas causadas, pudiendo tal imposición ser limitada a una parte de ellas o hasta una cifra máxima.

5. **En otro caso, acordará dar traslado del escrito de interposición a la parte o partes recurridas y personadas para que puedan oponerse al recurso en el plazo común de treinta días. Durante este plazo estarán de manifiesto las actuaciones procesales y el expediente administrativo en la Oficina judicial. En el escrito de oposición no podrá pretenderse la inadmisión del recurso.**

6. Transcurrido dicho plazo, háyanse presentado o no los escritos de oposición, la Sección competente para la decisión del recurso, de oficio o a petición de cualquiera de las partes formulada por otrosí en los escritos de interposición u oposición, acordará la celebración de vista pública salvo que entendiera que la índole del asunto la hace innecesaria, en cuyo caso declarará que el recurso queda concluso y pendiente de votación y fallo. El señalamiento del día en que haya de celebrarse la vista o en que haya de tener lugar el acto de votación y fallo respetará la programación que, atendiendo prioritariamente al criterio de mayor antigüedad del recurso, se haya podido establecer.

7. Cuando la índole del asunto lo aconsejara, el Presidente de la Sala de lo Contencioso-administrativo del Tribunal Supremo, de oficio o a petición de la mayoría de los Magistrados de la Sección antes indicada, podrá acordar que los actos de vista pública o de votación y fallo tengan lugar ante el Pleno de la Sala.

8. La Sección competente, o el Pleno de la Sala en el caso previsto en el apartado anterior, dictará sentencia en el plazo de diez días desde que termine la deliberación para votación y fallo».

Formulario de recurso de queja contra el auto que tiene por no preparado el recurso de casación en el orden contencioso-administrativo

A TENER EN CUENTA. Este formulario se encuentra actualizado a las modificaciones introducidas por el Real Decreto-ley 5/2023, de 28 de junio, con entrada en vigor el 29/07/2023, como también a la modificación del art. 495 de la LEC por el Real Decreto-ley 6/2023, de 19 de diciembre, con entrada en vigor el 20/03/2024, por la cual el recurso de queja se interpondrá únicamente contra la denegación de la tramitación del recurso de casación y no contra la denegación de la tramitación de un recurso de apelación o extraordinario por infracción procesal.

A LA SALA DE LO CONTENCIOSO-ADMINISTRATIVO DEL TRIBUNAL SUPREMO

Don/Doña [NOMBRE_PROCURADOR_CLIENTE], procurador/a de los tribunales de [LUGAR], actuando en nombre y representación de **don/doña** [NOMBRE_CLIENTE], según acredito mediante escritura de poder original que acompaño, y bajo la dirección letrada de **don/doña** [NOMBRE_ABOGADO_CLIENTE], colegiado/a número [NÚMERO] del Colegio de Abogados de LUGAR], ante esa Sala comparezco y como mejor proceda en derecho,

DIGO

De conformidad con el artículo 89.4 de la Ley 29/1998, de 13 de julio, de la Jurisdicción Contencioso-administrativa y el artículo 495 de la Ley de Enjuiciamiento Civil al que aquel acaba remitiendo, dentro del plazo legal de diez días desde la notificación del auto del [ÓRGANO] por el cual se tiene por no preparado el recurso de casación interpuesto contra la sentencia n.º [NÚMERO], denegando el emplazamiento de las partes y la remisión de las actuaciones a esa Sala a la que me dirijo, mediante el presente escrito interpongo **RECURSO DE QUEJA** contra el mismo, en base a los siguientes,

HECHOS

PRIMERO.- En fecha [FECHA] recayó sentencia n.º [NÚMERO] de fecha [FECHA] en los autos seguidos ante el [ÓRGANO] con el n.º [NÚMERO], siéndole notificada a esta parte el día [FECHA].

SEGUNDO.- Contra la referida sentencia esta parte presentó escrito ante el mismo [ÓRGANO], en fecha [FECHA], solicitando que se tuviese por preparado el recurso de casación, se ordenase el emplazamiento de las partes para su comparecencia dentro del plazo de quince días **(1)** ante esa Sala a la que me dirijo, así como la remisión a esta de los autos originales y del expediente administrativo.

TERCERO.- No obstante, con fecha [FECHA] el [ÓRGANO] anteriormente mencionado resolvió, mediante el auto antes referido, que acompaño como documento n.º [NÚMERO], tener por no preparado el recurso de casación interpuesto contra la sentencia n.º [NÚMERO], denegando el emplazamiento de las partes y la remisión de las actuaciones a esa Sala.

FUNDAMENTOS DE DERECHO

Estimamos, dicho sea, con el debido respeto, que el mencionado auto del [ÓRGANO] no es conforme a derecho habida cuenta de que [DESCRIPCIÓN].

Por lo expuesto,

SUPLICO A LA SALA:

Que teniendo por presentado este escrito y los documentos que lo acompañan, con sus copias, lo admita y tenga por interpuesto RECURSO DE QUEJA contra el auto dictado por el [ÓRGANO] por el cual se tiene por no preparado el recurso de casación contra la sentencia n.º [NÚMERO] y en su momento, previos los trámites legales oportunos, dicte resolución por la que se revoque el auto recurrido y se ordene el emplazamiento de las partes para su comparecencia dentro del plazo de quince días **(1)** ante esa Sala a la que me dirijo, así como la remisión a esta de los autos originales y del expediente administrativo.

En [LOCALIDAD], a [DÍA] de [MES] de [AÑO].

Letrado/a don/doña [NOMBRE]   Procurador/a don/doña [NOMBRE]
[NÚMERO_COLEGIADO ABOGADO_   [NÚMERO_COLEGIADO_
CLIENTE]   PROCURADOR_CLIENTE]

_____

(1) El artículo 89.5 de la LJCA ha sido modificado por el Real Decreto-ley 5/2023, de 28 de junio, con entrada en vigor el 29 de julio de 2023, de modo que el plazo para comparecer ante la Sala de lo Contencioso-administrativo del Tribunal Supremo pasa de ser de 30 días a 15 días. Asimismo, tener en cuenta conforme a la DT 10.ª, apartado 3, del Real Decreto-ley 5/2023, de 28 de junio que el régimen del recurso de casación establecido con esta modificación se aplicará a las resoluciones de los juzgados y tribunales del orden contencioso-administrativo dictadas después de su entrada en vigor, esto es, 30 de junio de 2023.

Recurso contencioso-administrativo por nulidad de actuaciones por falta de notificación al administrado

AL JUZGADO CONTENCIOSO-ADMINISTRATIVO
N.º [NÚMERO] DE [LOCALIDAD] (1)

PROCEDIMIENTO: [ESPECIFICAR]

N.º [NÚMERO_PROCEDIMIENTO]

D./D.ª [NOMBRE_PROCURADOR] procurador/a de los tribunales, en nombre y representación de **D./D.ª** [NOMBRE_CLIENTE] con DNI [NÚMERO] y domicilio en [DIRECCIÓN] según se acredita mediante poder [NOTARIAL/APUD ACTA] que se adjunta como documento n.º [NÚMERO], y bajo la dirección letrada de **D./D.ª** [NOMBRE] colegiado/a n.º [NÚMERO] del Ilustre Colegio de Abogados de [LUGAR], ante el juzgado comparezco y como mejor proceda en derecho,

DIGO

Mediante el presente escrito vengo a interponer **RECURSO DE APELACIÓN** en el que se solicita la nulidad de actuaciones por falta de comunicación al demandado con base en los siguientes,

HECHOS

PRIMERO.- Con fecha [FECHA] fue dictada sentencia por este juzgado en virtud de la cual se condena a D./D.ª [NOMBRE_CLIENTE] a [DESCRIPCIÓN]. Se aporta como documento n.º [NÚMERO].

SEGUNDO.- Dicha sentencia fue notificada a esta parte el [FECHA], según se acredita en el documento n.º [NÚMERO] **(2)**.

TERCERO.- Esta parte no pudo comparecer en el proceso para la defensa de sus intereses al no haber sido comunicado en la forma legalmente establecida del proceso. La falta de comunicación ha ocasionado una situación de indefensión por lo que solicitamos que se declare la nulidad de las actuaciones.

Todo ello en base a las siguientes,

ALEGACIONES

PREVIO.- Este recurso se interpone según lo establecido en los arts. 81 y siguientes de la Ley de Jurisdicción Contencioso-Administrativa.

Se presenta en tiempo y forma conforme al art. 85 de la LJCA, siendo competente el tribunal al que me dirijo.

Esta parte se encuentra legitimada en virtud del art. 82 de la LJCA.

ÚNICA.- Se formula el presente recurso al amparo del art. 85 de la LJCA con base en la vulneración del derecho a la tutela judicial efectiva reconocido en el art. 24 de la CE. Esta vulneración se produce por el incumplimiento de lo dispuesto en el art. 49 de la LJCA que establece en su apartado 1 «1. La resolución por la que se acuerde remitir el expediente se notificará en los cinco días siguientes a su adopción, a cuantos aparezcan como interesados en él, emplazándoles para que puedan personarse como demandados en el plazo de nueve días. La notificación se practicará con arreglo a lo dispuesto en la Ley que regule el procedimiento administrativo común», a lo que añade el apartado 3 de este mismo precepto «3. Recibido el expediente, el letrado o letrada de la Administración de Justicia, a la vista del resultado de las actuaciones administrativas y del contenido del escrito de interposición y documentos anejos, comprobará que se han efectuado las debidas notificaciones para emplazamiento y, si advirtiere que son incompletas, ordenará a la Administración que se practiquen las necesarias para asegurar la defensa de los interesados que sean identificables».

En cuanto al emplazamiento por parte de la administración y, en especial, la obligación del letrado de la Administración de Justicia de comprobar que se ha hecho la comunicación, se refiere la **sentencia del TSJ de Madrid, rec. 85/2019, de 29 de septiembre, ECLI:ES:TSJM:2020:8985** que señala:

> «(...) El Artículo 48 de Ley 29/1998, de 13 de julio, regulador de la Jurisdicción Contencioso-administrativa, establece que el órgano jurisdiccional, requerirá a la Administración que le remita el expediente administrativo, ordenándola que practique los emplazamientos previstos en el artículo 49. Este precepto establece que la resolución por la que se acuerde remitir el expediente se notificará en los cinco días siguientes a su adopción, a cuantos aparezcan como interesados en él, emplazándoles para que puedan personarse como demandados en el plazo de nueve días. La notificación se practicará con arreglo a lo dispuesto en la Ley que regule el procedimiento administrativo común. Por lo tanto corresponde a la administración pública autora del acto la realización del emplazamiento de los que aparezcan como interesados, lo que resulta razonable, puesto que será ella la que conozca en quien recae dicha condición. Ahora bien **es exclusivamente el Juzgado o Tribunal el que tiene la potestad y obligación de determinar quienes son demandados y por lo tanto han de ser llamados a Juicio, otorgándoseles la posibilidad de ser parte en el mismo** y ello tanto en sentido positivo como en sentido negativo, esto es completando y emplazando a aquellas personas que ostenten un interés legítimo y cuyo emplazamiento ha sido omitido por la Administración, para lo cual podrá el Tribunal bien emplazar por sus propios medios a tales interesados o bien encomendar tal misión a la administración autora del acto, lo que será más que conveniente (quizá imprescindible) en los supuestos de determinación- indeterminación relativa de tales demandados como ocurrirá en los supuestos en los que se conoce que la decisión podrá afectar a los intereses legítimos de alguna persona pero se desconocen los datos necesarios para realizar su emplazamiento y estos datos están o pueden estar a disposición de la administración autora del acto. Esta obligación de la administración está contemplada en el apartado 3.º del citado artículo 49 de la Ley Jurisdiccional que señala que si el Tribunal advirtiere que las notificaciones son incompletas, ordenará a la Administración que se practiquen las necesarias para asegurar la defensa de los interesados que sean identificables, obligación que se mantiene a lo largo de todo el Procedimiento.
>
> (...) **La obligación de asegurar que todos los interesados tienen noticia del proceso judicial mediante el emplazamiento corresponde al órgano judicial**, baste citar la Sentencia del Tribunal Constitucional Sala 2.ª, S 2-6-2003, n.º 102/2003, recurso 3734/2000, BOE 156/2003, de 1 julio 2003 cuando señala que en relación con el deber de emplazamiento, este Tribunal ha afirmado reiteradamente que la efectividad de la comunicación de los actos procesales a quienes ostenten algún derecho o interés en la existencia misma del proceso resulta trascendental en orden a la debida garantía del derecho reconocido en el art. 24.1 CE(por todas, SSTC 186/1997, de 10 de noviembre, FJ 3 y 34/2001, de 12 de febrero, FJ 2). Por esta razón **pesa sobre los órganos judiciales la responsabilidad de velar por la correcta constitución de la relación jurídico-procesal** sin que, claro está, ello signifique exigir al Juez o Tribunal correspondiente el despliegue de una desmedida labor investigadora, lo

que llevaría más bien a la indebida restricción de los derechos de defensa de los personados en el proceso (STC 268/2000, de 13 de noviembre, FJ 4). Este Tribunal ha ido acuñando, desde la STC 9/1981, de 31 de marzo, una doctrina detallada en relación con la falta de emplazamiento personal a terceros interesados en el procedimiento contencioso-administrativo. Según esta doctrina (por todas, SSTC 72/1999, de 26 de abril, FJ 2 y 18/2002, de 28 de enero, FJ),

para que la falta de emplazamiento tenga relevancia constitucional, y pueda dar lugar al otorgamiento del amparo, es preciso el cumplimiento de tres requisitos: a) Que el demandante de amparo sea titular de un derecho o de un interés legítimo y propio susceptible de afección en el proceso contencioso-administrativo en cuestión, lo que determina su condición material de demandado o coadyuvante en aquel proceso. La situación de interés legítimo resulta identificable con cualquier ventaja o utilidad jurídica derivada de la reparación pretendida (SSTC 97/1991, de 9 de mayo, FJ 2; y 264/1994, de 3de octubre, FJ 3). En todo caso, hay que destacar que la titularidad del derecho o interés legítimo debe darse al tiempo de la iniciación del proceso contencioso-administrativo (SSTC 65/1994, de 28 de febrero, FJ 3; y 122/1998, de 15 de junio, FJ 3).b) Que el interesado fuera identificable por el órgano jurisdiccional. El cumplimiento de este requisito depende esencialmente de la información contenida en el escrito de interposición del recurso, en el expediente administrativo o en la demanda (SSTC 325/1993, de 8 de noviembre, FJ 3; 229/1997, de 16 de diciembre, FJ 2; y 300/2000, FJ 2). c) Por último, que se haya ocasionado al recurrente una **situación de indefensión real y efectiva**. No hay indefensión real y efectiva cuando el interesado tiene conocimiento extraprocesal del asunto y, por su propia falta de diligencia, no se persona en la causa. A la conclusión del conocimiento extraprocesal de un proceso se debe llegar mediante una prueba suficiente (entre otras, SSTC 117/1983, de 12 de diciembre, FJ 3; y 229/1997, de 12 de diciembre, FJ 3, lo que no excluye las reglas del criterio humano que rigen la prueba de presunciones (SSTC 151/1988, de 13 de julio, FJ 4; y 26/1999, de 8 de marzo, FJ 5). Y continua señalando la Sentencia del Tribunal Constitucional que como es doctrina constitucional reiterada, **el conocimiento extraprocesal de la causa judicial tramitada** supuestamente sin conocimiento del interesado, que vaciaría de contenido constitucional su queja, **no puede fundarse sin más en una presunción cimentada en simples conjeturas, sino que debe acreditarse suficientemente** para que surta su efecto invalidante de la tacha de indefensión, pues lo presumido es, justamente, el desconocimiento del proceso si así se alega (SSTC 219/1999, de 29 de noviembre, FJ 2; 268/2000, de 13 de noviembre, FJ 4; y 34/2001, de 12 de febrero, FJ 2); afirmaciones compatibles con que, como también hemos recordado, del examen de las actuaciones pueda inferirse de manera suficiente y razonada que tuvo o hubo de haber tenido un conocimiento extraprocesal de la pendencia del litigio o que no podía ignorar su existencia (SSTC 26/1999, de 8 de marzo, FJ; y 20/2000, de 31 de enero, FJ 5)

Las actuaciones remitidas ponen de relieve que la administración no practicó el emplazamiento previsto en el apartado 1 del art. 49 de la Ley 29/1998, de 13 de julio, reguladora de la Jurisdicción Contencioso- y, del mismo modo, se puede constatar que el Juzgado omitió la comprobación de que se había emplazado efectivamente a quienes figuraban como interesados en el expediente, a pesar de que así se lo impone el apartado 3 del mismo precepto. Sin embargo, dichas actuaciones no muestran dato alguno que permita deducir de manera suficiente y razonada la carencia o insuficiencia de diligencia por parte de la demandante de amparo para conocer extraprocesalmente la existencia del procedimiento».

Así mismo se establece en esta sentencia que quien debe velar por la correcta notificación del demandado o interesado son los tribunales y que para el caso de que se alegue el conocimiento extraprocesal de la causa debe acreditarse suficientemente, ya que la presunción es a favor del desconocimiento del proceso si se alega. En este mismo sentido se pronuncia el **auto del Tribunal Supremo, rec. 2855/2016, de 2 de febrero, ECLI:ES:TS:2021:3951A** que señala:

> «Y en efecto, a la vista de lo actuado no figura en el recurso contencioso-administrativo que la Sra. Amparo fuera llamada al proceso en el que se debatía el alcance del pronunciamiento judicial que anuló el concurso en cuya virtud obtuvo la adjudicación de una de las oficinas de farmacias ofertadas. La falta de constancia del debido emplazamiento de la reseñada Sra. Amparo pese a su condición de interesada, en cuanto adjudicataria de una de las licencias en la Zona de Artá y **la imposibilidad de formular alegaciones en el seno del recurso contencioso-administrativo deducido contra los autos de ejecución, determina la vulneración del artículo 24 CE que garantiza el derecho a la tutela judicial efectiva y prohíbe la indefensión.**
>
> A tal efecto procede recordar la jurisprudencia del Tribunal Constitucional en relación con el emplazamiento de los interesados. Se declara en la reciente STC 119/2020, de 21 de septiembre, F.º J.º 3.º: 'la gran relevancia que en nuestra doctrina posee 'la correcta constitución de la relación jurídica procesal para garantizar el derecho de defensa reconocido en el art. 24 CE, que implica la posibilidad de un juicio contradictorio en que las partes puedan hacer valer sus derechos e intereses legítimos. De ahí la especial trascendencia de los actos de comunicación del órgano judicial con las partes, en particular el emplazamiento, citación o notificación a quien ha de ser o puede ser parte en el procedimiento, pues en tal caso **el acto de comunicación es el necesario instrumento que facilita la defensa en el proceso de los derechos e intereses cuestionados, de tal manera que su falta o deficiente realización,** siempre que se frustre la finalidad con ellos perseguida, **coloca al interesado en una situación de indefensión** que vulnera el referido derecho fundamental, salvo que la situación de incomunicación sea imputable a la propia conducta del afectado por haberse situado voluntaria o negligentemente al margen del proceso, pese a tener conocimiento por otros medios distintos de su existencia, si bien es necesario recordar que la posible negligencia, descuido o impericia imputables a la parte, o el **conocimiento extraprocesal de la causa judicial** tramitada inaudita parte, que excluiría la relevancia constitucional de la queja, 'no puede fundarse sin más en una presunción cimentada en simples conjeturas, sino que debe acreditarse fehacientemente** para que surta su efecto invalidante de la tacha de indefensión, **pues lo presumido, es justamente, el desconocimiento del proceso si así se alega** (SSTC 219/1999, de 29 de noviembre, FJ 2, y 182/2000, de 16 de mayo, FJ 5)' (STC 268/2000, de 13 de noviembre, FJ 4). Esa especial trascendencia de los actos de comunicación determina, como hemos reiterado, que **sobre el órgano judicial recaiga no solo el deber de velar por la correcta ejecución de los actos de comunicación procesal, sino también el de asegurarse de que dichos actos sirven a su propósito de garantizar que la parte sea oída en el proceso.** Ello comporta, en lo posible, la exigencia del emplazamiento personal de los afectados y, desde otra perspectiva, la limitación del empleo de la notificación edictal a aquellos supuestos en los que con fundamento en un criterio de razonabilidad se alcance la convicción o certeza de la inutilidad de la adopción de medidas o de la utilización de medios tendentes al logro de dicho emplazamiento (STC 138/2017, de 27 de noviembre, FJ 3, y 119/2020, FJ 3).En coherencia con lo expuesto, hemos declarado que cuando del examen de los autos o de la

documentación aportada por las partes se deduzca la existencia de un domicilio que haga factible practicar de forma personal los actos de comunicación procesal con el demandado, debe intentarse esta forma de notificación antes de acudir a la notificación por edictos (por todas, SSTC 40/2005, de 28 de febrero, FJ 2; 293/2005, de 21 de noviembre, FJ 2; 245/2006, de 24 de julio, FJ 2; 169/2014, de 22 de octubre, FJ 3, y 119/2020, FJ 3)'».

En el presente caso no se ha cumplido con la obligación de emplazamiento personal de mi representado lo que ha ocasionado una vulneración de su derecho a la tutela judicial efectiva. Al no tener conocimiento de la pendencia del proceso se ha visto en una situación de indefensión que le ha ocasionado un grave perjuicio al ser condenado [ESPECIFICAR].

Por todo lo expuesto,

SUPLICO AL JUZGADO:

Que tenga por presentado este escrito, lo admita y tenga por presentado RECURSO DE APELACIÓN, y previos los trámites legales oportunos, dicte sentencia por la que se declare la nulidad de actuaciones y revoque la sentencia impugnada.

Es justicia que pido en [LUGAR] a [FECHA]

[FIRMA_ABOGADO] [FIRMA_PROCURADOR]

OTROSÍ DIGO.- En virtud de lo dispuesto en el art. 85.7 de la LJCA solicitamos la celebración de vista **(3)**.

SUPLICO AL JUZGADO.- Que se acuerde la celebración de la vista con el oportuno señalamiento.

Es justicia que pido lugar y fecha ut supra.

[FIRMA_ABOGADO] [FIRMA_PROCURADOR]

---

(1) El recurso de apelación se interpondrá ante el Juzgado que hubiere dictado la sentencia que se apele.
(2) En caso de que la sentencia no se haya notificado especificar el modo en que se ha tenido conocimiento de la misma.
(3) También puede solicitarse que se presenten conclusiones o que el pleito se declare concluso, sin más trámite para sentencia.

Formulario de demanda de recurso contencioso-administrativo contra denegación de nacionalidad española (buena conducta)

A TENER EN CUENTA. Este formulario se encuentra adaptado a la reforma operada por el Real Decreto-ley 6/2023, de 19 de diciembre, por el que se aprueban medidas urgentes para la ejecución del Plan de Recuperación, Transformación y Resiliencia en materia de servicio público de justicia, función pública, régimen local y mecenazgo.

Se modifica el apartado 3 del artículo 7 de la LJCA añadiéndose un plazo de diez días para que las partes en caso de declaración de incompetencia comparezcan ante el tribunal que se estime competente.

Procedimiento ordinario [NÚMERO].

A LA SALA DE LO CONTENCIOSO-ADMINISTRATIVO DE LA AUDIENCIA NACIONAL

SECCIÓN [NÚMERO].

D./D.ª [NOMBRE_PROCURADOR_CLIENTE], procurador/a de los tribunales, colegiado/a n.º [NÚMERO_COLEGIADO/A] en nombre y representación de D./D.ª [NOMBRE_DEMANDADO], con DNI [NÚMERO], con domicilio social a efectos de notificación [DOMICILIO_CLIENTE], según se acredita mediante la copia de la escritura de poder especial para pleitos que, debidamente bastanteada, acompaño y cuya devolución intereso para otros usos, ante el juzgado comparezco y, como mejor proceda en derecho,

DIGO

Que el día [DÍA] de [MES] de [AÑO] me ha sido notificada diligencia de ordenación de fecha por la que se otorga el plazo de veinte días para formular demanda, por lo que, dentro del plazo conferido, formalizo la **DEMANDA** basándome en los siguientes,

HECHOS

PRIMERO.- D./D.ª [NOMBRE_CLIENTE] solicitó concesión de nacionalidad española por residencia el [DÍA] de [MES] de [AÑO], la cual le fue denegada por resolución de fecha [DÍA] de [MES] de [AÑO] del órgano correspondiente del Ministerio de Justicia.

SEGUNDO.- Que contra dicha resolución se interpuso recurso de reposición, el cual fue desestimado por resolución de fecha [DÍA] de [MES] de [AÑO], contra la que se interpuso recurso contencioso-administrativo.

TERCERO.- [ESPECIFICAR].

CUARTO.- [ESPECIFICAR].

A los anteriores hechos son de aplicación los siguientes,

FUNDAMENTOS DE DERECHO

I.- COMPETENCIA

La competencia para conocer del recurso corresponde a la sala de lo contencioso-administrativo de la Audiencia Nacional según lo dispuesto en el artículo 11.1 a) de la LJCA.

No obstante, para el supuesto que no se entendiera así, procederá que se remitan las actuaciones al órgano jurisdiccional competente, en aplicación de lo dispuesto en el artículo 7.3 de la ley de esta jurisdicción (1).

II.- LEGITIMACIÓN

Está legitimado mi representado en virtud de lo establecido en el artículo 19.1. a) de la LJCA, por tener interés legítimo y directo en la anulación del acto objeto de impugnación.

III.- PLAZO DE FORMULACIÓN DE LA DEMANDA

Se ha respetado lo establecido en la LJCA respecto al plazo para formular demanda.

IV.- COSTAS

En lo relativo a la imposición de costas, es de aplicación el artículo 139.1 de la LJCA. Caso de oponerse al presente recurso, debe estimarse que la Administración actúa con mala fe o temeridad, por lo que deberán imponerse las costas del presente proceso a la Administración demandada.

V.- FONDO DEL ASUNTO

El fondo de la cuestión se refiere a determinar si la Administración interpretó correctamente, en el presente caso, el concepto de «buena conducta cívica e integración en la vida española».

La Audiencia Nacional se ha manifestado de forma reiterada en casos similares, se pueden citar las siguientes sentencias:

SAN n.º 406/2015, de 30 de abril, ECLI:ES:AN:2015:1555

«El artículo 22.4 del Código Civil establece que los que deseen obtener la nacionalidad española han de justificar "buena conducta cívica y suficiente grado de integración en la sociedad española", en el expediente seguido al efecto conforme a las normas reguladoras del Registro Civil. Por lo tanto, es el peticionario el que ha de acreditar ambos requisitos, y por consiguiente las alegaciones con las que encabeza la demanda y razona que es la Administración la que ha de acreditar la falta de integración, decaen ya que carecen de fundamento.

El Tribunal Supremo ha declarado en sus sentencias de 26 de Julio de 1997 y 5 y 19 de Junio de 1999, que "(...) el reconocimiento de la nacionalidad española por residencia no es una potestad discrecional sino un deber cuando concurren los requisitos legalmente previstos, salvo que por fundadas razones de orden público o interés nacional proceda denegarla, para lo cual la Administración ha de expresar los hechos en los que se basa la denegación a fin de que la Jurisdicción pueda comprobar si efectivamente aquellos afectan al orden público o al interés nacional".

Asimismo, hemos expresado que la integración social deriva de la armonización del régimen de vida del solicitante con los principios y valores sociales, que en gran parte tienen su reflejo constitucional, el grado de implicación en las relaciones económicas, sociales y culturales, así como el arraigo familiar, todo lo cual ha de justificar el interesado o desprenderse de las actuaciones reflejadas en el expediente.

El art. 220 del Reglamento para la aplicación de la Ley del Registro Civil (RRC) establece que en la solicitud se indicará especialmente: 5.º (...) "si habla castellano u otra lengua española; cualquier circunstancia de adaptación a la cultura y estilo de vida españoles, como estudios, actividades benéficas o sociales, y las demás que estime conveniente" y el art. 221 no contiene reglas especiales en relación con la justificación de este requisito y se limita a decir que podrá acreditarse por cualquier medio de prueba jurídicamente admisible, aunque destaca en su párrafo último la importancia de la audiencia ante el Encargado del Registro "(...) especialmente para comprobar el grado de adaptación a la cultura y estilo de vida españoles (...)".

(...)

Venimos señalando que el conocimiento de la lengua española no solo es un deber para los españoles conforme a lo previsto en el artículo 3 de la CE, sino que además es un vehículo de comunicación que permite relaciones de integración. No obstante la Sala viene apuntando que la integración social "no deriva exclusivamente del grado de conocimiento del idioma, sino de la armonización del régimen de vida del solicitante con los principios y valores sociales, que en gran parte tienen su reflejo constitucional, el grado de implicación en las relaciones económicas, sociales y culturales, así como con las leyes y forma de vida de nuestra sociedad" (Audiencia Nacional, Sala de lo contencioso-administrativo, sección 3.ª, sentencia de 18 de febrero de 2014, rec. 626/2012). [...] Y así sostiene que "el conocimiento del idioma y la expresión correcta del mismo constituye un elemento vehicular que permite la relación con la sociedad, y la falta de tal conocimiento, y, consiguientemente, de la posibilidad de relación con los miembros de la sociedad, impide tener por justificado el requisito de la integración exigido por el artículo 22.4 del Código Civil" (Tribunal Supremo, Sala Tercera, de lo contencioso-administrativo, sección 6.ª, sentencia de 16 marzo 2011, rec. 52932007).

El conocimiento del idioma es pues un elemento imprescindible para entender que existe integración y adquirir la nacionalidad española, **si bien no es preciso un conocimiento acabado, sino un conocimiento suficiente** que permita relaciones fluidas y eficaces que aseguren el conocimiento de la cultura española (Tribunal Supremo, Sala Tercera, de lo contencioso-administrativo, sección 6.ª, sentencia de 27 junio 2011, rec. 4496/2008; Tribunal Supremo, Sala Tercera, de lo contencioso-administrativo, sección 5.ª, sentencia de 18 noviembre 2010, rec. 4729/2007; Tribunal Supremo, Sala Tercera, de lo contencioso-administrativo, sección 6.ª, sentencia de 24 enero 2011, rec. 4593/2007)».

SAN, rec. 877/2016, de 22 de febrero de 2018, ECLI:ES:AN:2018:549, de la cual resaltamos:

«El conocimiento de la lengua y del marco institucional forma parte del grado de adaptación a la cultura española, que, a su vez, es un componente del requisito del suficiente grado de integración en la sociedad española que la parte interesada debe justificar, si bien el nivel de exigencia en cuanto al conocimiento de la lengua y de las instituciones españolas puede modularse en función del grado de instrucción del interesado y de las demás circunstancias que concurran en el mismo, requiriéndose en cualquier caso un dominio de la lengua que permita al menos una comunicación fluida a nivel oral y un cierto grado de conocimiento de la realidad española de la que se pretende formar parte como un miembro nacional más».

Haciendo referencia a la **buena conducta**:

SAN, rec. 853/2016, de 4 de enero de 2018, ECLI:ES:AN:2018:8

«En todo caso, corresponde al solicitante la carga de probar su suficiente grado de integración en la sociedad española, mediante la aportación de los medios de prueba que estime conducentes a demostrar tal circunstancia (STS 11 de diciembre de 2013, rec. 2226/2011). Ello dado que la integración social implica la armonización del régimen de vida del interesado con los principios y valores sociales, que en gran parte tienen reflejo constitucional, su grado de implicación en las relaciones económicas, sociales y culturales, y también su arraigo familiar, todo lo cual ha de justificarse por el interesado, o desprenderse de las actuaciones del expediente administrativo (SSTS 19 de diciembre de 2011, rec. 4648/2010, 4 de julio de 2011, rec. 5031/2008 y 11 de diciembre de 2013, rec. 2226/2011).

En particular, a tenor de lo dispuesto en el artículo 221 del Reglamento del Registro Civil, el Juez Encargado oirá en persona al peticionario, especialmente para comprobar el grado de adaptación a la cultura y estilo de vida españoles. Comprobación que tiene lugar mediante una audiencia o entrevista personal del solicitante de nacionalidad, de donde resulta la relevancia que tiene el informe del encargado, en función de la inmediación de la que goza».

STS n.º 972/2020, de 9 de julio, ECLI:ES:TS:2020:2241

«[...] los artículos 21 y 22.4 del Código Civil (CC) y 220, 221 y 223 del Decreto de 14 de noviembre de 1958 por el que se aprueba el Reglamento de la Ley del Registro Civil (RRC), pues la buena conducta cívica puede ser probada por cualquier medio admisible en derecho; los artículos 24 de la CE, 217.7 de la LEC y las reglas de la sana crítica al haber incurrido el Tribunal de instancia en una valoración ilógica, contradictoria y arbitraria de la prueba, al no haber reconocido al recurrente el derecho a obtener la nacionalidad española pese a tener por acreditado el requisito de la buena conducta cívica y haber reconocido la dificultad de aquel para obtener el certificado de antecedentes penales en su país de origen, obviando además valorar el resto de la documental obrante en las actuaciones que acreditaban los datos de nacimiento y antecedentes penales; y, finalmente, la doctrina jurisprudencial contenida en las sentencias del Tribunal Supremo, Sala Tercera, de fechas 30 de septiembre de 2008 (recurso 3388/2004) y 26 de enero de 2016 (recurso 2724/2014), que establecen, en esencia, que la falta de aportación del certificado de antecedentes penales del país de origen (en el aspecto al que se refiere el artículo 221 párrafo 3.º en relación con el 220.3.º RRC) no implica "per se" que la solicitud de concesión de la nacionalidad española por residencia deba ser denegada».

STS, rec. 5910/1996, de 19 de diciembre, ECLI:ES:TS:2000:9391

Afirma que «el artículo 22 apartado 4 del Código Civil no requiere "haber tenido antes" un comportamiento social intachable, sino que exige "justificar buena conducta cívica", lo que no presupone que al solicitante de la nacionalidad española le sea exigible demostrar que a lo largo de toda su existencia haya tenido permanentemente un comportamiento ejemplar, sino que debe acreditar cumplidamente que observa un correcto comportamiento cívico».

Pues bien, en el presente caso concurrían las siguientes circunstancias favorables a la concesión de la nacionalidad española por residencia al solicitante:

- El solicitante acreditó carecer de antecedente penales en [PAÍS_ORIGEN] y en España.

- El solicitante acreditó haber desempeñado regularmente trabajos remunerados desde que obtuvo autorización de residencia y trabajo en España, como se acredita mediante la copia del certificado de vida laboral que se adjunta con el presente escrito como **documento número** [NÚMERO].

- El solicitante está casado con D./D.ª [NOMBRE], el cual ha obtenido la nacionalidad española por residencia, y con el que tiene una hija. A efectos de prueba, se adjunta copia de libro de familia, DNI de D./D.ª [NOMBRE] y certificado del Consulado General de [PAÍS_ORIGEN] en [CIUDAD], como **documentos número** [NÚMERO], [NÚMERO] y [NÚMERO], respectivamente.

- El solicitante ha estado acudiendo a cursos de aprendizaje de la lengua española [ESPECIFICAR].

- El recurrente ha recopilado [NÚMERO] actas vecinales en las que se aclara que es un vecino ejemplar que no ha dado problemas.

- En uno de sus últimos trabajos [ESPECIFICAR] le han escrito cartas de recomendación, y que adjuntamos al presente escrito como **documento número** [NÚMERO].

De acuerdo con la jurisprudencia expuesta, parece evidente que, en el presente caso, la Administración no valoró de forma adecuada todas las circunstancias y pruebas practicadas. De un correcto análisis y valoración de las mismas, debió concluirse que el solicitante cumplía con el requisito de acreditar una buena conducta cívica y adoptar la que hubiera sido la única solución justa: la concesión de la nacionalidad española por residencia, no pudiendo entenderse lo contrario con base en una detención que tuvo lugar en un lugar público y de la que no derivó imputación contra persona alguna.

En su virtud,

SUPLICO A LA SALA:

Que tenga por formalizada la demanda contencioso-administrativa en el procedimiento referenciado y previos los trámites procesales oportunos dicte sentencia por la que anule la resolución recurrida, declarando el derecho del recurrente a que le sea concedida la nacionalidad española por residencia con efectos desde la fecha de solicitud de la misma.

En [CIUDAD] a [DÍA] de [MES] de [AÑO].

OTROSÍ DIGO: la cuantía del recurso es indeterminada.

En su virtud,

SUPLICO A LA SALA:

Que se fije la cuantía del recurso en indeterminada.

Por ser justicia que reitero en lugar y fecha ut supra.

Letrado D./D.ª [NOMBRE]   Procurador D./D.ª [NOMBRE]

[NUMEROCOLEGIADO ABOGADO_   [NUMEROCOLEGIADO_PROCURADOR_
      CLIENTE]   CLIENTE]

---

(1) El contenido del artículo 7.3 de la LJCA ha sido modificado por el Real Decreto-ley 6/2023, de 19 de diciembre, por el que se aprueban medidas urgentes para la ejecución del Plan de Recuperación, Transformación y Resiliencia en materia de servicio público de justicia, función pública, régimen local y mecenazgo, con entrada en vigor el 20 de marzo de 2024.